Recomendaciones

Es el momento preciso para hacer este tipo de trabajo, los ancianos se nos están yendo y es muy importante para la gente kumiai contar con esta información. Este libro contribuye a conservar nuestra cultura a través de documentar las formas de vida tradicional que existen desde hace siglos, y que aún están vivas.
 –Larry Banegas, presidente y fundador del sitio Kumeyaay.com

La rica interacción entre los saberes tradicionales kumiai y la extensa variedad de plantas en sus entornos está documentada meticulosamente por Michael Wilken-Robertson en este libro extraordinario.
 –Exequiel Ezcurra, profesor de Ecología Vegetal, Universidad de California, Riverside

Este libro increíblemente detallado y práctico es el resultado de pasar toda una vida viviendo y trabajando con los pueblos indígenas de Baja California. Nos ofrece conocimientos especializados, junto con un panorama sobre la investigación antropológica e histórica de los pueblos kumiai, convirtiéndolo en un texto ideal para las clases sobre estos temas.
 –Margaret Field, profesora de Estudios de los Indios Americanos,
  Universidad Estatal de San Diego (SDSU)

Wilken-Robertson integró magistralmente botánica, lenguaje y paisajes tradicionales en un análisis detallado de la cultura kumiai, centrado en el uso de las plantas, pero que abarca mucho más. *Etnobotánica kumiai* es un gran logro. No existe un trabajo de este tipo. Será de gran interés para antropólogos, pueblos indígenas, botánicos, historiadores y el público en general, en las siguientes décadas.
 –Lynn Gamble, profesora emérita de Antropología,
  Universidad de California, Santa Barbara

Michael Wilken-Robertson ha escrito un libro esclarecedor, que representa una síntesis de muchos aspectos de la vida kumiai y de cómo se relaciona con las plantas. El autor ha sabido combinar sabiduría y los conocimientos de ambos lados de la frontera, en un trabajo etnobotánico detallado sobre muchas especies encontradas en nuestra flora local, extensamente documentado y totalmente útil e interesante para todos los que lo lean.
 –Jon P. Rebman, Curador de botánica del Museo de Historia Natural
  de San Diego, y coautor del libro: "Guía de campo de las plantas de Baja California"
  (Plant Field Guide of Baja California)

Un trabajo excepcional que refleja las relaciones respetuosas que el autor ha entablado a largo plazo con muchos nativos de Baja California, y su conocimiento de primera mano sobre la profunda sabiduría que ellos tienen de la tierra.
 –David I. Toler, Jr. regidor, San Pasqual Band of Mission Indians,
  y autor del libro "Sangre del clan" *(Blood of the Band)*

Agradecimientos especiales a nuestros patrocinadores

Barona Band of Mission Indians | San Pasqual Band of Mission Indians | Sycuan Band of Kumeyaay Nation | Viejas Band of Kumeyaay Indians

Anthropology Dept. CSUSM | JiJi Foundation | KDLC | KHPC

Lannan
Lannan Foundation

Rancho La Puerta

Etnobotánica kumiai

El conocimiento sobre las plantas nativas de un pueblo indígena de Baja California

Michael Wilken-Robertson

Fotos por
Deborah Small
Don Bartletti
Rose Ramírez
Michael Wilken-Robertson

Sunbelt Publications, Inc.
Chula Vista, California

Etnobotánica kumiai: El conocimiento sobre las plantas nativas de un pueblo indígena de Baja California

Sunbelt Publications, Inc.
D.R. © 2020 Michael Wilken-Robertson
All rights reserved / Derechos reservados
First Edition Spanish 2020 (translated from English Edition 2018), second printing 2025. Primera edición en Español 2020 (tradución de la edición en inglés de 2018), segunda impresión 2025.

Diseño de libro y portada: Barry Age
Composición tipográfica: Simone Llerandi-Matern
Director de producción: Deborah Young
Traducción: Gerardo Chávez Velazco, Michael Wilken Robertson,
  Kíyoko Nishikawa Aceves
Corrección de estilo: Kíyoko Nishikawa Aceves
Printed in China / Impreso en China

Ninguna parte de esta publicación puede ser reproducida en forma alguna sin permiso del editor. Favor de dirigir sus comentarios y preguntas a:

Sunbelt Publications, Inc.
664 Marsat Ct, Ste A
Chula Vista, CA 91911
(619) 258-4911, fax: (619) 258-4916
www.sunbeltpublications.com

28 27 26 25   5 4 3 2

Library of Congress Cataloging-in-Publication Data

Names: Wilken-Robertson, Michael, author.
Title: Etnobotánica kumiai : el conocimiento sobre las plantas nativas de un pueblo indígena de Baja California / Michael Wilken-Robertson.
Description: El Cajon : Sunbelt Publications, Inc., [2020] | Includes bibliographical references and index.
Identifiers: LCCN 2019050116 | ISBN 9781941384572 (paperback)
Subjects: LCSH: Kamia Indians--Ethnobotany--Mexico--Baja California (Peninsula)
Classification: LCC E99.K18 W545 2020 | DDC 972/.201--dc23
LC record available at https://lccn.loc.gov/2019050116

Portada: Norma Meza Calles usa una canasta tradicional de junco (*Juncus acutus y Juncus textilis*), hecha por Celia Silvia Espinoza, en la preparación de atole de bellota. Foto por Michael Wilken-Robertson.

AVISO IMPORTANTE: Este libro tiene la intención de apoyar a estudiantes, académicos y aficionados a desarrollar una valoración más profunda de los pueblos nativos y las plantas endémicas de la región del norte de Baja California y el sur de California. No tiene la intención de ser un manual de cómo recolectar y usar plantas silvestres. El autor no hace ninguna aseveración sobre los efectos medicinales o cualquier otro uso de las plantas descritas aquí. Este libro no tiene la intención de sustituir las recomendaciones profesionales de los médicos. El lector debe consultar primero con su doctor en cualquier asunto relacionado con su salud. Muchas de las plantas descritas en este libro pueden contener sustancias tóxicas, y si no son identificadas o usadas adecuadamente su uso podría arrojar efectos inesperados, incluso la muerte. También es importante tener en cuenta que la recolección desmedida de las plantas descritas en este libro puede tener un impacto negativo en las comunidades de plantas silvestres que aún sobreviven, y en muchos casos puede ser una violación de las leyes federales, estatales y municipales. Pero sí alentamos a los lectores a encontrar maneras de ayudar a conservar las poblaciones de plantas nativas locales y a pensar en el uso de plantas nativas en sus propios jardines.

DEDICATORIA

Este trabajo está dedicado a los pueblos nativos de Baja California –anteriores, actuales y futuros– y a todos aquellos que trabajan para la conservación de la herencia natural y cultural de Baja California.

Teodora Cuero Robles ofrece una bendición en kumiai mientras recoge romero de monte (*Trichostema parishii*). Foto por Deborah Small.

Contenido

Agradecimientos **xv**

Introducción **xix**

1 Paisajes prehistóricos de la región kumiai 1
Situación ambiental 2
Fuentes: Arqueología prehistórica kumiai en Baja California 6
Cronología cultural prehistórica 8

2 Etnohistoria: Antiguas formas de vida en transición 15
Fuentes históricas 16
Paisajes etnohistóricos de los siglos XVI al XIX 18

3 Etnografía: Paisajes soñados, recordados y contemporáneos 29
Fuentes: Investigación etnográfica 30
Conocimiento etnobotánico: De la prehistoria al siglo XXI 34
Tierras soñadas: Los orígenes kumiai 34
Memoria colectiva de paisajes de vegetación en los estudios etnográficos 41
Cultura material asociada con el uso de las plantas 45
Curación y plantas 50

Paisajes kumiai en la actualidad 53
    JUNTAS DE NEJÍ 54
    SAN JOSÉ DE LA ZORRA 55
    SAN ANTONIO NECUA–CAÑON DE LOS ENCINOS 57
    LA HUERTA 57
    SANTA CATARINA 59

4 Hablando de plantas: Lengua kumiai 61
Fuentes: Investigación y literatura lingüística 63
Conexiones con la familia lingüística 63
La lengua kumiai actual 65

5 Fuentes y métodos etnobotánicos 73
Fuentes etnobotánicas 73
Métodos de campo 76
Presentación de la información 82
Registros y notas de campo: Citas y referencias 84

6 Catálogo de plantas nativas y sus usos 87
Adenostoma fasciculatum (Rosaceae) 88
Adenostoma sparsifolium (Rosaceae) 90
Agave deserti spp. (Agavaceae) 92
Agave shawii var. *shawii* (Agavaceae) 93
Ambrosia monogyra (Asteraceae) 102
Anemopsis californica (Saururaceae) 103
Arctostaphylos spp. (Ericaceae) 107
Artemisia californica (Asteraceae) 110
Artemisia tridentata (Asteraceae) 112
Baccharis salicifolia (Asteraceae) 114
Brahea armata (Arecaceae) 116
Brickellia californica (Asteraceae) 118
Dichelostemma capitatum (Themidaceae) 120
Dudleya spp. (Crassulaceae) 122
Ephedra californica (Ephedraceae) 124

Eriodictyon spp. (Boraginaceae) **126**
Eriogonum fasciculatum (Polygonaceae) **129**
Euphorbia polycarpa (Euphorbiaceae) **132**
Fraxinus parryi (Oleaceae) **133**
Hesperocyparis forbesii (Cupressaceae) **136**
Hesperoyucca whipplei (Agavaceae) **137**
Heteromeles arbutifolia (Rosaceae) **143**
Juncus acutus (Juncaceae) **145**
Juncus textilis (Juncaceae) **146**
Juniperus californica (Cupressaceae) **154**
Lonicera subspicata var. *denudata* (Caprifoliaceae) **156**
Malosma laurina (Anacardiaceae) **157**
Opuntia spp. (Cactaceae) **159**
Peritoma arborea (Cleomaceae) **162**
Pinus monophylla, Pinus quadrifolia (Pinaceae) **164**
Platanus racemosa (Platanaceae) **171**
Pluchea sericea (Asteraceae) **173**
Populus fremontii (Salicaceae) **176**
Prunus ilicifolia (Rosaceae) **178**
Quercus agrifolia (Fagaceae) **182**
Quercus peninsularis (Fagaceae) **190**
Quercus spp. (Fagaceae) **193**
Rhamnus crocea (Rhamnaceae) **194**
Rhus ovata (Anacardiaceae) **195**
Salix spp. (Salicaceae) **197**
Salvia apiana (Lamiaceae) **203**
Salvia carduacea (Lamiaceae) **206**
Salvia columbariae (Lamiaceae) **207**
Sambucus nigra (Adoxaceae) **209**
Simmondsia chinensis (Simmondsiaceae) **212**
Washingtonia filifera (Arecaceae) **215**
Yucca schidigera (Agavaceae) **218**

7 Reflexiones 223

8 Sustentabilidad y conocimiento etnobotánico kumiai 231

9 Poniendo el conocimiento a trabajar 241

Bibliografía 251

Apéndice: Grabaciones de campo (audio y video) 267

Índice 269

Agradecimientos

*H*e sido honrado por siempre al conocer autoridades culturales kumiai y especialistas en plantas, quienes han compartido de manera entusiasta parte de su vasto conocimiento sobre las interacciones indígenas tradicionales con los ambientes locales. Mi vida se ha enriquecido profundamente con esta experiencia. Espero que este libro ayude a asegurar que al menos una pequeña parte de su conocimiento sea transmitido a las generaciones futuras. En particular, quiero expresar mi agradecimiento a Teodora Cuero Robles: una querida amiga y maestra; un espíritu afín, cuya forma de ser, alegre y digna, y su profundo afecto por la tierra de sus ancestros me han inspirado a lo largo de mi trabajo y mi vida.

Agradezco a mis abuelos Tomás y Dorotea Robertson, cuya pasión por Baja California y México despertó mi fascinación inicial por la naturaleza y la cultura de la península, en particular de su gente y su historia. Estoy eternamente agradecido a mis padres, Frank y Rae Wilken, y a mi tía Merilie Robertson, quienes me han dado su apoyo incondicional y me han animado a continuar un camino poco convencional.

A todos aquellos que me han ayudado a lo largo del viaje que me llevó la tesis en la que este libro está basado, y al museo que ha emergido en el proceso, les ofrezco mi más profundo agradecimiento. Cada miembro de mi comité de tesis me proveyó ánimo y conocimientos invaluables. Los reconozco aquí por orden de aparición: al Dr. Paul Ganster, quien entendió mis metas y apoyó mi trabajo desde el inicio; a la Dra. Margaret Field, quien me enseñó la flexibilidad para aprovechar al máximo mi trabajo de campo en lingüística con los kumiai y me proveyó de una guía práctica a través de este complicado proyecto; a la Dra. Lynn Gamble, cuyo conocimiento extraordinario del patrimonio etnológico y arqueológico de las Californias enriqueció mi trabajo, y al Dr. Seth Mallios, quien siempre me dio su apoyo y fue esclarecedor, al proporcionar justo la suficiente dirección y mucho espacio para, de alguna manera, articular este proyecto en constante expansión. También mi gratitud a Don Laylander y Rich Getrich por revisar partes de este manuscrito y ayudarme a mantenerme en el buen camino.

Agradecimientos

Agradecimientos especiales para Sarah Liviah y Deborah Szekely por su compromiso hacia el medio ambiente en Baja California, y por proveer un refugio para el cuerpo, la mente y el espíritu durante mi trabajo en el Museo Comunitario de Tecate. También mi gratitud a Hernán y Zella Ibáñez, por compartirme su compromiso a largo plazo en la conservación del patrimonio cultural de Baja California.

Me siento honrado de que este trabajo haya sido enriquecido con la fotografía de varios artistas excepcionales, en particular de mi amiga Deborah Small, quien ha estado dispuesta a compartir sus imágenes y su visión extraordinaria, así como prestar su apoyo en distintas maneras para el desarrollo de este libro. También estoy en deuda con Don Bartletti, fotógrafo talentoso de *Los Angeles Times*, quien generosamente me permitió incluir algunas de sus imágenes de una expedición inolvidable al territorio kumiai. Además, quiero agradecer a Rose Ramírez, nativa californiana, quien ha provisto fotos valiosas que reflejan su profundo amor por los pueblos nativos y las plantas nativas.

El financiamiento para la investigación que condujo a mi tesis fue provisto generosamente por varias fuentes: el Consorcio del Suroeste para la Investigación y Política Ambiental, el Fondo del Liderazgo Presidencial de la Universidad Estatal de San Diego (SDSU, por sus siglas en inglés), el Programa de Becas de Estudios de Áreas y Lenguas Extranjeras, y la Fundación Nacional de Ciencias de EUA (NSF, por sus siglas en inglés). También agradezco profundamente la generosa contribución de la Fundación JiJi para el desarrollo del manuscrito de este libro y su traducción al español, asegurando que estará disponible para futuras generaciones de kumiai y otras personas hispanohablantes interesadas en plantas y personas nativas de la región. La traducción del manuscrito original en inglés al español la realizó el geógrafo Gerardo Chávez Velazco en coordinación con el autor y la correctora de estilo Kíyoko Nishikawa Acevez.

La producción de este libro no habría sido posible sin el generoso apoyo de la Fundación Lannan, San Pasqual Band of Mission Indians (Reservación Indígena de San Pasqual), Fundación Rancho la Puerta; David L. Toler, Jr., concejal tribal de San Pasqual; el Departamento de Antropología de la Universidad Estatal de California, San Marcos; Charles Wilken y Renee Nash, y la Iniciativa Fronteriza San Diego-Tijuana.

Finalmente mi más profundo agradecimiento al equipo excepcional de Editorial Sunbelt –Diana y Lowell Lindsay, propietarios; Debi Young, directora de publicaciones, y Barry Age y Simone Llerandi, diseñadores gráficos– *¡Muchas gracias!*

(Izquierda) Hoja de aliso (*Platanus racemosa*). Foto por Deborah Small.

Introducción

Por más de diez mil años los pueblos nativos han hecho sus hogares en el paisaje agreste del norte de la península de Baja California. A lo largo de este vasto periodo, el entorno cambió drásticamente, a medida que los climas húmedos y fríos de la última glaciación dieron paso a los climas más cálidos y áridos del presente. Al inicio del periodo cultural Prehistórico tardío, hace aproximadamente 1300 años, los ancestros de los pueblos históricos yumanos del oeste habitaban las tierras desde la costa del Pacífico hasta el desierto del Colorado, en el área que actualmente abarca el norte de Baja California y el sur de California. Estos pueblos nómadas de pescadores, cazadores y recolectores habían desarrollado culturas que les permitían vivir en el ambiente árido de la región, haciendo uso de una variedad de recursos vegetales, la caza de animales grandes y pequeños, así como la captura de mariscos y la pesca. A pesar de que sus parientes lingüísticos hacia el este –cucapá, quechan, mohave y maricopa– practicaban la agricultura a lo largo de los ríos Colorado y Gila, los yumanos del oeste, como muchos otros pueblos nativos de las Californias, encontraron maneras de mejorar la productividad de sus territorios sin cultivar. Las primeras crónicas escritas por los exploradores y misioneros europeos describen vívidamente a los ancestros de los pueblos yumanos actuales, su interacción con los ambientes característicos de la región y las antiguas maneras de vivir en ese momento crítico de su historia.

Las poblaciones indígenas de la parte norte del estado de Baja California, México, se conocen como *kumiai* o *tipai*. En partes del condado de San Diego en el sur del estado de California, Estados Unidos, la misma etnia se conoce como *kumeyaay*, *iipay-tiipay*, *ipai-tipai*, diegueño o indios de las misiones. En este libro se usa el término *kumiai* para referirse a todo el grupo étnico, v.g. la nación kumiai: sin embargo, para referirse exclusivamente a aquellos que viven al norte de la frontera México-Estados Unidos, se usa el termino *kumeyaay*. Estas poblaciones están emparentadas con otras tribus de la familia lingüística y cultural yumana, la cual incluye a los pueblos que viven a lo largo del río Colorado y en

Norma Meza Calles indígena kumiai recoge islaya (*Prunus ilicifolia*). Foto por Deborah Small.

otras partes de Arizona, así como a los grupos al sur de ellos en la península de Baja California. Un puñado de hablantes de la variedad lingüística *ko'alh* aún viven entre los hablantes de paipai en Santa Catarina, al sur del territorio kumiai. Debido a que las variedades lingüísticas ko'alh y kumiai están estrechamente relacionadas, los especialistas en plantas hablantes de ko'alh también han sido incluido en este estudio.

Los documentos históricos y etnográficos señalan que el territorio original de los kumiai al momento del contacto permanente con los europeos, a finales del siglo XVIII, se extendía desde lo que hoy es Escondido, California, en el norte, hasta Santo Tomás, Baja California, en el sur, y al este a través de la Sierra Peninsular hasta el desierto del Colorado.

La ocupación permanente del territorio kumiai por los misioneros europeos y colonos, a partir de 1769, redujo de manera constante la libertad de los kumiai, de realizar sus desplazamientos anuales de caza, recolección y pesca. Si bien estaban acostumbrados a la subsistencia estacional en las costas, colinas, montañas y desiertos, la incursión de colonos europeos no solo afectó sus migraciones territoriales estacionales, además redujo su capacidad para mantener los

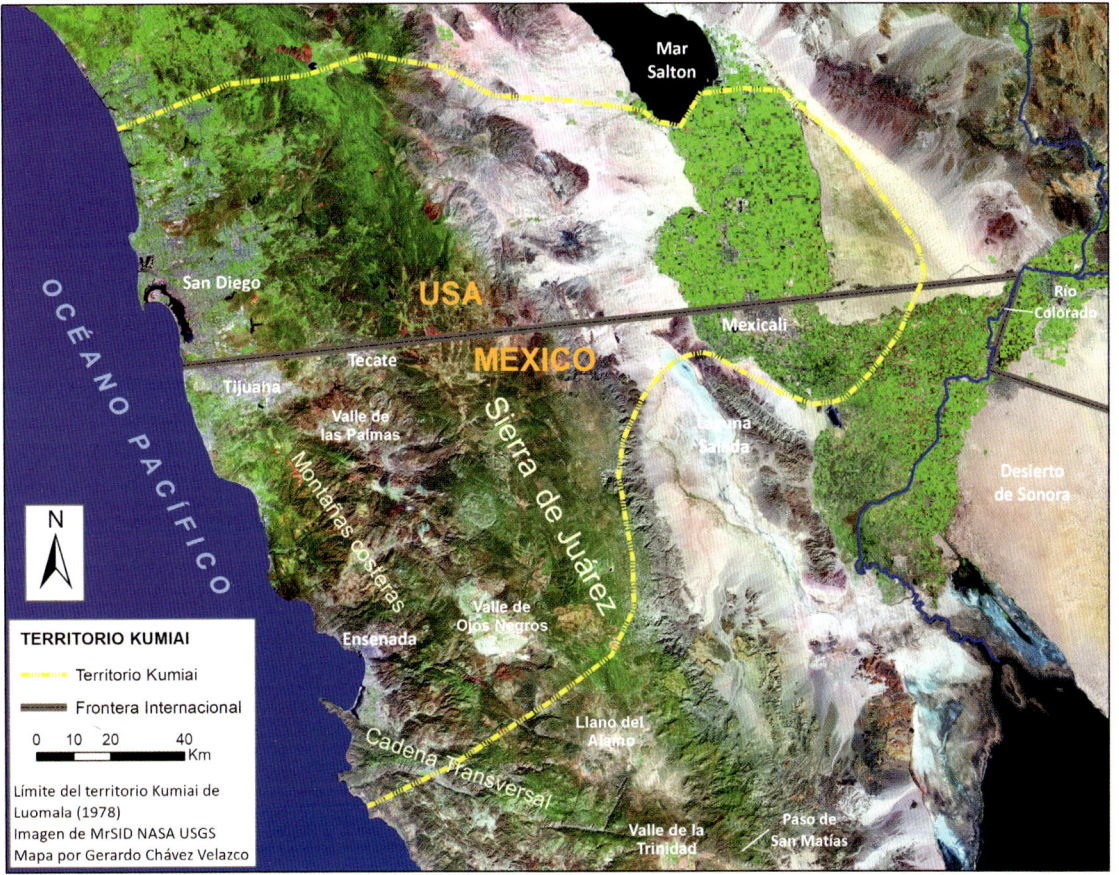

conocimientos y las habilidades relacionadas con la variedad de hábitats que hay en toda la región.

El territorio kumiai fue dividido en 1848 –hace poco tiempo en relación con la historia indígena– en dos naciones distintas que impusieron una frontera internacional en la región, así como estructuras políticas y económicas separadas, además de culturas y lenguas diferentes.

Este estudio se centra principalmente en la parte de la región kumiai ubicada en México, que se extiende al sur de la frontera México-Estados Unidos. A pesar de que la arbitraria división política no tiene relación con la geología, el clima, las comunidades bióticas o la prehistoria de la región, desde que la frontera fue establecida por primera vez en 1848, el idioma español y las instituciones políticas, económicas y sociales de México han influido profundamente en la

Una barda fronteriza oxidada flanquea al Cuchumá (*Kuuchumaa*), también conocida como *Tecate Peak*, considerada como una montaña sagrada por los pueblos kumiai de ambos lados de la frontera. Al igual que la nación kumiai, la montaña está dividida por la frontera internacional que separa a EUA de México. Foto por Michael Wilken-Robertson.

historia, el idioma y la cultura kumiai del sur de la frontera. De igual manera, el idioma inglés y la cultura e instituciones de los Estados Unidos han influido en la vida de los kumeyaay, al norte de la frontera.

Hoy en día alrededor de 600 kumiai viven en cinco comunidades indígenas rurales del norte de la península. De ellos, solo entre 60 y 70 hablan fluidamente una variante de su lengua materna, la mayoría son adultos mayores o de mediana edad. Esta tendencia refleja la pérdida alarmante de la diversidad lingüística, que se observa a nivel mundial, y que ha sido comparada con la pérdida de la diversidad biológica. Esta pérdida de la diversidad de lenguas disminuye los conocimientos etnobotánicos, ya que el lenguaje es una de las principales herramientas para construir y organizar el mundo natural, para nombrar las plantas y los hábitats; para crear taxonomías, y transmitir el conocimiento del medio ambiente. Afortunadamente, en Baja California algunos hablantes de kumiai aún conservan este conocimiento.

Junto con sus conocimientos lingüísticos, muchos de los hablantes de kumiai de hoy también conservan saberes invaluables de otros aspectos de la cultura

Introducción

Aurora Meza Calles y su madre Benita Meza examinan una planta de chía (*Salvia carduacea*). Por generaciones, el conocimiento ambiental tradicional ha sido usado, refinado y transmitido a través de las familias. Foto por Michael Wilken-Robertson.

Norma Meza Calles cocina flores de ejotillo (*Peritoma arborea*). Foto por Deborah Small.

tradicional kumiai, como las múltiples formas en que los kumiai han interactuado con los diversos entornos de su tierra. Este conocimiento, producto de siglos de uso práctico, observaciones empíricas, así como la transmisión intergeneracional, ha ido desapareciendo rápidamente a medida que han cambiado las actividades de subsistencia y que los cambios demográficos empujan a los pueblos nativos fuera de sus comunidades rurales, hacia poblaciones mayores y ciudades. La escasa documentación de la cultura kumiai que existe en la actualidad se encuentra dispersa en la literatura científica en español e inglés, y rara vez incluye perspectivas nativas. Deseo sinceramente que este libro ayude de alguna manera a llenar ese vacío y a preservar para las generaciones futuras una pequeña parte del inmenso conocimiento sobre el medio ambiente, desarrollado por generaciones de kumiai.

    El conocimiento cultural que ha sobrevivido hasta el presente puede dar pistas importantes sobre el pasado, tales como la naturaleza de las relaciones a largo plazo entre los humanos y el medio ambiente en el norte de Baja California. Esta información puede beneficiar investigaciones futuras en arqueología, biología, estudios ambientales, historia y otras disciplinas. La colaboración entusiasta de hablantes fluidos de kumiai que crecieron usando los recursos vegetales en su vida cotidiana (o que aprendieron a usarlos de sus padres, abuelos y otros) ha dado lugar a esta recopilación de información a la que futuros investigadores no habrían tenido acceso de otra manera.

Además, la documentación de este conocimiento puede usarse para apoyar los esfuerzos kumiai de revitalizar su tradición cultural y lingüística; puede aplicarse para crear herramientas educativas tales como exhibiciones museográficas y materiales de enseñanza, y también puede servir para promover una mayor conservación de los hábitats y plantas nativas de las Californias.

Los procesos de aculturación, difusión y otros acontecimientos históricos han transformado radicalmente las formas de vida tradicionales de los pueblos indígenas y de otros pueblos descendientes mestizos, especialmente desde la llegada de culturas colonizadoras durante los últimos dos siglos y medio. Entonces, ¿cómo podemos comenzar a desentrañar las complicadas interacciones entre estos procesos y entender su papel en el conocimiento etnobotánico kumiai contemporáneo? Por un lado, como me sugirió una vez en un viaje a través de la Sierra de Juárez el antropólogo Roger Owen, tal vez las transformaciones históricas de la cultura indígena de Baja California pueden haber sido tan profundas, que el conocimiento etnobotánico indígena actual podría reflejar

Las flores cocinadas del ejotillo se comen con cebolla, en tacos de tortilla de maíz. Muchos alimentos tradicionales pueden ser preparados o comidos en maneras que reflejan las influencias históricas y contemporáneas en la cultura kumiai. Foto por Deborah Small.

Los pinos piñoneros (*Pinus monophylla* y *Pinus quadrifolia*) representan una fuente vital de alimento para los kumiai. La temporada de recolección en las montañas era un periodo de ceremonias, comercio, e interacción con los pueblos de la región del desierto de San Felipe. Teodora Cuero Robles recordaba a sus abuelos diciendo que los pinos piñoneros debían ser tratados con respeto, como a las personas. Los métodos de recolección usados aún pueden proveer estrategias útiles para el manejo forestal a largo plazo. Foto por Deborah Small.

simplemente adaptaciones contemporáneas a las circunstancias en las que viven. Por otro lado, algunos investigadores han optado por centrar su atención solo en aquellas prácticas que consideran remanentes no alterados de patrones prehistóricos; pero han ignorado las múltiples capas de interacciones históricas y contemporáneas entre humanos y plantas, tales como los usos de las especies introducidas y la incorporación de las creencias populares españolas y latinoamericanas, en la base de sus conocimientos tradicionales.

Los resultados que se presentan en este trabajo dan a conocer una perspectiva más matizada. Se sugiere que los kumiai de hoy han integrado los conocimientos ambientales de los períodos prehistóricos, históricos y contemporáneos en las estrategias modernas para su supervivencia en un mundo globalizado. La persistencia misma de este conocimiento dinámico en el presente es un testimonio tanto de los usos prácticos y el significado simbólico de las plantas para los kumiai, como de la resiliencia de las culturas nativas de Baja California.

En su libro de 1995, "Etnobotánica: un manual de métodos" (*Ethnobotany: a Methods Manual*), Gary Martin, un antropólogo cultural, etnobotánico y director de la Fundación Diversidad Global (*Global Diversity Foundation*), describe la etnobotánica como "el estudio de las interacciones entre las personas y las plantas" (1995:xx). Adoptar esta definición elegantemente sencilla nos ayudará también a considerar la etnobotánica en los términos más holísticos de las aproximaciones bioculturales, que Darna Dufour define como: "aquellos que reconocen explícitamente las interacciones dinámicas entre los seres humanos como seres biológicos y los ambientes sociales, culturales y físicos que habitan" (2006:1). Esta perspectiva va más allá de un inventario de conocimiento de las plantas, ya que busca múltiples niveles de información. Por ejemplo, ¿cómo pueden los recolectores de plantas contemporáneos proporcionar pistas sobre cómo sus antepasados dejaron huellas en el medio ambiente físico? ¿Cómo podrían las prácticas culturales y las preferencias kumiai influir en el medio ambiente, y como podría el medio ambiente influir en la cultura? ¿Cómo el uso actual de las plantas vincula a los kumiai a los procesos culturales prehistóricos, históricos y actuales? ¿De qué manera las interacciones con plantas específicas reflejan o asumen distintos niveles de significado dentro de la cultura kumiai? ¿Cómo el lenguaje es parte integral de la construcción de este significado? Estas preguntas van mucho más allá del alcance de este estudio; sin embargo, la información suministrada por los especialistas kumiai en plantas proporciona un punto de partida para la investigación interdisciplinaria a largo plazo, en colaboración con las comunidades indígenas.

Con el fin de proporcionar antecedentes para contextualizar las interacciones humano-planta de la región kumiai, este libro comienza con una revisión de la literatura arqueológica, histórica, etnográfica y lingüística. Después se presenta un catálogo de plantas que sintetiza la información relevante surgida de las entrevistas de campo hechas a especialistas kumiai en plantas, en las que describen o llevan a cabo actividades etnobotánicas relacionadas con 47 plantas. Los datos correspondientes a cada especie se resumen junto con información obtenida de la literatura etnobotánica existente en el área de estudio y las regiones adyacentes. Enseguida se presenta una interpretación de los patrones identificados en los datos, donde se sugiere que el conocimiento etnobotánico contemporáneo une a los kumiai a procesos culturales prehistóricos, históricos y actuales, a nivel regional y en una zona más amplia. Se incluye una serie de reflexiones de los kumiai y otros indígenas de Baja California, que proporciona perspectivas nativas sobre las prácticas e ideologías de la gestión ambiental tradicional y contemporánea. Después presento algunos ejemplos específicos de cómo

Andrea Cota cierne con destreza harina de islaya, mediante un cesto de junco en un taller especial de etnobotánica realizado en el Museo Comunitario de Tecate. Foto por Deborah Small.

se puede aplicar la información en los esfuerzos para revitalizar la cultura y el idioma kumiai, con base en los materiales desarrollados en colaboración con miembros de la comunidad kumiai, para incorporar perspectivas nativas en las exhibiciones del Museo Comunitario de Tecate. Estas actividades se llevaron a cabo como parte de mis prácticas profesionales en el Corredor Histórico-Camino Real de las Misiones (CAREM), la asociación civil de Baja California que administra el Museo.

Por último, son necesarias algunas aclaraciones. En este trabajo, "península de Baja California" se refiere al territorio conformado por dos estados mexicanos: Baja California (que no tiene la palabra *Norte* en su nombre) y Baja California Sur, el estado que comprende la mitad meridional de la península. "Alta California" se refiere al estado de California, en los Estados Unidos de América. El nombre data del periodo colonial, cuando el territorio que los españoles habían llamado California (localizado en la península meridional) fue extendido tan al norte que la palabra *Alta* se añadió al nombre California para denominar las tierras recientemente colonizadas, que comprendían desde San Diego y puntos al norte, que en ese tiempo formaban parte de la Nueva España. Finalmente, las palabras *Baja* o *Antigua* se añadieron al nombre de California peninsular para distinguir el territorio original de las nuevas colonias norteñas. "Las Californias" se refiere a las tres Californias, dadas las relaciones prehistóricas, históricas y culturales entre los estados.

Se proporcionan referencias bibliográficas a lo largo del texto para todas las citas directas; estas incluyen el apellido del autor, el año de la publicación y el número de página donde la cita se puede encontrar. Los lectores interesados en localizar las fuentes pueden consultar las referencias completas en la sección de bibliografía, al final de este trabajo. La tesis de maestría del autor, "Una etnobotánica de los indígenas kumiai de Baja California" (*An Ethnobotany of Baja California's Kumeyaay Indians*) incluye referencias para gran parte de las fuentes usadas en este libro, y se puede acceder a ella en línea a través de los archivos de la Universidad Estatal de San Diego (SDSU).

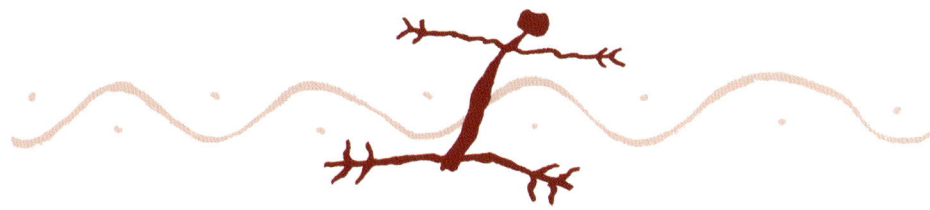

El territorio kumiai originalmente se extendía desde el océano Pacífico en el extremo occidental del continente, a través de la Sierra Peninsular hasta el desierto del Colorado. Imagen por ESRI ArcGis ArcGlobe 10.3. Mapa por Gerardo Chávez Velazco, 2016.

Paisajes prehistóricos de la región kumiai

El territorio kumiai es una geografía de contrastes. La diversidad de sus hábitats ha dado tanto oportunidades como restricciones a los pueblos nativos en la región. Extendiéndose desde el océano Pacífico, a través de las sierras peninsulares hacia el desierto sonorense y el río Colorado, esta vasta región también incluye una entrada a la enorme península, conformada actualmente por los estados de Baja California y Baja California Sur. Conectada al norte con la diversidad de hábitats y culturas de la Alta California, ha sido durante mucho tiempo un lugar atractivo para asentamientos humanos.

Con el fin de comprender mejor los entornos físicos y culturales prehistóricos en los que las interacciones entre los kumiai y las plantas se desarrollaron, en este capítulo se describe la geografía y los diversos hábitats de vegetación del área de estudio. De igual manera, se analiza la literatura en arqueología, que se refiere a la región kumiai, y se explora la antigua cronología cultural de la zona, en lo que respecta a la evolución de las relaciones humano-planta.

Situación ambiental

La península de Baja California es una de las penínsulas más largas norte-sur en el mundo, unida al continente norteamericano aproximadamente en el área de la actual

Pinar de piñoneros de la Sierra Juárez. Foto por Michael Wilken-Robertson.

frontera entre Estados Unidos y México, y que se extiende 1300 kilómetros al sur. En el oeste mira al océano Pacífico, y en el este el Golfo de California la separa del resto de México. La zona más septentrional de la península es parte de una región geológica, climática y biológica más amplia, que incluye gran parte del sur de California hacia el norte y la región del desierto de Sonora hacia el este. Al sur del territorio kumiai, cadenas montañosas irregulares continúan dando forma a la accidentada columna vertebral de la península, rodeada por un desierto árido y planicies costeras.

    La Sierra de Juárez, el macizo montañoso más importante dentro del área de estudio, forma una meseta inclinada hacia el oeste, que alcanza alturas de 1200 a 1800 metros; su vertiente oriental cae precipitadamente al piso del desierto sonorense. En el lado oeste de la Sierra, grandes valles y llanuras como el Valle de las Palmas, el Valle de Ojos Negros y el Llano del Álamo interrumpen el terreno montañoso con una pendiente hacia el Pacífico. Al oeste de estos, las faldas accidentadas de los cerros descienden a zonas costeras con terrazas marinas. Con dirección de norte a sur, a lo largo de la costa del Pacífico, una cadena intermitente de montañas de 1200 a 1500 metros forma la sierra costera. Al sur de Ensenada, un conjunto de montañas de este a oeste, conocida como *sierras transversales*, bordean la falla de Agua Blanca, alcanzando alturas de 1000 a 1400 metros; estas montañas se extienden desde Punta Banda, hacia el este, hasta el borde norte del Valle de la Trinidad y el paso de San Matías.

La zona climática mediterránea de América del Norte se extiende hacia el norte de Baja California, trayendo con ello inviernos templados y fríos, así como veranos calurosos y secos. El océano Pacífico, al oeste, influye fuertemente en el clima de la región, ya que las tormentas frontales de invierno son la principal fuente de las precipitaciones. Las tormentas estivales ocasionales pueden romper las sequías prolongadas habituales de verano, principalmente en las montañas. Debido a la escasez de agua, la mayoría de los arroyos son efímeros y el flujo de agua superficial permanente es rara. La precipitación anual media varía mucho a través de los ambientes de la región: a lo largo de la costa oscila entre 200 y 350 milímetros; en las cumbres de las sierras cercanas a la costa, va de 300 a 400 milímetros; en el flanco occidental de la Sierra de Juárez alcanza de 400 a 500 milímetros. Los valles interiores, como el de las Palmas y el de Ojos Negros, reciben menos lluvia (de 170 a 250 mm) debido a su ubicación en el lado de sotavento de las sierras costeras; mientras que la transición al desierto en los acantilados orientales y las zonas de planicies desérticas de la región son extremadamente áridas (menos de 150 milímetros de precipitación anual), ya que se encuentran en la sombra de la lluvia orográfica.

Las comunidades vegetales en los paisajes de la región eran exuberantes con bosques extensos, al final del Pleistoceno (Edad de Hielo), período más frío y húmedo,

El océano Pacífico lleva humedad a la región desértica. El clima mediterráneo de la región disfruta de inviernos templados y fríos a lo largo de la costa, con tormentas ocasionales en las montañas. Foto por Michael Wilken-Robertson.

La región conocida como La Rumorosa forma parte de la Sierra Peninsular que drena al desierto de San Felipe. Foto por Michael Wilken-Robertson.

cuando los seres humanos entraron por primera vez a la península. Pero se fueron adaptando a un clima mucho más árido durante el Holoceno, el periodo geológico que comenzó al final del Pleistoceno, hace unos 10,000 años, y que continúa hasta el presente.

Antes de que el contacto europeo permanente comenzara, alrededor de 1780, los hábitats costeros a lo largo del margen occidental de la región incluían grandes extensiones de matorral costero y pastizales nativos, estuarios, dunas costeras, playas, zonas intermareales e islas. Plantas como el agave costero (*Agave shawii*), la siempre viva (*Dudleya* sp.), varios tipos de salvia (*Salvia* spp.), el romerillo (*Artemisia californica*), el lentisco (*Malosma laurina*), el toyón (*Heteromeles arbutifolia*) y la valeriana (*Eriogonum fasciculatum*) crecían comúnmente en estas áreas.

Lejos de la costa, en la zona de las faldas de los cerros, las comunidades vegetales de chaparral se mezclan con matorrales y finalmente predominan. El chaparral de elevaciones bajas incluye chamizo prieto (*Adenostoma fasciculatum*), fresnillo (*Fraxinus* sp.), lechuguilla (*Hesperoyucca whipplei*), hierba santa (*Eriodictyon* spp), manzanita (*Arctostaphylos* sp.) e islaya (*Prunus ilicifolia*). Las comunidades riparias incluyen bosques de encino costero (*Quercus agrifolia*) y bosques caducifolios de aliso o sicomoro (*Platanus racemosa*), álamo (*Populus fremontii*), sauce (*Salix* spp.) y sauco

Matorral costero a lo largo de la costa del Pacífico. Foto por Michael Wilken-Robertson.

(*Sambucus nigra*); así como arbustos riparios y plantas herbáceas perennes, como la yerba del manso (*Anemopsis californica*) y juncos (*Juncus acutus* y *J. textilis*). Amplios pastizales nativos alguna vez cubrieron parte de los valles interiores, pero hoy, con la introducción de pastos exóticos utilizados para el pastoreo de ganado, se han transformado o han sido arrasados por la agricultura, la industria y la urbanización.

Las comunidades vegetales de chaparral en laderas de elevaciones mayores y montañas incluyen: chamizo colorado (*Adenostoma sparsifolium*), palmilla (*Yucca schidigera*), guata (*Juniperus californica*), mangle (*Rhus ovata*), canutillo (*Ephedra californica*), jojoba (*Simmondsia chinensis*), chamizo blanco (*Artemisia tridentata*) y nopales (*Opuntia* spp.). Los bosques de la Sierra de Juárez están poblados por una amplia variedad de coníferas que incluyen dos tipos de piñoneros: *Pinus monophylla* y *Pinus quadrifolia*, así como árboles frondosos siempre verdes, como el encino peninsular (*Quercus peninsularis*). A menudo, estos bosques están mezclados con chaparral.

A lo largo de la vertiente oriental hacia la base de la sierra de Juárez, la zona de transición del desierto está dominada por el matorral del desierto de Sonora, que incluye el agave del desierto (*Agave deserti*), excepto cuando se presentan oasis de palma de abanico (*Washingtonia filifera*) y de palma azul (*Brahea armata*), a lo largo de arroyos que bajan de las montañas.

El cerro Cuchumá, también conocido como Tecate Peak, con vegetación de chaparral a lo largo de sus laderas y con vegetación riparia en su base. Foto por Deborah Small.

Fuentes: Arqueología prehistórica kumiai en Baja California

Al comparar con la región correspondiente de la Alta California, son pocos los estudios arqueológicos que se han llevado a cabo en el lado mexicano de la región kumiai. Esto puede deberse, en parte, a que en México se ha dado prioridad a los sitios monumentales de la arqueología mesoamericana, alejados de la península de Baja California. Por otra parte, puede deberse a las diferentes leyes de gestión de recursos culturales y a las dificultades para hacerlas cumplir; así como a la falta de financiamiento para la investigación arqueológica en sí.

Debido a la cercanía de la península con el sur de California y su distancia de la Ciudad de México, muchos de los primeros estudios los llevaron a cabo arqueólogos de Estados Unidos. Sin embargo, en los últimos años los arqueólogos mexicanos que trabajan principalmente en el Instituto Nacional de Antropología e Historia (INAH) han contribuido al desarrollo de nuestro conocimiento sobre la extensa prehistoria de la región.

En las décadas de 1920 y 1930, Malcom Rogers, un arqueólogo y curador del Museo del Hombre en San Diego, realizó los primeros estudios y excavaciones en la región kumiai del norte de Baja California, que utilizó para desarrollar su cronología cultural de la región. De 1937 a 1942, Adan Treganza, un antropólogo de la Universidad Estatal de San Francisco llevó a cabo trabajos de reconocimiento en la Sierra de Juárez y en dos sitios en la región kumiai, a lo largo de la costa del Pacífico del norte de Baja California. William C. Massey, un arqueólogo cuyo trabajo se enfocó en la prehistoria de la península de Baja California, realizó una investigación de campo extensa iniciando en la década de 1940, y propuso una síntesis general de su prehistoria. Sin embargo, su trabajo en la región kumiai se limitaba principalmente a una prospección de superficie en las zonas costeras. James Robert Moriarty, un antropólogo de la Universidad de San Diego, presentó dataciones de carbono 14 de muestras recopiladas por el Dr. Carl L. Hubbs del Instituto de Oceanografía de Scripps y de otros sitios al interior y al exterior de la región kumiai, en la década de 1950 e inicios de 1960. En su tesis de maestría de 1973, Rose Noble, una antropóloga física del Museo del Hombre de San Diego, sintetizó información sobre los restos óseos humanos en toda la península, incluyendo materiales osteológicos de nuestra área de estudio. Ruth Gruhn y Alan Bryan (2002), arqueólogos de la Universidad de Alberta en Canadá, excavaron en el lugar conocido como Abrigo de los Escorpiones, en la costa del Pacífico, y encontraron evidencias de presencia humana en el Holoceno temprano hace unos diez mil años.

Más recientemente, los investigadores que trabajan con el INAH han llevado a cabo proyectos de mitigación de impactos sobre los recursos culturales en la región de estudio, proporcionando nuevos datos importantes. Dichos trabajos incluyen los del antropólogo físico José Humberto Baeza Catalán, del arqueólogo Danilo A. Drakik Ballivian, de la arqueóloga Enah Montserrat Fonseca Ibarra, de la bióloga Andrea Guía Ramírez, del arqueólogo Fernando Oviedo García y del arqueólogo Antonio Porcayo Michelini. Estos estudios generalmente basan sus cronologías culturales en las que se han desarrollada para el sur de California, debido a que aún no se cuenta con una extensa cronología cultural de base local.

Las cronologías culturales desarrolladas por arqueólogos durante el último siglo para la región del sur de California y norte de Baja California, generalmente sintetizan la prehistoria de la región en tres periodos mayores: Paleoindígena (o San Dieguito), Arcaico (o La Jolla) y Prehistoria tardía. Mientras que la mayoría de los arqueólogos en

Un conchero costero se erosiona hacia el océano. Muchos sitios antiguos se encuentran sumergidos, ya que el nivel del mar se elevó al final de la última glaciación. En la actualidad, el incremento acelerado del nivel del mar debido al cambio climático amenaza sitios antiguos de la región kumiai y de todo el mundo. Foto por Michael Wilken-Robertson.

Estados Unidos y México siguen utilizando alguna versión de esa síntesis de tres etapas, los investigadores continúan debatiendo las especificaciones de estas cronologías. Más recientemente, estudios de mayor escala con base en un cuerpo de información creciente analizan la ocupación prehistórica de la costa del Pacífico de América del Norte, incluyendo las evidencias de estudios arqueológicos de las tres Californias.

Cronología cultural prehistórica

Los tiempos y las rutas de la primera migración humana en América son mucho más complejos que los propuestos en las teorías de un puente de tierra en Bering y un corredor tierra adentro sin hielo. Sin embargo, la evidencia en los sitios del Pleistoceno terminal a lo largo de la costa del Pacífico de la Alta y Baja California ha fortalecido el argumento a favor de la migración costera de pueblos paleoindígenas en la colonización inicial del continente hace unos 13,000 años. Los primeros exploradores que ocuparon el norte de la península dejaron huellas débiles de su presencia, entre ellos puntas Clovis y otros conjuntos de herramientas de piedra. En esa época, la región empezó a experimentar la transición del clima de la Edad de Hielo más húmedo y más fresco, a un clima más seco y cada vez más árido (aunque variable) del Holoceno; el mar se encontraba

Sitios arqueológicos incalculables han sido destruidos por proyectos de construcción públicos y privados, particularmente a lo largo de la costa. Aquí, una capa grisácea con manchas blancas de concha indica el remanente de un conchero costero a través del cual pasa la carretera. Foto por Michael Wilken-Robertson.

de 35 a 55 metros más bajo que en la actualidad. Las comunidades bióticas durante el Pleistoceno tardío habrían sido similares a las de las zonas contiguas del sur de California e incluían bosques de coníferas en altitudes más bajas que en la actualidad.

En la región sur de California y norte de Baja California los investigadores se refieren, en general, al complejo arqueológico asociado a los sitios que datan de este período temprano, como el Paleoindígena o San Dieguito. Aunque el ascenso del nivel del mar pudo haber destruido o sumergido muchos de los primeros sitios, la mayoría de los que se conocen actualmente están situados cerca de la costa y han proporcionado evidencias del uso intensivo de los recursos litorales por los primeros habitantes.

Aunque potencialmente existen sitios de este período en el norte de Baja California, actualmente no hay información disponible sobre sitios del Pleistoceno terminal, excepto una fecha de $10{,}120 \pm 40$ cal AP (años calendario antes del presente) encontrada en las excavaciones en el Abrigo de los Escorpiones, un refugio rocoso cercano a Santo Tomas, Baja California. En años recientes el ritmo acelerado de desarrollo a lo largo de la costa entre la frontera de Estados Unidos y Punta Banda, Baja California ha dado como resultado la destrucción o degradación de muchos sitios en las zonas costeras; otros están gravemente amenazados.

Un cazador kiliwa pica la madriguera de una rata para hacer que el animal salga. Lleva un arco de sauce (*Salix* spp.), listo para cazarla. Los arqueólogos a veces excavan madrigueras de ratas, hacen estudios de polen y examinan anillos de crecimiento de árboles para entender mejor los patrones climáticos y la historia ambiental de la región. Foto por Paul Long.

Durante los climas más cálidos y con mayor aridez del Holoceno Medio (hace 8,000 a 1,300 años), los patrones de paisaje fueron cambiando a la actual distribución de chaparral, bosque de pino, bosque de encino, matorral costero y desierto; mientras que los niveles del mar, con el tiempo, se elevaron hasta alcanzar los actuales. Nuevos rasgos culturales que muestran un mayor énfasis en la molienda de semillas y la explotación de los recursos costeros comenzaron a aparecer en el norte de Baja California. Conocidas en general como el complejo La Jolla, en el sur de California y el norte de Baja California, estas culturas se caracterizan arqueológicamente por extensos concheros (depósitos que contienen los restos de actividades humanas pasadas), grandes cantidades de morteros en rocas y entierros que a menudo incluyen metates rotos colocados sobre esqueletos.

Los arqueólogos aún no han acordado si estas poblaciones están relacionadas con las de la Prehistoria tardía, el periodo cultural prehistórico final del norte de la península. También debaten si los cambios de la Prehistoria tardía, que comienzan a aparecer en el registro arqueológico hace aproximadamente 1,300 años, representan la afluencia de nuevas poblaciones o son el resultado de la influencia cultural de áreas vecinas (o una combinación de ambos). Los pueblos de este periodo se asocian con el complejo arqueológico yumano; algunos de ellos son probablemente los ancestros de los kumiai y otros pueblos yumanos vecinos del sur de California, norte de Baja California y Arizona, cuyas lenguas y culturas tienen mucho en común.

Los arqueólogos han realizado pocas excavaciones exhaustivas y a largo plazo en el área de estudio (en comparación con las del área correspondiente al norte de la frontera), de modo que hay poca información arqueológica local disponible sobre las culturas del período de la Prehistoria tardía, y de los ambientes en los que los pueblos nativos construyeron sus culturas. En consecuencia, los investigadores que trabajan en Baja California extrapolan conceptos del complejo arqueológico yumano con base

La aparición de cerámica en sitios de la región kumiai se asocia con el periodo de la Prehistoria tardía. Los hablantes de ko'alh y paipai en Santa Catarina, Baja California han continuado esta tradición hasta el presente. Foto por Michael Wilken-Robertson.

El procesamiento de semillas nativas como las bellotas en canastas y cerámica son patrones culturales del periodo de la Prehistoria tardía que han permanecido hasta el presente.
Foto por Michael Wilken-Robertson.

en excavaciones arqueológicas en el vecino sur de California, así como a partir de documentos etnográficos y del período histórico, mucho de lo cual será explorado en los siguientes capítulos.

Junto con la cerámica y las puntas de proyectiles utilizadas con arcos y flechas, que son indicadores clave de la Prehistoria tardía, los arqueólogos han deducido patrones culturales a partir de sitios arqueológicos de una región mayor, los cuales incluyen poblaciones más grandes, el establecimiento de campamentos estacionales permanentes o semipermanentes, el aumento del número de sitios de molienda de bellota, métodos mejorados de conservación de alimentos y el sepelio por cremación. La trashumancia kumiai anual incluía la ocupación estacional de las zonas más altas de la región kumiai, que disponía de recursos importantes como piñones, bellotas y otras semillas, así como el desplazamiento de su residencia de invierno a zonas más bajas. Muchos de estos patrones culturales persistieron en el período histórico temprano, y fueron descritos en las crónicas de algunos viajeros no nativos durante sus primeros contactos con los ancestros de los pueblos kumiai contemporáneos e históricos.

2

Etnohistoria: Antiguas formas de vida en transición

Los registros escritos por los exploradores europeos, tanto misioneros franciscanos y dominicos, como de los escritores del siglo XIX, proporcionan atisbos fascinantes del uso que los kumiai daban a las plantas durante un periodo de grandes transformaciones en las formas de vida nativas. En estos se describen poblaciones itinerantes de cazadores, recolectores y pescadores en el norte de Baja California, durante los períodos del primer contacto europeo y después de que enormes cambios impactaron al mundo indígena. Estos documentos dan vida a información fragmentada y a menudo fuertemente sesgada, sin embargo extraordinariamente valiosa con respecto a las interacciones de los pueblos nativos con el medio ambiente; su cultura material; subsistencia, organización social y política; vida religiosa y ceremonial, e idiomas. También arrojan luz sobre los impactos de los procesos históricos

(Izquierda) La colonización por no indígenas trajo grandes cambios en las formas de vida de los nativos y en los paisajes, a medida que grandes áreas de tierra se otorgaron a no indígenas para la agricultura y la ganadería. Los pueblos nativos de la región pronto aprendieron las habilidades necesarias para adaptarse a su mundo cambiante. Foto por Merilie Robertson.

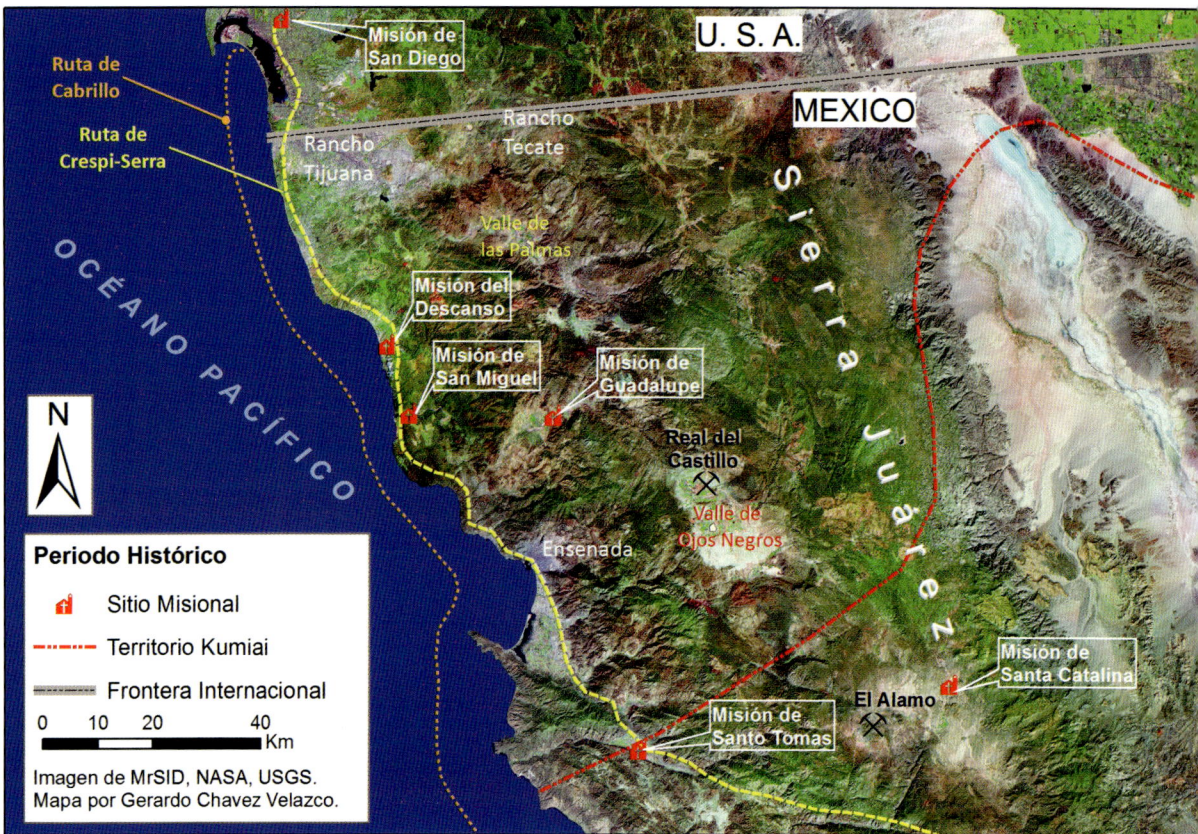

a través de los cuales se ha filtrado el conocimiento etnobotánico indígena kumiai, tal como la difusión de prácticas culturales de otras regiones (en particular otras partes de México y España), las restricciones sobre el uso del suelo, la disminución del acceso a los recursos naturales y la introducción de especies exóticas. En este capítulo se examinan algunas de las fuentes históricas más importantes: crónicas, registros, diarios, libros y otros recuentos sobre este período, y se discute la forma en que demuestran la relación cambiante entre los kumiai y sus ambientes naturales.

Fuentes históricas

Las primeras descripciones escritas de la región kumiai se encuentran en las obras de los exploradores europeos, como Juan Rodríguez Cabrillo, quien en 1542 fue el primer no-indígena que navegó por la costa del Pacífico de la actual California, y el soldado español Sebastián Vizcaíno, que en 1602 viajó a lo largo del Pacífico mientras cartografiaba la costa para el virrey español. Ambos exploradores proporcionaron descripciones fugaces de las tierras y sus habitantes.

En 1769, dos expediciones imperiales españolas bajo el mando de Gaspar de Portolá, el recién nombrado gobernador de las Californias, y el soldado español Fernando Rivera de Moncada, fueron acompañadas por misioneros franciscanos, entre ellos los padres Junípero Serra y Juan Crespí, quienes tomaron notas detalladas sobre los pueblos originarios y sus ambientes. A medida que los dominicos tomaron de los franciscanos la administración del sistema misional en la península, ellos también dejaron ocasionalmente descripciones escritas de los pueblos nativos bajo su administración. Las cartas del misionero dominico Luis Sales, quien incluye descripciones del uso de plantas nativas, son justamente un ejemplo. El diario de 1796 de Joaquín Arrillaga, el entonces gobernador de las Californias, ofrece en su inspección de la frontera, vívidas descripciones de la vegetación en diferentes ecosistemas de la región kumiai del sur. El Dr. Richard Minnich, un profesor de ciencias de la tierra de la Universidad de California en Riverside y Ernesto Franco Vizcaíno, un científico ambiental de la Universidad Estatal de California, compararon los diarios de los padres Franciscanos Serra y Crespí, del naturalista español José Longinos Martínez (el líder de una expedición científica de 1792), de Arrillaga y otros documentos históricos con estudios actuales de las comunidades vegetales en el norte de Baja California, para evaluar los impactos de los procesos históricos sobre la vegetación nativa.

El establecimiento de las misiones en la región kumiai trajo consigo la imposición de ideologías europeas, enfermedades epidémicas y los impactos demográficos resultantes sobre las poblaciones nativas. La trágica pérdida de vidas y libertades durante este periodo y los retos que estos representaron a los sistemas indígenas de salud, a su cosmogonía, su economía y sus organizaciones sociales influyó en gran medida en la relación de los pueblos nativos con el medio ambiente; al tiempo que ellos se volvieron cada vez más sedentarios y más dependientes de los cultivos alimenticios europeos. Los impactos demográficos en las poblaciones indígenas han sido estudiados a través del análisis de los registros misionales por el Dr. Peveril Meigs, un geógrafo cultural de la Universidad de California; por Robert H. Jackson, un historiador independiente especializado en la historia colonial de América Latina y las tierras fronterizas, y el Dr. Mario Alberto Gerardo Magaña Mancillas, un investigador de la Universidad Autónoma de Baja California.

En tanto que los kumiai buscaban responder a sus territorios cada vez más reducidos y a las nuevas maneras de ganarse la vida en su tierra después del periodo misional, pocos investigadores documentaron esta situación. Durante la segunda mitad del siglo XIX, Clemente Rojo, ex gobernador e historiador del norte de la península, realizó entrevistas con prominentes personalidades de la región, incluyendo a personajes kumiai. David Goldbaum, un ingeniero mexicano, autor y político, quien durante su carrera exploró algunos de los parajes rurales más agrestes del norte de la península, publicó un informe sobre las comunidades indígenas de Baja California que sobrevivían en 1918. La tesis doctoral de 1963 del antropólogo Roger Owen analizó los efectos de los fenómenos históricos como el movimiento armado de 1911 (en relación con la Revolución mexicana), en los grupos indígenas del norte de Baja California. Julia Bendímez Patterson, directora desde hace varios años del Centro Baja California, del INAH, resumió una serie de documentos para presentar una visión general de la historia de los kumiai y otros grupos indígenas del norte de Baja California, incluyendo una discusión de la pérdida del acceso al territorio y a los recursos tradicionales. El Dr. Everardo Garduño, un antropólogo sociocultural del Centro de Investigaciones Culturales-Museo (CIC-Museo) de la Universidad Autónoma de Baja California (UABC), sintetizó los datos de su propia investigación de campo de principio de la década de 1990, realizada con los kumiai y otros grupos yumanos de Baja California, y analizó los procesos históricos que transformaron las formas de vida indígena. La antropóloga Heather Kwiatkowski describió en su tesis de maestría de 2008, los cambios en la cultura y en el uso de la tierra de los kumiai, durante el período histórico, basado en un estudio etnoarqueológico realizado en Peña Blanca.

Paisajes etnohistóricos de los siglos XVI al XIX

Los primeros registros escritos sobre la región kumiai describen pueblos de cazadores, recolectores y pescadores que vivían en los diversos entornos de la región. En muchos casos estos relatos ofrecen información específica sobre la interacción entre ellos y las plantas, lo que permite confirmar patrones culturales señalados mediante datos arqueológicos. Los escritos de los cronistas dan testimonio de primera mano que sugiere que los patrones culturales prevalecientes en el período Prehistórico tardío seguían existiendo intactos cuando menos hasta 1769, incluyendo la explotación estacional de alimentos vegetales que realizaban las tribus locales; el uso de cerámica, arcos y flechas, y redes de fibra.

Las epidemias que precedieron el avance de la colonización española desde el sur y el este pudieron haber afectado ya a las poblaciones kumiai, y las plantas exóticas pudieron haber comenzado a invadir la región. Sin embargo, en muchos sentidos las descripciones nítidas de los nativos bajacalifornianos, encontradas en los documentos históricos, proporcionan pistas importantes para entender la cultura nativa, y ayudan a hacer un esbozo de la vida antes de los períodos misional, de ranchos y minero.

La expedición de Juan Rodríguez Cabrillo de 1542 a lo largo de la costa del Pacífico ofrece el relato más antiguo de los indígenas bajacalifornianos de justo el sur de la región kumiai. En el área de Punta Colonet, un grupo de marineros bajó a tierra para abastecer al barco de agua, cuando se encontraron con un grupo de nativos. El cronista informa: "…en esta aguada vinieron cuarenta indios con sus arcos e flechas, no se pudieron entender con ellos, venían desnudos, traían maguey asado para comer e pescado" (Paez 2004:22). Pocos días después, en el área de Ensenada, vieron "indios

Etnohistoria: Antiguas formas de vida en transición

Redes de fibras de agave, que aún se producen, fueron descritas como objetos valiosos de comercio por Juan Crespí en 1769. Foto por Deborah Small.

en unas canoas muy pequeñas" (Paez 2004:24), muy probablemente balsas de tule más tarde descritas por los misioneros.

Mientras la expedición de Cabrillo se dirigía hacia el norte, pasando las Islas Coronado, el cronista menciona: "este día se vieron en tierra grandes ahumadas" (Paez 2004:24), y mientras navegaban hacia el norte pasando San Diego a lo largo de la parte norte del territorio kumiai, describieron "muchos valles e llanura y muchas humaredas y dentro en la tierra sierras" (Paez 2004:27). Sesenta años más tarde, en el otoño de 1602, el padre Antonio de la Ascensión de la expedición de Sebastiano Vizcaíno describe una escena similar cuando la expedición navegó hacia el norte más allá de las Islas Coronado: "Los indios hicieron tantas columnas de humo en el continente que en la noche parecía haber una procesión y en el día el cielo estaba nublado" (Bolton 1959:79-80). Las "humaredas" podrían haber sido quemas hechas por los kumiai; sin embargo, señales de comunicación, unidades de caza comunales u otras causas también podrían explicar el fenómeno.

Los misioneros franciscanos Junípero Serra y Juan Crespí al viajar hacia el norte desde Baja California, a la bahía de San Diego, retrataron vívidamente en sus diarios las formas de vida kumiai antes del contacto permanente con los colonizadores europeos. La expedición terrestre imperial española que acompañó Crespí pasó 22 días viajando a través la región, desde el 21 de abril al 13 de mayo, y tuvieron muchos encuentros con indígenas kumiai en el camino.

En el Valle de Santo Tomás el grupo misionero encontró senderos muy transitados y mucha evidencia de la presencia kumiai, pero no vio a ninguno de ellos (como generalmente ocurría), ya que se escondían de los españoles. Crespí anotó que algunos miembros de la expedición: "hallaron montones de semillas mui sabrosas que comen los gentiles, una mui grande batea de barro cozido mui fuerte y otros tepalcates mui fuertes y lisos…." (Crespí 2001:220). Los encuentros, tanto hostiles como amistosos, se llevaron a cabo durante el tiempo que el grupo estuvo en territorio kumiai. Por ejemplo, el 10 de mayo, del área que ahora es la ciudad costera de Rosarito, Crespí describió una población kumiai numerosa, muy interesada en comerciar con los españoles:

> Los hombres unos trahían sus arcos y flechas, otras macanas, otras fisgas mui largas, y las puntas de éstas mui agusadas, de gueso o de conchas; cargan todos muchas redes mui pulidas, bien hechas, de pescar, de todos colores, que trahen amarradas a la cintura. El señor comandante regaló a todos avalorios, listones y otras cosas, y quedavan todos mui contentos. Algunos regalaron sardinas tatemadas y almejas al señor comandante, quien los regaló mui bien, y volvieron a corresponderle con regalarle una o dos redes que se quitaban de la cintura, y quatro o cinco flechas de sus carcajes, mui pintadas y de unos pedernales mui finos, de todos colores (Crespí 2001:242).

El padre Junípero Serra, quien viajó con la segunda expedición española en el mismo año de 1769 a la Alta California, también relató en su diario numerosos encuentros con

Junípero Serra describió la costa como "muy cundida de buenos mezcales" (*Agave shawii*). Foto por Michael Wilken-Robertson.

los kumiai. Encontró que eran comerciantes astutos y los describió como pescadores expertos que salían en sus "pequeñas balsas" hechas de tule para traer pescado a los visitantes. A lo largo de la costa, en el área que ahora es El Descanso, observó: "…veíamos por el mar a veces dos, a veces cuatro o cinco, balsas de tule como canoítas o cayucos de gentiles pescadores, y bien dentro de la mar…" (Gómez Cañedo 1969:64). En la misma zona: "…vimos estar la tierra muy cundida de buenos mezcales…pero creo que estos gentiles les hacen poco caso por la abundancia de pescado y otras comidas" (*ibid*). La falta de atención probablemente tenía que ver más con la temporada, ya que la expedición pasó por territorio kumiai en junio y el maguey costero no está listo para cosecharse sino más tarde en el año. Serra menciona que disfrutó de una bebida hecha de chía que le fue traído por los indios; también recibió como regalo una cesta llena de un condimento en polvo, quizás semillas molidas de salvia u otras plantas, que se utilizaba para sazonar el pescado.

Estas descripciones de Crespí y Serra muestran pueblos de cazadores, recolectores y pescadores, que interactúan con los paisajes de la región, utilizando cordeles de fibra, arcos y flechas; piedras, huesos y herramientas de concha; balsas de tule, redes y lanzas; así como tecnologías de cerámica y lítica asociadas con el almacenamiento

Algunos nativos de Baja California, en particular aquellos que vivían en o cerca de las misiones, se convirtieron en agricultores. Donde hay suficiente agua y tierra arable, la agricultura continúa suplementando la economía de las comunidades indígenas. Foto por Michael Wilken-Robertson.

o la elaboración de materiales vegetales. Muchos de estos elementos son coherentes con los materiales encontrados en el registro arqueológico de la región kumiai. Los cronistas describen muchos campamentos de pueblos nativos a lo largo de su ruta costera, especialmente donde los arroyos encontraban el mar, lo que sugiere que los recursos terrestres y marinos abundantes a lo largo de las terrazas costeras del Pacífico de la región kumiai mantuvieron poblaciones nativas bastante grandes.

Los franciscanos prosiguieron a fundar la Misión de San Diego de Alcalá en 1769, la primera misión en el territorio kumiai de la Alta California. En Baja California, los dominicos establecieron misiones en los territorios de los grupos yumanos, al sur de los kumiai, retomando los lugares donde los franciscanos dejaron el avance de una cadena de misiones en San Fernando Velicatá, con la intención de vincular las misiones peninsulares con las misiones franciscanas de la Alta California. Los dominicos establecieron las misiones de El Rosario Viñadaco (1774), Santo Domingo (1775) y San Vicente Ferrer (1780), al sur del territorio kumiai.

En 1787 los dominicos establecieron la misión de San Miguel Arcángel, la primera en territorio kumiai, situada en un valle principal al que Crespí y Serra anteriormente habían descrito como un poblado con muchas chozas. La misión fue construida sobre un antiguo conchero, cuyo suelo oscuro todavía contiene conchas de abulón, almejas

Al final del verano de 1796, el gobernador Joaquín Arrillaga viajo a través de la Sierra de Juárez y encontró pueblos nativos cosechando piñones (*Pinus monophylla*, *Pinus quadrifolia*), tunas (*Opuntia* spp.) y otros alimentos silvestres. Fotos por Deborah Small.

y mejillones. En 1791, los dominicos establecieron la Misión de Santo Tomás, que une las misiones del sur con San Miguel. Así comenzó la colonización permanente del territorio kumiai, a medida que los nuevos inmigrantes se apropiaban de ecosistemas clave para establecer los modelos económicos agrícolas y ganaderos europeos.

Los dominicos esperaban establecer contacto con las misiones vecinas de Sonora y también tener una misión en un lugar estratégico para vigilar las actividades de los pueblos yumanos del río Colorado, por lo que las autoridades dominicas y españolas realizaron varias exploraciones de la frontera en la década de 1790, en busca de un sitio apropiado. En septiembre de 1796, el gobernador Joaquín Arrillaga visitó la Sierra de Juárez, entonces conocida como Sierra del Pinal (debido a los extensos bosques de pinos); ahí encontró varias *rancherías* (campamentos estacionales y los grupos familiares que los habitaban) en el bosque de piñoneros. Arrillaga informó haberse encontrado a un grupo de indios que estaban "en su cosecha de tuna, así como la recolección de otras semillas" (Arrillaga 1969:63). Además, especificó sobre rancherías de unas cinco a diez chozas, generalmente con pozos pequeños y profundos cercanos. Muchas estaban vacías, porque "es verano y estaban ausentes buscando piñones y otras semillas" (Arrillaga 1969:63). Describió también otros campamentos estacionales y un lugar donde se celebró un baile al que los indios del río Colorado habían asistido.

Los dominicos fundaron la Misión de Santa Catalina, en el territorio ko'alh y paipai en 1797. Luego, al desplazarse hacia el norte e internarse en territorio kumiai, establecieron la Misión de El Descanso, en 1817, y la Misión de Guadalupe, la última de las misiones dominicas, en 1834. El establecimiento de estas misiones, combinado con explotaciones agrícolas y ganaderas extensas, así como con corredores de transporte en partes clave de su territorio, provocaron que la libre circulación de los cazadores y recolectores kumiai se volviera más restringida. Probablemente esto llevó a que los kumiai no-evangelizados dieran un uso más intensivo a ciertos recursos bióticos. La presencia de soldados españoles y misioneros interrumpió los recorridos estacionales de los kumiai entre la costa y las montañas. La entrevista de Clemente Rojo en la década de 1870 con Janitín, un indígena kumiai de Nejí, ilustra este proceso de interrupción:

> Yo y dos parientes míos, bajamos de la sierra de Nejí a la playa de Rosarito, a pezcar almejas para comer y a llevar a la sierra como lo teníamos de costumbre todos los años; ningún daño hicimos a nadie en el camino y en la playa no pensábamos mas que en pezcar y sacar almejas para llevar á nuestra ranchería.
>
> Cuando esto hacíamos, vimos venir corriendo dos hombres á caballo en dirección adonde nosotros estábamos, mis parientes tuvieron desde luego miedo y echaron a huir a toda carrera, ocultándose en el sausal muy espeso que entonces existía en la cañada del Rancho del Rosarito.
>
> Luego que me vi solo, me dio también miedo de aquellos hombres y corrí al bosque para juntarme con mis compañeros, pero ya era tarde, porque al momento me alcanzaron y me lazaron y arrastraron un largo trecho, estropeandome mucho con las ramas sobre las cuales me arrastraron, jalándome lazado como estaba á carrera de sus caballos; después de esto, me amarraron de los brazos y me llevaron por delante a la Misión de San Miguel… (Rojo 1987:19).

Los kumiai respondieron de diversas maneras a la colonización española. Los "broncos" o indios no bautizados evitaron el contacto con las misiones y la sociedad colonial española, y modificaron sus movimientos de caza y recolección para eludir las zonas recién ocupadas. Algunos kumiai encontraron útil visitar las misiones como parte de sus ciclos estacionales, sobre todo en los momentos en los que los recursos agrícolas estaban disponibles; pero evitaban el bautismo, ya que esto implicaba entregar sus libertades a la iglesia. Algunos, voluntaria o involuntariamente, aceptaron la conversión a la fe católica y la cultura misional, una transformación que implicaba el principio de la asimilación cultural y lingüística en el sistema colonial español. La presencia de las misiones en la región representó la primera fase del vasto programa colonial español de pacificación y reducción, diseñada para convertir a los indígenas en sujetos útiles del imperio español y para transformar el territorio de manera que pudiera sostener una economía agrícola y ganadera. Esto impactó profundamente la economía de caza, pesca y recolección de los kumiai, y limitó su capacidad de conservar muchas de las prácticas tradicionales, como las quemas controladas de partes del paisaje, que fue declarada ilegal por los españoles, ya que se consideraba una amenaza a los nuevos modelos de utilización de la tierra.

Los nuevos sistemas económicos y religiosos introdujeron un conjunto radicalmente diferente de tecnologías e ideologías para el uso de la tierra, marcando el inicio de los nuevos patrones de explotación ambiental que afectaría drásticamente a los kumiai y su interacción con sus entornos naturales y culturales. El acceso a una amplia gama de recursos vegetales empezó a reducirse, a medida que "su ecosistema experimentó transformaciones y deterioro, debido al cultivo de granos, el pastoreo de animales y la tala de árboles, especialmente de encinos" (Santiago Guerrero 2005:57).

Incluso aquellos que vivían lejos de las misiones tuvieron dificultades para escapar de su creciente influencia. El testimonio del legendario líder kumiai Jatiñil ilustra la difícil situación de los kumiai durante este difícil período de transición:

> Vine á ayudarle al padre Félix, a levantar la Misión de Guadalupe desde los cimientos hasta el fin, y también lo ayudaba a sembrar todos los años y á levantar sus cosechas, y el Padre nos daba lo que quería, maíz, cebada y trigo, de eso mismo que le sembrábamos y cosechabamos nosotros, pero no contento con esto, pretendió varias veces que nos bautizaramos para tenernos encerrados en la Mision, y manejarnos como á los demás indios….entonces sin acordarse de mis servicios y de todos nuestros trabajos provenian de haber querido ayudar á los de razon, contra la voluntad de todos nosotros, comenzó á bautizar por la fuerza á la gente de mi tribu que iba á visitarlo como acostrumbravamos hacerlo; esto me dio mucho coraje y por eso fui a buscarlo á Guadalupe con la intención de matarlo… como no hallé al Padre Felix, me volví á salir de la Mision…. Desde entonces, volví a esta Ranchería no he salido para ninguna parte (Rojo 1987:28-29).

Ja'a (Cañón del Álamo), un campamento tradicional de la comunidad Juntas de Nejí y hogar del gran líder kumiai Jatiñil. Foto por Deborah Small.

En 1821 México logró su independencia de España. Las leyes de la nueva república decretaron la secularización de las misiones y el regreso de la mayoría de la tierra a los pueblos indígenas. Esto rara vez ocurrió en la práctica, y en Baja California muchos de los establecimientos misionales continuaron funcionando hasta las décadas de 1830 y 1840. El nuevo gobierno no devolvió antiguas propiedades misionales a los kumiai, debido a la idea de que los pueblos indígenas no tenían asentamientos permanentes. Además, la tierra de Baja California se consideraba deshabitada y, por tanto, propiedad de la nación.

Alrededor de la década de 1880, en el transcurso de unas pocas generaciones, los exsoldados españoles y otros colonos no indígenas se habían apropiado de grandes extensiones de tierras tradicionales kumiai. Durante este período muchos kumiai resistieron, llevando a cabo numerosos ataques contra los nuevos asentamientos. Los no indígenas lentamente colonizaron posiciones kumiai en las áreas de pie de monte y de montaña que aún estaban geográficamente distantes de las misiones. Según la historiadora Bibiana Santiago Guerrero, del Instituto de Investigaciones Históricas de la UABC, estos nuevos colonos consideraban la región "como tierra de indios salvajes, tierra de frontera, pues en ese territorio no se fundaron misiones. La población no indígena empezó a avecindarse en ese espacio, debido a que los ranchos se extendieron a ese 'territorio virgen'" (2005:63).

Algunos kumiai se adaptaron a la vida en los nuevos ranchos y asentamientos, aprendiendo las artes de la agricultura y el pastoreo. Pronto emergieron como una fuerza de trabajo indispensable de vaqueros, peones y trabajadores domésticos para los nuevos colonos. A pesar de estas transformaciones, algunas partes del territorio kumiai de Baja California seguían siendo bastante aisladas, proporcionando un refugio para algunos grupos nativos. En estas áreas, principalmente los indios no cristianizados, desplazados por la presión demográfica de las zonas recientemente colonizadas, podían instalarse cerca de manantiales permanentes y remotos fuera de la vista de los nuevos colonos.

En 1848, el Tratado de Guadalupe Hidalgo, un acuerdo firmado entre Estados Unidos y México, dividió la región kumiai, así como sus paisajes naturales y culturales en dos países distintos. Durante el siglo y medio siguiente, los kumiai en ambas naciones mantuvieron un contacto limitado, a pesar de la creciente regulación de las fronteras. Algunos kumiai de California migraron a Baja California, buscando un refugio contra el desplazamiento y la persecución sufrida en Estados Unidos.

En la década de 1870 se descubrió oro en Real del Castillo y otras partes del territorio kumiai, dando lugar a una afluencia de gambusinos de California, Sonora y Europa, cuyo interés en la explotación de los recursos minerales impactaría más los usos tradicionales kumiai del medio ambiente. Durante este periodo, los kumiai perdieron acceso a más de su territorio, en la medida en que el gobierno mexicano otorgó concesiones mineras. Debido a que las operaciones de esta actividad necesitaban trabajadores, algunos kumiai encontraron empleo en las minas. A finales del siglo XIX la población kumiai se había reducido a un mínimo y muchos vivían en ranchos y poblados

A medida que sus tierras eran apropiadas por los no indígenas, los kumiai trabajaban como vaqueros, peones y trabajadores domésticos para los nuevos colonos. Hoy muchos vaqueros indígenas son conocidos como algunos de los más hábiles en la región. Foto por Merilie Robertson.

remotos. Los kumiai lograron sobrevivir mediante la combinación de la caza y la recolección con la horticultura, el pastoreo, la minería y el trabajo asalariado en los ranchos vecinos. Algunos de los asentamientos tradicionales que antes fueron campamentos de temporada en los ciclos anuales de los kumiai, sobrevivirían para convertirse en los ejidos y comunidades indígenas federalmente reconocidas en la actualidad.

Al reducirse su extensión territorial, el conocimiento y el uso del entorno, se volvieron más limitados a su zona e influidos por la cultura mexicana. A medida que animales y plantas no nativos y nuevas ideas de cómo interactuar con el paisaje llegaron con los nuevos colonizadores desde otras partes del mundo, los kumiai aprendieron a adaptarse a los múltiples cambios en su mundo, para poder sobrevivir. Muchos kumiai finalmente dejaron sus tierras para trabajar en los pueblos y ciudades cercanos, y a menudo esto significó perder la identificación con sus ancestros kumiai y su relación directa con la tierra. Para los que siguieron viviendo en los parajes más remotos, los conocimientos etnobotánicos se convirtieron en uno de los activos más valiosos en una base económica diversificada.

La artesana Beatriz Carrillo recoge junco (*Juncus textilis*) cerca de San José de la Zorra, Baja California. La tradición de la cestería vincula a los kumiai actuales con los pueblos antiguos de las Californias. Foto por Michael Wilken-Robertson.

3

Etnografía: Paisajes soñados, recordados y contemporáneos

Con el establecimiento de la disciplina de la antropología en la segunda mitad del siglo XIX, el desarrollo generalizado de la etnografía llevó a producir descripciones científicas de las culturas alrededor del mundo, incluyendo los pueblos indígenas de Baja California. Estos estudios reflejan las preocupaciones teóricas y los acercamientos metodológicos de los tiempos en que fueron producidos. En el caso de Baja California, la literatura etnográfica existente incluye datos que proporcionan un contexto invaluable para entender las relaciones entre los nativos y la vegetación de sus entornos. Este capítulo inicia con una revisión de la historia y el estado actual de la investigación científica en la región kumiai, luego se explora el conocimiento etnobotánico desde tiempos remotos hasta el presente, a través de la tradición oral, descripciones etnográficas de las relaciones de los kumiai con las plantas y la tierra, y a través de las perspectivas contemporáneas sobre los paisajes de las comunidades kumiai.

Fuentes: Investigación etnográfica

Los estudios etnográficos de los grupos yumanos del norte de la península realizados desde principios del siglo XX contienen información cultural valiosa, que arroja luz sobre las formas de vida indígenas, tanto prehistóricas como históricas, incluyendo documentación sobre la recolección, el procesamiento y consumo de plantas nativas; así como los contextos culturales e históricos en los cuales estas actividades se llevaron a cabo. Desde el inicio de la disciplina, los antropólogos han reconocido la urgencia de documentar las interacciones entre los pueblos nativos y sus entornos, especialmente debido a la transformación dramática de sus culturas. En Baja California investigadores estadounidenses llevaron a cabo los primeros esfuerzos para describir las formas de vida indígena "en desaparición", estos incluyen observaciones sobre las interacciones humano-planta, como parte de esfuerzos más amplios para establecer historias culturales de California y el Suroeste de Estados Unidos. Con frecuencia los antropólogos elaboraban reportes de reconocimiento en pocos días o semanas; sin embargo, aún con estas limitaciones, muchos lograron reunir información etnográfica (incluyendo etnobotánica) útil.

Si bien este estudio se enfoca en el área bajacaliforniana de la región kumiai, también considera la investigación realizada en Estados Unidos, que es relevante para la etnobotánica de Baja California y sus contextos culturales. Autoridades tradicionales, como Delfina Cuero (una indígena kumiai de San Diego, California, quien vivió parte de su vida en México), han demostrado encadenamientos importantes entre la cultura kumiai del norte y del sur de la frontera entre México y Estados Unidos. De igual manera los biólogos han demostrado la continuidad transfronteriza de los recursos botánicos y del medio ambiente físico.

Uno de los primeros trabajos etnográficos fue el de Constance DuBois, una escritora y defensora de los pueblos indígenas. Aunque se enfoca en la mitología y las ceremonias de los kumeyaay, los luiseños y otros grupos del sur de California, su trabajo también incluyó información relevante de los kumiai de Baja California. Thomas T. Waterman, un antropólogo de la Universidad de California en Berkeley (UCB), también recolectó narrativas orales kumiai a principios del siglo XX. Edward Winslow Gifford, un profesor de antropología en la UCB, examinó los sistemas de organización y relación social de los diegueños (kumiai) en su artículo de 1918, "Clanes y grupos sociales en el sur de California" (*Clans and Moieties in Southern California*). Leslie Spier, un antropólogo de la Universidad de Washington, trabajó con el consultor kumeyaay Jim McCarty de Campo, justo al norte de nuestra área de estudio. Al igual que otros reportes del sur del territorio kumeyaay, su publicación "Costumbres de los diegueños del sur" (*Southern Diegueño Customs*) fue relevante para los pueblos nativos del norte y del sur de la frontera internacional. Peveril Meigs, un geógrafo cultural de la UCB, llevó a cabo estudios etnográficos en el norte de Baja California entre 1928 y 1936, incluyendo una monografía en 1939 sobre los indios kiliwa vecinos. Sus notas sobre los kumiai fueron publicadas hasta la década de 1970, en los últimos años de su vida. Las entrevistas de 1937 y 1941 de Philip Drucker con consultores kumeyaay, parte del proyecto de la UCB, "Distribución de Elementos Culturales" (*Culture Element Distribution*), incluyeron información sobre el uso de las plantas como parte de la subsistencia.

Para la mitad del siglo XX, los etnógrafos empezaron a realizar estudios más extensos y a largo plazo en la región, que frecuentemente incluían información significativa en etnobotánica. Entre 1948 y 1951, William D. Hohenthal, quien en ese tiempo era un estudiante de posgrado en la UCB, llevó a cabo un trabajo etnográfico de campo en el norte de Baja California, bajo la dirección de su profesor Edward Winslow Gifford, produciendo notas de campo que con el tiempo se consolidaron en una obra etnográfica póstuma. A lo largo de su obra hay muchas referencias sobre etnogeografía y el uso de plantas. Roger C. Owen, que trabajó en un proyecto multianual y multidisciplinario perteneciente a la Universidad de California, Los Ángeles, en la comunidad paipai de Santa Catarina, produjo una tesis doctoral en 1962 sobre conceptos paipai relacionados con enfermedades y curaciones, el cual incluyó el primer estudio formal en etnobotánica en la región, así como información etnográfica valiosa; él también publicó artículos sobre la organización social yumana. A pesar de que llevó a cabo su investigación en la comunidad paipai, muchos de los expertos con los que trabajó pertenecían al grupo cultural y lingüístico ko'alh, que continúa teniendo lazos fuertes con sus vecinos kumiai. Ralph Michelsen, un antropólogo de la Universidad de California en Irvine, quien trabajó con hablantes de ko'alh y paipai en el proyecto de Santa Catarina con Roger Owen, publicó fotografías y documentos etnográficos de viviendas aborígenes hechas de plantas nativas, tecnología indígena, el procesamiento de fibras de agave, conceptos indígenas de territorialidad y la cosecha de piñón.

El interés antropológico en las interacciones humanas con el medio ambiente ha llevado al uso de conceptos y métodos de la evolución biológica, la ecología cultural humana y la teoría de sistemas, que se apoyan en modelos biológicos de adaptación ambiental. En Baja California los trabajos del geógrafo Homer Aschmann en el desierto central, al sur del área de estudio, y del antropólogo Frederic Noble Hicks, dentro de la región kumiai, reflejan este énfasis teórico en varios niveles. Ambos trabajos sintetizan evidencia biológica, geográfica, arqueológica, histórica y etnográfica para analizar la relación entre los humanos y su medio ambiente. Aschmann, un estudiante de la importante Escuela de Geografía de la UCB, se apoyó en documentos del periodo misional, en gran medida, para analizar cuidadosamente la demografía de las poblaciones indígenas del centro de la península, antes y después del contacto europeo, usando conceptos ecológicos como el de la *capacidad de carga de los ecosistemas*, como un factor en la organización social. Hicks, quien participó en el proyecto de Santa Catarina con Owen y Michelsen, examinó el uso de recursos (principalmente plantas) entre los pueblos yumanos del oeste, con base en datos arqueológicos y etnográficos, para reconstruir las formas de vida aborígenes, tales como los patrones migratorios estacionales.

Algunos antropólogos han criticado aspectos de la ecología cultural, como que promueve el determinismo biológico y que ignora el papel de la cultura en la mediación de la interacción humana con el medio ambiente. En respuesta, los nuevos acercamientos han buscado entender mejor las múltiples maneras en las que la cultura moldea estas interacciones. La perspectiva del humano como parte del ecosistema permite apreciar las influencias mutuas entre los procesos sociales y ecológicos. Por ejemplo, mientras el conocimiento cultural tradicional transmitido por muchas generaciones puede incluir componentes prácticos, como los métodos eficientes de cosecha de plantas para incrementar la producción, también incluye prácticas y patrones ideológicos, como compartir ritualmente los recursos alimenticios o el significado simbólico de las plantas usadas en ceremonias. Estas ideas sugieren que las personas interactúan con su medio ambiente a través de una profunda influencia cultural, además de simplemente escoger una respuesta "optima" a un estímulo biológico.

En la Alta California, investigadores como la etnobotánica Kat Anderson, el antropólogo Lowell John Bean y la antropóloga Florence Shipek han estado reevaluando suposiciones sobre las formas de vida de los cazadores-recolectores, con el fin de entender mejor cómo el manejo ambiental indígena a largo plazo ha sido un factor en la intensificación de la diversidad y productividad de los paisajes de las Californias. En el libro "Indios de California y su ambiente" (*California Indians and their Environment*), Kent Lighfoot, un profesor de antropología en UCB, y Otis Parish, un anciano de la tribu Kashaya Pomo también afiliado a la UCB, explican a detalle esta perspectiva:

> En lugar de simplemente explotar la riqueza de los muchos hábitats de California, ahora se reconoce generalmente que las poblaciones indígenas ayudaron a crear y dar forma a gran parte de la diversidad del ecosistema por medio de diversos tipos de actividades culturales y prácticas de manejo indígenas que todavía se pueden ver hoy en día. Al mejorar la productividad de los pastizales, matorrales, bosques de encinos, bosques de coníferas y prados intermontanos, los indios de California contribuyeron a la construcción de una rica red de hábitats que proporcionaban una abundancia de alimentos, medicinas y materias primas para la ropa, cestas, casas, vestidos ceremoniales de baile y otros objetos culturales (Lightfoot and Parrish 2009:8).

A través de la reevaluación de los documentos históricos y etnográficos, así como del extenso trabajo de campo con consultores nativos contemporáneos, estos investigadores han planteado preguntas que pueden conducir a una comprensión más profunda del papel que juega el conocimiento ambiental tradicional en las interacciones ecológicas humanas, tales como: ¿Cómo los nativos californianos de Baja y Alta California manipularon activamente su ambiente vegetal mediante el uso de la quema controlada y el manejo del agua, técnicas de cosecha especializadas y las disposiciones culturales sobre la utilización de los recursos? ¿Hasta qué punto estas prácticas han sido guiadas por ideologías que conducen a la sostenibilidad ambiental?

Una ramada hecha de cachanilla (*Pluchea sericea*), como parte de una vivienda de verano en el área de Nejí. Patrones antiguos en el uso del espacio residencial, en conjunto con adaptaciones modernas, dan como resultado una vivienda altamente funcional. Foto por Deborah Small.

Algunos antropólogos también han señalado evidencias arqueológicas de la degradación ambiental antropogénica (causada por el ser humano) prehistórica, que resultó de factores como la sobreexplotación de recursos. Todas estas ideas apuntan a un debate sólido y continuo sobre la influencia de factores culturales en las interacciones entre los nativos californianos y las poblaciones de plantas.

La antropóloga Florence C. Shipek trabajó con personas kumiai de ambos lados de la frontera, para explorar las cambiantes relaciones entre los kumiai y el medio ambiente, la organización social en los periodos históricos e indígenas, y la tenencia de la tierra. Ella sugirió que los kumiai se involucraban en "la horticultura de las plantas", una forma compleja de manejo ambiental que incluía los incendios controlados, la plantación y el cuidado de plantas nativas. La biografía que escribió de Delfina Cuero, una mujer kumiai que vivió tanto en Alta como en Baja California, incluye una sección sobre etnobotánica, con descripciones detalladas de usos kumiai de plantas nativas.

El autor del presente trabajo, el antropólogo cultural Michael Wilken-Robertson, documentó el procesamiento de fibras de agave, la construcción de casas de sauce y la producción de cerámica entre los hablantes de paipai y ko'alh durante su trabajo de campo de 1980. Más recientemente ha colaborado con las comunidades indígenas de Baja California en documentar usos tradicionales y modernos de los recursos naturales, como parte de proyectos antropológicos aplicados, encaminados a promover el desarrollo sustentable y la revitalización cultural. Paul Campbell, para su libro de 1999, "Habilidades de supervivencia de la California nativa" (*Survival Skills of Native California*), trabajó con un buen número de especialistas kumiai y ko'alh de plantas, con el fin de documentar la recolección y el procesamiento de alimentos, así como habilidades técnicas, tales como la manufactura de canastas, cuerdas, trampas, escobillas, petates, vestido, arcos, flechas, armas y otros tipos de materiales culturales hechos de plantas.

Lynn H. Gamble, Wilken-Robertson y un equipo binacional de investigadores llevaron a cabo un trabajo de campo que explora las interacciones kumiai con el medio ambiente de la Cuenca del Río Tijuana. En 2008, Gamble y Wilken-Robertson también examinaron los paisajes culturales kumiai, explorando la permanencia, la transformación y los significados simbólicos en la evolución constante de las interacciones ambientales entre los kumiai contemporáneos.

Conocimiento etnobotánico: De la prehistoria al siglo XXI

Después de casi dos siglos y medio de intercambios culturares entre los pueblos indígenas y los no nativos de la región, y un siglo de descripciones etnográficas de interacciones indígenas con las plantas y el medio ambiente, ¿cómo debe presentarse el conocimiento etnobotánico de los expertos kumiai contemporáneos, de manera que sea reconocido su complicado viaje desde la prehistoria hasta el siglo XXI? En esta sección se resume la información relevante de la literatura etnográfica del norte de Baja California, para contextualizar el conocimiento y las prácticas etnobotánicos indígenas actuales. Además, se consideran tres fases de tiempo y espacio kumiai, con base en materiales etnográficos y el propio trabajo de campo del autor. La primera fase revisa el tiempo onírico y mítico de cuando el mundo kumiai se formó y ocupó todo el espacio. La segunda explora el territorio y las formas de vida como las recuerdan los consultores etnográficos kumiai. La última sección examina los territorios contemporáneos de las comunidades kumiai actuales, incluyendo aquellos de los consultores, cuyo conocimiento ha enriquecido este estudio.

Tierras soñadas: Los orígenes kumiai

En muchas de las primeras leyendas de la mitología de la creación kumiai, la relación entre los humanos y la tierra comienza en un mar fantástico, un líquido amniótico primordial del cual dos hermanos emergen para crear el mundo. Ellos crean el sol, la luna y los humanos, a partir de arcilla. Pero su rivalidad fraternal conduce a muchos de los problemas que existen en el mundo actual. La informante kumiai Aurora Meza Calles, de Nejí, cuenta una versión del mito aprendido de su abuela:

> Hoy, este día, vamos a platicar el cuento de los dos gemelos que vienen del fondo del mar a hacer el mundo. Los dos gemelos estaban en el fondo del mar, pensaron: "Vamos a hacer el mundo. Vamos a hacer personas allí arriba" estaban pensando.
>
> ¿Cómo vamos a salir? preguntó el mayor.
>
> "Nadando", dijo el menor.
>
> "¿Cómo vamos?"
>
> Nadando, los dos pensaron.
>
> "¡Vamos pues!" Entonces el mayor brincó.
>
> Salió primero, nadando con los ojos cerrados. Llegó a la orilla del mar, entonces se sentó.

Narradora Aurora Meza Calles de Nejí. Foto por Deborah Small.

El menor se quedó en el fondo, entonces preguntó: "¿Cómo subiste, hermano?"

"Mirando mucho, con los ojos muy abiertos, salí del agua".

"¿Estás bien?"

"No, aquí hace mucho frío."

"¡Ooohh!" Dijo el que está en el fondo. El hermano menor subió con los ojos abiertos y el agua del mar se le quemó los ojos. "Ay, hermano, por qué no me dijiste bien las cosas, me quedé ciego". Estaba con los ojos cerrados, le dolía.

"¿Qué culpa tengo que estés ciego? Yo salí, no me pasó nada. Bueno, voy a hacer la Tierra".

Según iba a hacer el mundo, pero no sabía nada. Entonces el hermano mayor dijo: "Mi hermano, es muy difícil hacer personas".

"¿Cómo está el mundo?" preguntó el ciego.

"Es que el cielo está pegado a la tierra" dijo el mayor.

"Ahhh" dijo el ciego.

"Ahorita voy a hacer el mundo", y se acostó boca arriba, y con los dos pies y las manos empujó el cielo hacía arriba, y allí quedó el cielo. Pateó el cielo, entonces quedó.

"Tengo mucho frío hermano. Hazme un sol para calentarme".

La mayoría de los mitos kumiai sobre la creación inician con seres creadores originales que emergen del mar. Foto por Michael Wilken-Robertson.

"Empezó a moldear arcilla para hacer a la gente". Foto por Michael Wilken-Robertson.

Entonces el hermano mayor corrió, amasó una tortilla de tierra y lo aventó al este. Se resbalaba y se caía, volvía a hacer y se volvía a caer.

"Ay, hermanito, se me cae mucho, no sé que me pasa". "Dámelo" dijo el hermanito.

"Tráemelo". Entonces le trajo tierra y el cieguito se puso a amasar. Hizo una bolita, hizo una tortilla redonda. Se quitó un bigote, lo puso en puro medio, lo aventó al este. Quedó pegado arriba.

"¿Salió el sol?" Preguntó el menor.

Ya salió, pero está muy fresco (Era la luna).

"Entonces falta algo. Dame tierra". Y se puso a amasar. Hizo una tortilla, se quitó varios bigotes y los puso alrededor de la tortilla en la pura orilla, lo aventó al este. Lo tiró, y salió el sol. Cuando salió, se puso bien calientito.

"Ah hermano mayor, ponte a hacer gente, que está muy vacío el mundo".

Se puso a amasar tierra para hacer gente, pero los hizo alargados, sin figura. Entonces el ciego dijo: "¿Cómo son, los hiciste con boca, nariz, ojos?"

"No", dijo el mayor. "Es que hace mucho viento, le va a entrar mucho a los ojos, por eso no les hice".

"Ah, mi hermano, trae me uno o dos para hacerlos yo". Entonces el cieguito amasó así, les hizo figura. Les hizo pie, manos, cabeza, nariz, ojos, boca. Con su propio bigote, les hizo cabello. Lo levantó, le sopló a la nariz, y lo volvió a acostar. Así le dio vida al mono de tierra (Meza Calles 2011:VR).

De acuerdo con la leyenda de la creación de Jim McCarty, la islaya (*Prunus ilicifolia*)) fue hecha por los creadores para que la gente comiera. Foto de Deborah Small.

Un siglo antes, Jim McCarty, de Campo, California, contó una versión similar en la cual las plantas fueron suministradas para el uso de la gente: "Ciruelas silvestres (*shimulh*) y arbustos (*epi*) de chamizos (sic) estaban aquí en Campo para que la gente los comiera y quemara" (Gifford 1918:172). Como los mitos de muchas partes del mundo, estas narrativas kumiai en prosa ilustran la construcción de su cultura, y enlazan al pueblo, su comportamiento, y sus relaciones con el medio ambiente, tanto en el mundo natural como en el creado por el "pensamiento" de los hermanos. Después de esta creación original, "las plantas y animales solían ser gente" (Waterman 1910:336) hasta que evolucionaron para obtener sus nombres actuales, sus características distintivas y su apariencia. La actividad de las plantas durante este tiempo mitológico explica el desarrollo de su distribución actual en paisajes conceptuales distintos de los kumiai (v.g. paisajes que comprenden y representan rasgos simbólicos, naturales y económicos), como lo ilustra la leyenda "El viaje de los árboles sagrados", contada frecuentemente por Demetrio Pulido, cantante y autoridad tradicional de La Huerta, y narrada aquí por la kumiai Ofelia Muñoz:

Hace muchos años salieron del cantilar de La Rumorosa el pino, el piñón y el encino. Caminaban hacia la costa.

Los pinos bailadores en camino a la fiesta en La Huerta. Foto por Deborah Small.

Después de mucho caminar se cansó el piñón y se quedó a vivir en la parte más alta de la sierra; siguieron caminando el pino y el encino. Casi llegando al poblado de La Huerta, donde aún viven los indios kumiai, se cansó el pino y se quedó, por lo que a este lugar se le conoce como Pino Bailador. Desde entonces, los cucapá daban ahí los últimos ensayos –antes de llegar a La Huerta– de la fiesta del 4 de octubre, a la que año con año asistían.

Por último, el encino siguió su camino, pues tenía la intención de llegar a todas las tribus kumiai para darles la bellota con que preparan su alimento, de tal manera que llegó a todas las comunidades de la costa. Por eso, actualmente, todas las comunidades kumiai cuentan con encinos para preparar el atole de bellota (Muñoz Aldama 2001:25).

La historia distingue entre cuatro grandes regiones ambientales de importancia para los kumiai. La región de La Rumorosa, a lo largo del escarpe oriental de la Sierra de Juárez, es un área de transición al desierto, que conecta las tierras altas del norte de Baja California con las tierras bajas del desierto del Colorado. A lo largo de la base de La Rumorosa, los oasis con palmas han sostenido durante mucho tiempo la vida en la región árida. Los bosques de pinos piñoneros en la sierra, generalmente hacia el este de los bosques de pinos altos, proveen una fuente importante de alimento al final del verano, donde los kumiai, cucapá, paipai y otros grupos frecuentemente se reunían.

Desde tiempos prehistóricos las bellotas del encino costero (*Quercus agrifolia*) han sido una fuente importante de alimento para las comunidades kumiai. Foto por Deborah Small.

Las faldas montañosas, tales como el área donde está ubicada la Huerta, tienen chaparral y ojos de agua, como *Jtá* (actualmente La Huerta), donde bandas del linaje de los *Jat'am* se quedaban durante los viajes estacionales desde y hacia las montañas, el desierto y la costa. Según Teodora Cuero Robles de la Huerta, los actuales pinos "bailadores" son un bosquecillo aislado que crece en el chaparral de piedemonte, a lo largo del viejo sendero que va desde la Huerta hacia las montañas, y por el cual los kumiai solían transitar hacia la cosecha del piñón. Las "comunidades de la costa", a pesar de que ya no están localizadas geográficamente en la zona costera, se encuentran asociadas con el matorral costero y los encinales, y continúan ligadas a la costa a través de la tradición oral kumiai.

Memoria colectiva de paisajes de vegetación en los estudios etnográficos

Los ancestros de los kumiai vivieron como cazadores, recolectores y pescadores en los diversos hábitats de la región. A pesar de tener conocimiento de la agricultura y de que ocasionalmente comerciaban con los cucapá y otros grupos del desierto del Colorado para obtener productos agrícolas, los kumiai eligieron obtener su sustento a través de interacciones con la flora y la fauna de su territorio. Grupos pequeños (también nombrados como "rancherías" por los españoles y "bandas" por los antropólogos) explotaban estacionalmente los recursos en una variedad de hábitats, desplazándose de la costa a las montañas y al desierto, a medida que diferentes recursos vegetales se hacían disponibles. No es claro si existieron sitios permanentes de residencia; Owen y Michelsen sugieren que los grupos se movían alrededor de un "hogar base". Los miembros de los grupos pertenecían a linajes conocidos como *shimulh* en kumiai; estos grupos de descendientes de un ancestro común compartían un nombre, se identificaban por la línea paterna (patrilineal), eran autónomos y estaban asociados con territorios y recursos específicos. De cinco a diez familias, incluyendo a los parientes políticos, formaban comúnmente los grupos de familias extendidas; reglas de

Doña Benita Meza (Izq.) y Doña Teodora Cuero Robles se sientan sobre un sustrato rocoso en un sitio de molienda de un antiguo asentamiento kumiai, e intentan escuchar las voces de quienes alguna vez vivieron y trabajaron allí. Foto por Michael Wilken-Robertson.

matrimonio exogámicas (era un requisito casarse fuera de su propio linaje) aseguraban que los miembros de otro shimulh formaran parte del grupo, proporcionando acceso a otros territorios y recursos. Ciertas áreas de recursos, tales como las de piñoneros y la costa, podrían haber sido compartidas cuando los recursos eran abundantes, incluso varios grupos pudieron haberse unido en estas zonas. El movimiento a través de los diferentes ecosistemas variaba cada año, dependiendo del clima y otros factores, pero generalmente los kumiai parecían tener ocupadas las zonas altas durante la temporada más cálida del año, y las zonas bajas en las estaciones más frías, a lo largo de las costas al poniente o el desierto al oriente. La venerable anciana kumiai Teodora Cuero Robles recordaba los patrones de migración que sus ancestros de La Huerta seguían en el pasado:

> Dicen que en aquellos tiempos se daba mucho la manzanita, la biznaga, la chía, la pamita, el piñón, la bellota, la bellota dulce; todo eso se daba mucho y eso lo juntaban para estar comiendo todo el año. En veces iban a la costa, para Eréndira, para la costa de Ensenada, y más allá, ahí nada más en la orilla donde se podía, para los choros, los abulones y entonces hacían un cargamento para comer. Para allá (la costa) se iban en el invierno porque hacía menos frío y ya que se acaba el invierno, en primavera se venían para acá (La Huerta), porque sabían que acá iba a haber quelites y todo eso para comer y de aquí ya se iban para la sierra en tiempo de calor a cortar piñones, bellotitas, pamita, chía y todo eso, y cuando se acababa el piñón, venían otra vez aquí, y luego otra vez a la costa (Wilken 1997).

Mariscos tales como los mejillones (mostrados aquí) y los abulones, junto con diferentes tipos de algas eran recogidos por los kumiai cuando todavía tenían acceso a los recursos marinos. Foto por Michael Wilken-Robertson.

Los botones de biznaga (*Ferocactus* spp.) se pueden cocinar y comer como verduras.
Foto por Rose Ramírez.

Rutas específicas para moverse a través de estos diferentes hábitats dependían tanto de la geografía física como la social. Los expertos culturales nativos frecuentemente identificaban rutas específicas tomadas por sus ancestros. Los grupos de familias extendidas habían heredado derechos de uso de ciertas áreas y recursos simbólicos, animales, minerales, agua, plantas; o podían ganar acceso a través de relaciones de parentesco con otros linajes. Algunos kumiai estaban asentados en el lado desértico de las montañas y seguían una migración anual que los llevaba desde el desierto en el invierno, hacia mayores elevaciones. A medida que se disponía de más recursos, según la temporada, probablemente se enfocaban más en el agave y otras plantas del desierto del Colorado, y menos en las bellotas del encino costero.

Resúmenes sobre la disponibilidad estacional de los recursos vegetales en las regiones kumiai y ko'alh, tales como los encontrados en los trabajos de Hicks y Owen pueden ser útiles en la reconstrucción en general de los patrones de movimiento a través de los hábitats diversos de la región kumiai; sin embargo, se requiere de investigaciones interdisciplinarias para determinar las posibilidades del medio ambiente de sostener las actividades de caza y recolección en esta zona.

Para los kumiai, en el transcurso del año los recursos disponibles más importantes se conformaban normalmente por: follajes verdes anuales en las regiones costeras, al final del invierno y al inicio de la primavera (complementado con pescado, mariscos y bellotas restantes de la cosecha otoñal); agave desértico y yuca de chaparral en las

La producción de los pinos piñoneros (*Pinus quadrifolia*) varía cada año, según las condiciones climáticas. Foto por Deborah Small.

áreas de piedemonte, al final de la primavera; semillas de salvia y de chía, botones de biznaga, y manzanita en el verano; con tunas y frutas de la yuca del desierto que maduran después de la mitad del verano: para finales del verano, piñones y bellotas dulces de la Sierra de Juárez; a principios del otoño, frutas de islaya y toyón, y para finales del otoño e inicios del invierno, la cosecha de las bellotas amargas del encino costero era muy importante ya que las almacenaban para usarlas a lo largo del invierno y al principio de la primavera.

Descripciones de estos ciclos anuales fueron registradas por los etnógrafos del siglo XX que trabajaban con las poblaciones indígenas existentes en ese tiempo; no obstante, se requiere tomar en cuenta otros procesos a largo plazo, para intentar reconstruir los patrones de movimiento aborígenes, tales como los impactos de los patrones climáticos de El Niño. La abundancia y disponibilidad de las cosechas de plantas nativas variaban de un año a otro, debido a fluctuaciones y ciclos climáticos a lo largo del Holoceno. A partir de finales del siglo XVIII algunos recursos, como los pastos nativos de gran importancia desde sus orígenes en la dieta de los nativos californianos, se extinguieron debido a procesos antropogénicos (causados por el hombre), como la introducción de ganado y de especies de plantas exóticas en los ecosistemas del territorio kumiai.

A medida que los colonos españoles buscaban establecer una economía sedentaria, agrícola y ganadera en las Californias, prohibían las actividades de manejo tradicional indígena, como las quemas intencionales. Al mismo tiempo, el acceso a muchas áreas de recolección tradicional era cada vez más limitada; estos cambios en las interacciones humano-planta afectaron las poblaciones de ambos. La información registrada por los etnógrafos refleja que los pueblos nativos hicieron adaptaciones en sus formas de vida, como resultado de la colonización española y mexicana, y más recientemente, por el impacto de la introducción de plantas no nativas e invasivas, debido al aumento del tráfico y comercio a través de la región. Todos estos factores deben considerarse cuando se interpreta la documentación etnográfica de la interacción humana con los recursos naturales.

Cultura material asociada con el uso de las plantas

El alto grado de movilidad y la necesidad de recolectar, procesar y almacenar recursos vegetales requirió de bienes materiales altamente eficientes y livianos; así como un conocimiento amplio de las plantas, animales, suelos, geología, clima, hidrología y los procesos ambientales. Todos los artículos materiales tenían que elaborarse en el sitio y transportarse o guardarse para un uso futuro. Los kumiai usaban materiales derivados de plantas para ropa, adornos, ceremonias, construcción de estructuras, muebles, balsas, herramientas, utensilios, comercio y ceremonia. En el catálogo de plantas, presentado por especie (capítulo 6), se discuten los usos específicos de varias plantas. En la siguiente sección se proporciona un resumen de los materiales culturales asociados a las plantas, que se usan con mayor frecuencia.

Los morteros han sido usados por miles de años para procesar una variedad de alimentos vegetales, incluyendo las semillas de manzanita (*Arctostaphylos* spp.). Foto por Deborah Small.

Las manos diestras de una experta kumiai ciernen la harina de bellota en granos de diferentes tamaños. Los granos pequeños están listos para lavarlos, mientras que los grandes serán molidos. Foto por Deborah Small.

Cuerdas, como este mecate hecho de fibras de agave, eran indispensables para amarres y para elaborar redes de carga, pesca y caza. Foto por Rose Ramírez.

Los kumiai usaban la cestería de junco para recolectar, preparar y almacenar alimentos. Hacían charolas planas y grandes llamadas *sawil* para separar, colar y tostar semillas con piedras o carbones calientes, y canastas con formas verticales llamadas *jilu* para la recolección y el almacenamiento. Las tejedoras hacían grandes cestas utilizadas como graneros, incluyendo canastas de hojas de sauce llamadas *shkuin* para almacenar bellotas y otras semillas. Hoy en día, la comunidad kumiai de San José de la Zorra continúa empleando los conocimientos de cestería; sin embargo, la función de las cestas ha cambiado a ser objetos de arte. Los ceramistas kumiai hacían objetos de arcilla en una gran variedad de formas para cocinar, almacenar y consumir alimentos animales. Los artesanos producían cerámica a lo largo de la región kumiai en el pasado, actualmente la cerámica la hacen principalmente los alfareros ko'alh de Santa Catarina.

Los pescadores, cazadores y recolectores kumiai desarrollaron conocimientos para producir redes eficientes y cuerdas fuertes, usando fibras de agave y probablemente otras plantas, como el algodoncillo. Hacían redes pequeñas para recolectar frutas, como tunas, y redes más grandes para acarrear cargas, atrapar codornices y conejos, y para pescar.

Para cazar y crear tecnología de armas fueron necesarios conocimientos detallados de las plantas. Arcos y flechas, palos de caza en forma de bumerang y mazas servían como armas de combate y para cazar. La madera adecuada se seleccionaba cuidadosamente según su durabilidad, fuerza, ligereza o densidad; dependiendo de lo que estaba disponible y cómo sería usado. Para asegurar una mayor fuerza, muchos consultores creen que es preferible cortar la madera alrededor del tiempo de luna llena.

El desarrollo de la tecnología de la piedra de molienda o mortero permitió a los pueblos antiguos usar una variedad más amplia de plantas y con mayor intensidad. Actualmente, pocos especialistas kumiai de plantas saben usar las piedras de molienda para procesar alimentos vegetales, como las bellotas; no obstante, también se emplean herramientas modernas. Foto por Deborah Small.

Los kumiai usaban herramientas de piedra para cortar, machacar, perforar y pulverizar plantas nativas. Metates portátiles y de roca madre; morteros, tejolotes y manos de piedra proveían los materiales básicos que los kumiai necesitaban para procesar muchos alimentos y hacerlos comestibles. Hoy en día los kumiai preparan muchos alimentos tradiciones, como el atole de bellota, usando un molino manual de metal o con una licuadora eléctrica.

Los kumiai empleaban una variedad de técnicas para procesar alimentos vegetales; estas son comunes a través de las Californias. Molían semillas tostadas o crudas para transformarlas en una harina o pinole que podían comer solo o mezclado con agua, para preparar un atole o una bebida (*ja shukat*). Las semillas que requieren lavado generalmente las molían crudas y después las lavaban en una canasta de tejido abierto para lavar en depresiones en la arena o, más recientemente, en una tela. Luego añadían la pasta lavada al agua hirviendo y hacían atole, el cual consideraban un buen acompañamiento para la carne. Cocinaban los corazones de maguey (la base de la roseta) y algunas plantas de raíz, tatemándolas en un horno de tierra. El proceso generalmente involucraba calentar rocas en un hoyo, agregar las plantas que serían

(Izquierda) Un atole hecho de semillas de islaya (*Prunus ilicifolia*) se consume solo o con carne. Foto por Deborah Small.

(Derecha) Huesos secos de islaya (*Prunus ilicifolia*). Foto por Deborah Small.

cocinadas y cubrirlas con suelo arenoso durante dos o tres días para que se cocinaran. Algunos alimentos vegetales, como las inflorescencias (quiotes) de yuca del chaparral, se cocinaban directamente sobre carbones. También usaban este procedimiento para suavizar las hojas de la palmilla y poder usarlas en amarres, o cuando hacían arcos con las ramas de sauce.

    Los kumiai extendían el periodo de disponibilidad de muchos alimentos vegetales a través del almacenamiento en ollas de barro, canastas, redes o graneros. Abrían algunas frutas, tales como las tunas o las vainas de la yuca del desierto, las secaban y almacenaban para su uso posterior, generalmente a través de la rehidratación. Semillas como las de manzanita o guata se secaban para eliminar la humedad residual y después almacenarlas. Comúnmente secaban huesos de islaya y bellotas en la cáscara, luego las almacenaban en ollas o graneros hasta que estaban listas para usarse; en ese momento les retiraban la cáscara y las procesaban. Hacían tortitas o barras de maguey tatemado y las almacenaban, para luego rehidratarlas y hacerlas una bebida, según se necesitara. Algunas verduras de hoja verde se secaban para almacenarlas o cambiarlas en trueque.

Salvia blanca (*Salvia apiana*), usada ampliamente tanto con propósitos ceremoniales como medicinales. Foto por Rose Ramírez.

Curación y plantas

Las creencias kumiai para curar representan una fusión compleja entre los sistemas culturales aborígenes, españoles y mexicanos. Las prácticas de curación kumiai descritas en documentos históricos y por observaciones etnográficas sugieren elementos clásicos del chamanismo de recolectores-cazadores comunes alrededor del mundo. Estos incluyen: posesión espiritual, brujería como un agente causal de enfermedad, remoción de objetos ajenos del cuerpo de un paciente, magia contagiosa; así como el uso de sueños, trance, encantaciones, cantos, y una amplia variedad de plantas medicinales en el proceso de curación.

Entre los kumiai el tipo de proceso curativo aplicado a un paciente dependía de la naturaleza de la enfermedad. Los males causados por brujería requerían la intervención de un curandero espiritual especializado o *kusiaay* (literalmente doctor). Este proceso generalmente involucraba rituales destinados a influir en el mundo espiritual, y algunas veces incluía hierbas como la salvia que era quemada con propósitos de purificación ritual. Para los males que se consideraban de origen no mágico, como accidentes u otras causas "naturales", muchos kumiai usaban una variedad amplia de hierbas, práctica que continúa en la actualidad.

Flores secas de sauco (*Sambucus nigra*) son preparadas para almacenarlas y usarlas posteriormente como medicina. Foto por Rose Ramírez.

Haciendo un té de canutillo (*Ephedra californica*). Muchas plantas contienen sustancias medicinales poderosas; por ejemplo, la droga efedrina originalmente se sintetizaba de una especia de *Ephedra* encontrada en China. Foto por Deborah Small.

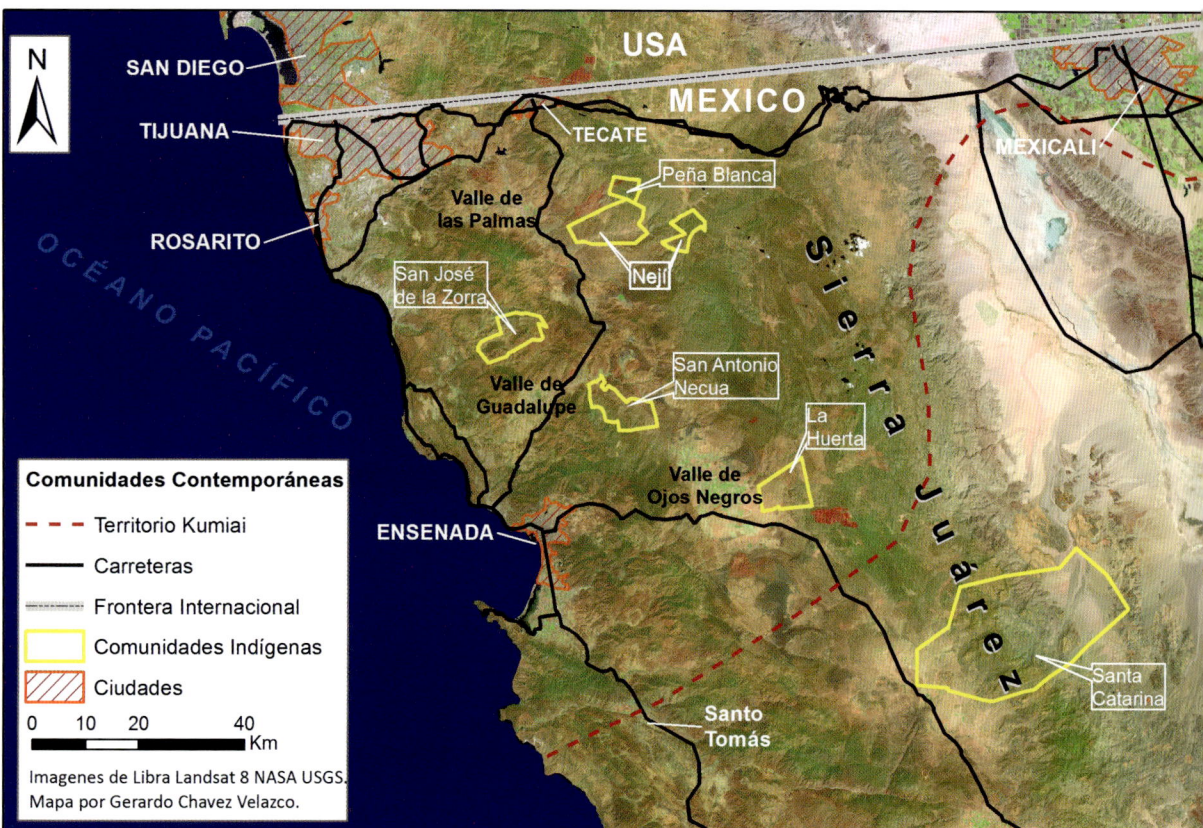

Mientras que algunos miembros de los kumiai se consideraban especialistas en plantas, el conocimiento práctico de cómo se usaban las medicinales para curar a un bebe con fiebre o para aliviar la diarrea ha existido durante mucho tiempo a lo largo de la región kumiai, como en muchas partes del mundo, el conocimiento etnobotánico representa un tipo de "seguro social verde" compartido por la gente rural en las área donde las plantas medicinales crecen. Este conocimiento evoluciona a medida que los pueblos nativos descubren nuevas posibilidades para curarse usando plantas introducidas recientemente en sus ambientes en transformación. Así, los usos compartidos por los expertos en este estudio algunas veces pueden reflejar la introducción posterior de la medicina tradicional española o mexicana sobre las prácticas aborígenes.

Entre las maneras de preparar medicinas se incluyen: la infusión (un té que se hace remojando partes de la planta en agua hervida), decocción o cocido (una solución más concentrada que se obtiene al cocer las hierbas en agua durante cierto tiempo), vapor (el hervido de una hierba para inhalar el vapor), cataplasma (la aplicación del material vegetal sólido directamente sobre la zona afectada), compresa (la aplicación de una infusión o de una decocción con una tela), ungüentos (una preparación con material vegetal y algún tipo de aceite) y ahumar (el quemado de hierbas para aromatizar o purificar al ambiente y a las personas). En algunos casos, las recetas recomiendan hacer una infusión diluida y tomarla en lugar de agua durante el día (una práctica llamada "agua de uso").

Paisajes kumiai en la actualidad

Hoy, unos 600 descendientes de hablantes de kumiai y ko'alh viven en una fracción de sus tierras originales, en cinco comunidades indígenas o ejidos reconocidos por el gobierno federal mexicano, así como en ciudades, pueblos y asentamientos no reconocidos oficialmente, en el norte de la península. Estas comunidades, principalmente rurales, han desarrollado economías diversificadas, que incluyen ganadería, agricultura, trabajo de jornalero estacional, realización de proyectos con financiamiento gubernamental, producción de artesanías y aprovechamiento de recursos naturales. Algunos miembros de las comunidades se desplazan por temporadas o de manera permanente a pueblos cercanos, en busca de empleo o mejores oportunidades de educación para sus hijos.

Quienes han permanecido en las tierras comunitarias tienen normalmente el conocimiento de los usos tradicionales de las plantas nativas, en especial para aplicaciones prácticas, como en alimentos, medicinas y artes. Este conocimiento les sirve para incrementar su potencial para sobrevivir en la medida en que se adaptan a los desafiantes cambios económicos, ambientales, sociales y políticos. Además de curación y sustento, los kumiai aún reconocen valores simbólicos en los recursos vegetales, tales como las bellotas, los piñones y las salvias, que incorporan en rituales, ceremonias y eventos sociales contemporáneos.

La hablante de ko'alh y reconocida ceramista Daria Mariscal Aguiar, de la comunidad indígena paipai de Santa Catarina.
Foto por Michael Wilken-Robertson.

Ja'a o cañón El Álamo, en la sección occidental de Nejí. Foto por Deborah Small.

Las comunidades kumiai actuales son: Juntas de Nejí, San José de la Zorra, San Antonio Necua y La Huerta. Los hablantes de ko'alh viven en la comunidad paipai de Santa Catarina. Existen algunos cuantos asentamientos kumiai tradicionales (no reconocidos por el gobierno federal), tales como: Peña Blanca, Aguaje de la Tuna y San José Tecate, en el municipio de Tecate.

Juntas de Nejí

Juntas de Nejí, la comunidad kumiai más norteña de Baja California, está ubicada en el municipio de Tecate. Nejí está compuesto por dos polígonos separados, cuya área total en conjunto es de 11,590 has. Ambos polígonos se ubican relativamente cerca de la frontera internacional y dentro de la cuenca del río Tijuana. Los kumiai de Nejí están relacionados con los grupos kumiai del sur del condado de San Diego: de Campo y de Jamul. En el límite del polígono occidental de Juntas de Nejí se encuentra el asentamiento tradicional kumiai de Peña Blanca. Los terrenos de Nejí incluyen valles, arroyos y lomeríos con extensas área de matorral y chaparral; afloraciones graníticas; corrientes

Etnografía: Paisajes soñados, recordados y contemporáneos

San José de la Zorra. Foto por Ángel Díaz.

efímeras con bosques de encino y cañones, como el *Ja'a* (El Álamo) con manantiales permanentes. La mayoría de los habitantes de Nejí se han movido a los pueblos vecinos de Tecate, Valle de las Palmas, El Testerazo y El Hongo, o viven parte del tiempo en ellos o en áreas urbanas mayores donde encuentran oportunidades de empleo, educación y asistencia médica. Los que permanecen en la comunidad viven de la agricultura de subsistencia, la cría de ganado y otros trabajos estacionales en comunidades vecinas de mestizos. La comunidad está poco poblada, con asentamientos ubicados lejos de la carretera, solo accesible por terracerías accidentadas. Los residentes practican la agricultura a pequeña escala, trabajan como peones en ranchos vecinos o en programas gubernamentales, y recolectan bellotas y otros alimentos silvestres, así como plantas medicinales.

SAN JOSÉ DE LA ZORRA

Esta comunidad de 14,440 hectáreas en el municipio de Playas de Rosarito está en el centro de San José, un pequeño y remoto valle ubicado a medio camino entre el sitio

Sierra de los Pinos, un paisaje cultural de San Antonio Necua. Foto por Michael Wilken-Robertson.

de la antigua misión de San Miguel, en la costa del Pacífico, y el Valle de Guadalupe, también un antiguo sitio misional y actualmente la región vinícola más importante de México. La Zorra, otro asentamiento tradicional ahora ocupado por ranchos vecinos, es un pequeño valle a unos cuantos kilómetros al noroeste de San José. Como en muchas comunidades, los residentes han establecido sus ranchos en un patrón disperso dentro de un área amplia, en la que existen aguajes permanentes. La poca altitud y la proximidad relativa con la costa se combinan para crear un clima benigno, en el que conviven encinares, matorrales, chaparrales y pastizales. Desde principios del siglo XX, los kumiai y los rancheros no indígenas han llevado a cabo una agricultura restringida en el valle –la mayor parte son cultivos de temporal, junto con algunos cultivos irrigados–. El pastoreo de ganado y el trabajo asalariado, a través de programas gubernamentales, también han impulsado la economía local.

Las plantas de los humedales, como los sauces (*Salix* spp.) y los juncos (*Juncus* spp.), son especialmente importantes en esta comunidad, ya que conforman la materia prima con la que los artesanos producen una variedad de formas de cestería kumiai. La demanda creciente de la cestería kumiai se ha convertido en una fuerza mayor de la economía local, por lo que un porcentaje importante de los residentes locales ahora depende, en algún grado, de los ingresos generados por esta actividad tradicional.

Etnografía: Paisajes soñados, recordados y contemporáneos

La Huerta. Foto por Michael Wilken-Robertson.

SAN ANTONIO NECUA–CAÑON DE LOS ENCINOS

Enclavada en la esquina nororiental del valle de Guadalupe, esta comunidad de 6,262 hectáreas se ubica en los límites de la principal región vitivinícola de México, y en la base de una serie de cadenas montañosas que incluyen la prominente Sierra Blanca y Sierra de los Pinos, las cuales suministran un flujo importante de agua a la comunidad. Durante el siglo pasado, los residentes se han movido desde los asentamientos históricos kumiai de Jamatay y San Antonio Necua (ubicado en la base de las sierras cercanas) hasta el Cañón de los Encinos, en la orilla del amplio valle de Guadalupe, en busca de mayor acceso a oportunidades de empleo. Las comunidades vegetales incluyen encinales, matorral costero, y chaparral, con bosque de coníferas en la cercana Sierra de los Pinos. Muchos necuanos trabajan en la cría de ganado y en las empresas agrícolas vecinas; en años recientes el gobierno mexicano ha financiado el desarrollo de infraestructura ecoturística en la comunidad.

LA HUERTA

La comunidad kumiai más sureña, está localizada en el flanco oriental del valle de Ojos Negros y en la base de la Sierra de Juárez. Las 6,268 hectáreas de esta comunidad incluyen suelo fértil y manantiales abundantes, que le dan el rico potencial agrícola sugerido por

Santa Catarina, hogar de los paipai y los hablantes ko'alh. Foto por Lee Panich.

su nombre, La Huerta. En el pasado, cuando los grupos indígenas se desplazaban más, el sitio de *Jtá*, ahora conocido como La Huerta, representaba un importante campamento en la migración anual desde las costas hasta las montañas. Muchos huerteños también recuerdan la tradición del intercambio cultural y económico con los Cucapá, quienes subían desde la región del delta del río Colorado cada verano, creando una conexión con otros grupos de la región del río Colorado y más lejos.

Actualmente, existen varias huertas familiares pequeñas, pero la mayoría de las estrategias de subsistencia de los residentes gira alrededor de la cría de ganado o el trabajo de jornalero en ranchos vecinos o en los campos agrícolas del valle de Ojos Negros. El territorio de la comunidad incluye chaparral y encinales, y no está lejos de la Sierra de Juárez, así que algunos residentes producen canastas de agujas de pino o colectan recursos naturales locales, tales como: hierbas, jojoba y semillas de flores silvestres, para vender a empresas mexicanas o de Estados Unidos. Como en otras comunidades indígenas, muchos alimentos tradicionales, como los piñones y las bellotas, se han vuelto menos accesibles a los huerteños, ya que las áreas tradicionales de recolección se han convertido en propiedad de ejidos vecinos. La Huerta está desarrollando actualmente un sitio ecoturístico con financiamiento del gobierno mexicano en el Barbón, un arroyo con encinares, a unos pocos kilómetros del asentamiento principal de la comunidad.

Santa Catarina

El núcleo de esta comunidad está centrado alrededor del antiguo sitio de la misión dominica de Santa Catarina, con ranchos periféricos concentrados en la sección occidental de 67,828 hectáreas en terrenos de montaña, desierto de altura y desiertos de transición, que pertenecen a los paipai. La orden Dominica estableció una misión aquí en 1797, en una loma pequeña que domina un valle desértico de altura cerca de un aguaje permanente. Esta orden ubicó a miembros de los grupos ko'alh y paipai en un pueblo permanente cuya economía se basó en agricultura y pastoreo. Estas actividades han permanecido como parte importante de la estrategia de subsistencia paipai, como lo ha sido el trabajo asalariado y el uso de los recursos naturales. Un pequeño número de artesanos –la mayoría de ellos hablantes de ko'alh– siguen produciendo artes tradicionales aprendidas de sus ancestros: cerámica elaborada con paleta y yunque; cordado, redes y sandalias de fibras de agave; arcos y flechas. Muchos hablantes de ko'alh y de paipai tienen una larga tradición de viajar hasta los piñonales en la cercana Sierra Juárez por los piñones y continúan comiendo bellota dulce, tunas, botones de biznaga y otros alimentos silvestres. La comunidad de Santa Catarina cosecha la palmilla (*Yucca schidigera*), por mucho tiempo apreciada como combustible para cocer la cerámica y para hacer jabón, pero que ahora se procesa y se vende como un extracto líquido en el mercado internacional.

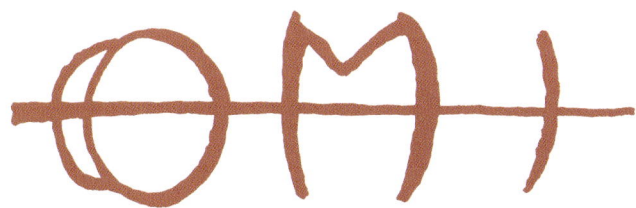

Teodora Cuero Robles relata las visitas de su familia a los bosques de piñoneros en la sierra, cuando era niña. Foto por Michael Wilken-Robertson.

4

Hablando de plantas: lengua kumiai

La lengua kumiai es una parte constituyente de la cultura kumiai que actualmente se encuentra en peligro de extinción. Durante la mayor parte de su historia, el idioma kumiai se ha transmitido sólo de manera oral, de una generación a la siguiente, sin el uso de un sistema escrito de lenguaje. Más recientemente, los miembros de la comunidad kumiai y algunos lingüistas han buscado crear un sistema de escritura que apoye los esfuerzos de la enseñanza y conservación de la lengua. En este capítulo se revisan la literatura y la investigación lingüística de la región, y se proporciona el contexto sobre la relación histórica entre el kumiai y las lenguas yumana emparentadas. Luego se examinan los datos demográficos de las poblaciones hablantes de kumiai y cómo las tendencias en constante evolución reflejan los procesos contemporáneos que han afectado las lenguas indígenas alrededor del mundo. Dada la diversidad lingüística en la región kumiai hoy en día, los pueblos nativos pueden hablar de plantas en sus lenguas indígenas, en español o en inglés (en Estados Unidos). La riqueza del lenguaje en etnobotánica proporciona oportunidades para crear materiales útiles para la investigación científica, que pueden aplicarse a los esfuerzos actuales de revitalizar el patrimonio cultural kumiai.

Etnobotánica kumiai

Fuentes: Investigación y literatura lingüística

Uno de los primeros estudios conocidos de las lenguas yumanas de Baja California fue una lista de 167 palabras elaborada en 1867 por el paleontólogo William Moore Gabb para el Instituto Smithsonianiano. Este autor conformó la lista de palabras para el idioma *hataam* o tomaseño, del área de Santo Tomas, el yuma (quechan) de Arizona, el kiliwa de San Quintín y el cochimí de San Borja. John Peabody Harrington, quien trabajó por 40 años como etnólogo de campo para la Oficina de Etnología Americana del Museo Smithsoniano, realizó trabajo lingüístico de campo en Baja California en la década de 1920; sin embargo, la mayor parte de su trabajo no se ha publicado.

En la segunda mitad del siglo XX, los lingüistas Carlos Robles Uribe, Héctor Benjamín Trujillo, Jesús Ángel Ochoa Zazueta y otros investigadores de Estados Unidos y México empezaron a realizar estudios lingüísticos de las lenguas yumanas de Baja California. El desarrollo de síntesis generales de las lenguas de la familia yumana y de propuestas sobre el lugar de las lenguas nativas de Baja California dentro de esta gran familia lingüística, lo llevó a cabo Leanne Hinton, una lingüista y especialista en lenguas indígenas de California de la UCB, Margaret Langdon, una lingüista de la Universidad de California en San Diego (UCSD) y Mauricio Mixco, un lingüista de la Universidad de Utah. Además, Langdon y la lingüista Amy Miller realizaron una investigación sobre la lengua kumiai, en la que describen a detalle las variantes específicas de la lengua. El arqueólogo Don Laylander empleó enfoques lingüísticos históricos para explorar las relaciones genéticas entre las ramas y variantes de la lengua, y su asociación con migraciones y asentamientos prehistóricos.

Si bien la gramática de las variantes del kumiai en Estados Unidos se ha documentado ampliamente, la gramática del kumiai de Baja California y su grado de variación dialectal aún no se han estudiado a fondo. En 2009, la Dra. Margaret Field, una lingüista de SDSU, recibió financiamiento de la Fundación Nacional para la Ciencia (NSF, por sus siglas en inglés) para documentar las variantes del kumiai hablado en Baja California. El trabajo de campo de la Dra. Field, aún en proceso, también explora la lengua ko'alh y su relación con el kumiai y otras lenguas yumanas.

Al inicio de 2010, el Centro INAH Baja California estableció un programa de lingüística con la incorporación de la lingüista Ana Daniela Leyva, cuya investigación actualmente se enfoca en la descripción de la lengua kumiai. En colaboración con el Instituto Nacional de Lenguas Indígenas (INALI), Leyva ha realizado proyectos para documentar la lengua kumiai (incluyendo mitos sobre la creación y otras narrativas tradicionales), y ha apoyado esfuerzos para desarrollar una ortografía estandarizada de esta lengua.

Conexiones con la familia lingüística

El idioma kumiai pertenece a la rama delta –California de la familia lingüística yumana; esta rama también incluye la lengua cucapá. La región de la familia lingüística yumana se extiende desde Baja California hacia el sur de California, y a lo largo de los ríos Gila y Colorado al interior de Arizona..

Las hablantes de ko'alh Tirsa Flores Castro, Margarita Castro Albáñez y Teresa Castro Albáñez discuten sobre los usos de las plantas nativas en Santa Catarina, Baja California. Foto por Matt Maxfeldt.

La familia lingüística yumana se considera parte del tronco hokano, una relación lingüística entre ciertos idiomas occidentales de América del Norte, que posiblemente representa una profundidad temporal de 8,000 años. Esta relación podría vincular las lenguas yumanas con lenguas aisladas o grupos subfamiliares desde el norte de California hasta el sur de México, y podría sugerir que los antepasados de los kumiai han estado interactuando con los paisajes de la región desde el Holoceno Temprano (o Período Arcaico). Sin embargo, los lingüistas recientemente cuestionan la validez del tronco hokano, y algunos idiomas (v.g. el chumash) ya no se consideran como parte de este tronco lingüístico.

El proyecto en desarrollo de la Dra. Field sobre documentación lingüística ha encontrado grandes similitudes entre las variantes kumiai que se hablan en el sur de San Diego (es decir, las comunidades tipai) y las variantes que se hablan en las comunidades de Baja California (aunque también hay algunas diferencias entre la totalidad de los dialectos tipai). Los investigadores del proyecto también han descubierto que la variante lingüística ko'alh encontrada en la comunidad paipai de Santa Catarina, que previamente había sido descrita como un dialecto del kumiai, no parece ser mutuamente inteligible con el kumiai, y es tan distinta que probablemente debería ser considerada como una lengua aparte.

La lengua paipai está más estrechamente relacionada con los idiomas pai (yavapai, hualapai y havasupai) de las tierras altas de Arizona, que con el ko'alh o el kumiai. Debido a las relaciones lingüísticas, culturales y familiares cercanas entre hablantes de kumiai y hablantes de ko'alh, miembros de este último grupo se incluyeron como consultores en el presente estudio de etnobotánica kumiai.

La lengua kumiai actual

El kumiai, al igual que las lenguas de los pueblos indígenas cazadores-recolectores de todo el mundo, fue devastado drásticamente por el impacto de la transformación colonial. La desigualdad social que resultó derivada de esta transformación, ha llevado a la erradicación de códigos lingüísticos completos. La división del territorio ancestral kumiai en dos naciones separadas por la frontera internacional México-Estados Unidos ha dado lugar a influencias divergentes sobre las lenguas que sobreviven, debido a la imposición de culturas, sistemas políticos y lenguas distintas (es decir, inglés y español) en el último siglo y medio.

En un censo realizado por la Dra. Field en 2008, se encontraron menos de 60 hablantes fluidos de kumiai en Baja California, todos mayores de 40 años. Los investigadores y los miembros de la comunidad entrevistados se sentían seguros de que la encuesta representaba 90% de la población de hablantes fluidos de kumiai. La encuesta,

La lingüista Margaret Field (izquierda) y el hablante de kumiai Jon Meza Cuero (derecha) entrevistan a Bernabé Meza de San Antonio Necua, como parte de un estudio de 2008.
Foto por Michael Wilken-Robertson.

En La Rumorosa, un paisaje cultural de los kumiai, Jon Meza Cuero explica la letra de una canción que aprendió cuando era niño, que describe las batallas de los kumiai con los pueblos del desierto del Colorado. Foto por Michael Wilken-Robertson.

que fue realizada por la Dra. Margaret Field, el hablante de kumiai Jon Meza Cuero y el autor del presente trabajo, incluyó: nombre, comunidad de origen, lugar de residencia actual, fecha de nacimiento y género. Además, Meza Cuero obtuvo una serie de palabras o frases de los encuestados.

Mediante el uso de estos datos es posible analizar la distribución de edad de la población hablante de kumiai, en comparación con la de la población kumiai en general, para evidenciar el estado actual de la lengua kumiai. Con el fin de comparar los datos de edad en la estructura demográfica de la población indígena en general, el autor de este trabajo tomó los datos de la tesis de 2005 de Krista Kornylo, de la Universidad Estatal de San Diego (SDSU), titulada "La diabetes tipo 2, patrones dietéticos y de actividad física en las ocho tribus indígenas de Baja California, México" (*Type 2 diabetes, dietary and physical activity patterns in eight indigenous tribes in Baja California, Mexico*). Los datos de Kornylo incluyen 907 miembros de las tribus kumiai, paipai y kiliwa. Ella encontró que la distribución por sexo y edad fueron homogéneos en todas las comunidades indígenas, por lo que combinó los resultados para su análisis.

Al trabajar con los datos de la tesis de Kornylo, en el presente estudio se encontró una fuerte asociación entre la edad y el uso del idioma indígena. La información sobre la fecha de nacimiento en ambos estudios se codificó en tres rangos de edad, que corresponden a tres grandes categorías: jóvenes (0-19), adultos (20 a 59) y ancianos

(60 y más). Entre los hablantes fluidos no hay jóvenes (0-19); 29% son adultos (20-59) y 71% son ancianos (60 y más). En comparación con la población no hablante, en la que los jóvenes representan 44% de la población, los adultos 49%, y solo 7% son ancianos. Esto sitúa al kumiai en un estado de idioma "moribundo" que, de acuerdo con el lingüista Michael Krauss de la Universidad de Alaska, es un lengua que "ya no se aprende como la lengua materna de los niños" (1992:4), y enfatiza la urgencia de documentar y aplicar esfuerzos de revitalización.

Los datos sobre género también muestran una fuerte asociación entre el sexo y el uso de la lengua: 68% de los hablantes son mujeres, mientras que sólo 32% son hombres. Esto puede reflejar una movilidad reducida de las mujeres kumiai en una cultura donde ellas están más atadas a la esfera doméstica; mientras que los hombres kumiai son propensos a dejar su hogar e incluso sus comunidades durante largos períodos, para trabajar como vaqueros u otro tipo de trabajo asalariado en las comunidades mestizas vecinas. Los resultados también podrían sugerir que las mujeres tienen un papel más importante en el aprendizaje y la transmisión de la lengua, así como en las esferas en las que se llevan a cabo actividades culturales relacionadas con el lenguaje, como la cestería y el procesamiento de alimentos tradicionales.

Al menos la mitad de las 6,000 lenguas del mundo se encuentran actualmente rumbo a extinguirse, una situación que no tiene precedentes en la historia de la humanidad. En las últimas dos décadas, la pérdida de idiomas se ha vuelto una preocupación importante para los lingüistas, los antropólogos aplicados y los pueblos indígenas. Para enfrentar este problema crítico se llevan a cabo proyectos de investigación, se establecen programas de revitalización y documentación especializada, se celebran reuniones nacionales e internacionales y se escriben numerosos artículos. La crisis que afecta la diversidad lingüística del mundo se ha comparado con las crecientes amenazas a la biodiversidad del mundo, y representa una pérdida no sólo para la investigación científica, "sino también para al tipo de actividades humanas que pertenecen a los ámbitos de la cultura y el arte" (Hale 1992:35), ya que la lengua está inextricablemente ligada a estas áreas del quehacer humano.

Mientras que algunos investigadores ven los cambios como parte de una evolución lingüística natural, originada por los inicios de la producción de alimentos, la mayoría está de acuerdo en que las causas de este cambio drástico tienen mucho que ver con los trastornos sociales, políticos y económicos de los últimos cinco siglos de dominación colonial (y lingüística):

> Las circunstancias que han llevado a la actual mortalidad de la lengua en nuestro conocimiento van desde el genocidio absoluto, la destrucción social o económica o del hábitat, el desplazamiento, la disminución demográfica, la supresión del idioma en la asimilación forzada o la educación asimiladora, al bombardeo de los medios electrónicos, especialmente la televisión, una nueva arma infinitamente letal (que he llamado "gas nervioso cultural") (Krauss 1992:6).

El análisis de la transmisión intergeneracional de la lengua ha llevado al Grupo de expertos ad hoc en lenguas en peligro de desaparición de la UNESCO, a desarrollar un sistema de clasificación para determinar la "vitalidad y peligro de desaparición" de las lenguas. El sistema proporciona la siguiente definición detallada del concepto de una lengua moribunda (aunque no utiliza ese término), como el punto número tres en su sistema de seis puntos:

Definitivamente en peligro (3): Los niños ya no aprenden en su hogar la lengua como lengua materna. Los hablantes más jóvenes pertenecen por tanto a la *generación de los padres*. En esta fase, los padres pueden todavía dirigirse a sus hijos en su lengua, pero por lo general los niños no contestan en ese idioma (UNESCO 2003:8).

El proceso de "contracción y muerte" de las lenguas, en el marco de la crisis que enfrenta la diversidad lingüística mundial, ha sido bien documentado. Lingüistas y antropólogos de todo el mundo han documentado los éxitos y desafíos de las iniciativas de revitalización para lenguas en peligro de desaparición.

En los últimos dos siglos, el kumiai ha pasado de ser la lengua dominante hablada en la región, a ser una lengua en peligro de desaparición perteneciente a un grupo étnico marginado. Dada la trágica pérdida de población debido a enfermedades introducidas, la expropiación de territorios indígenas y los cambios forzados en la cultura, la persistencia de la lengua kumiai en la parte norte de la península es extraordinaria. Durante este período, algunas de las fuerzas que han influido sobre la lengua nativa incluyen: la imposición del español como lengua dominante de México; el racismo generalizado contra los pueblos y culturas indígenas que lleva al abandono de la lengua; los movimientos demográficos hacia afuera de las comunidades rurales y las concentraciones de hablantes en pueblos y ciudades, y el aislamiento intergeneracional que lleva a la falta de transmisión de la lengua durante las etapas críticas del desarrollo infantil. Estas fuerzas empujan con intensidad hacia la extinción de las lenguas minoritarias, orillando a los hablantes a la adopción de una sola identidad lingüística unificada.

Por el contrario, otras fuerzas empujan hacia la diversidad lingüística, la diferenciación y la revitalización. Revalorar la identidad indígena y el orgullo de la herencia indígena pueden ayudar a que los niños se motiven a aprender y hablar su lengua nativa. Los programas y proyectos destinados a documentar y revitalizar los idiomas apoyan los esfuerzos dirigidos hacia el desarrollo pedagógico y la preservación de las lenguas a largo plazo. Los beneficios económicos otorgados a los hablantes que imparten clases o participan en programas de documentación confirman que las lenguas indígenas siguen teniendo valor pragmático en los sistemas económicos modernos. Las colaboraciones binacionales entre las tribus o comunidades, las organizaciones y las instituciones académicas de México y Estados Unidos sirven para promover los esfuerzos que conducen a la revitalización.

Josefina Muñoz (derecha) entrevista a Teodora Cuero Robles (izquierda), acerca de los usos tradicionales de la inflorescencia de la yuca de chaparral (*Hesperoyucca whipplei*), como parte del programa de registro de documentación de lenguas en peligro de desaparición.
Foto por Michael Wilken-Robertson.

Aunque el kumiai de Baja California tiene un grupo más grande de hablantes que el kumiai de California, donde sólo queda un puñado de hablantes, la tendencia demográfica que se observa es preocupante. Muchos jóvenes kumiai entienden la lengua, se les llama "hablantes pasivos" ya que si se les habla en kumiai responden en español. Esta generación de hablantes pasivos podría representar el final de la línea de transmisión intergeneracional de la lengua indígena, ya que como hablantes adoptan la lengua dominante, el español, en lugar de su lengua materna. Sin embargo, debido a que tienen un conocimiento básico del idioma, también están en condiciones de responder positivamente a los esfuerzos de revitalización del lenguaje. En cualquier caso, el estado actual de la lengua confirma la necesidad de esfuerzos encaminados a la documentación y el desarrollo curricular.

La metodología desarrollada para la investigación etnobotánica subraya la importancia de documentar en el idioma original de los hablantes nativos, cuando sea posible. Los especialistas de plantas contemporáneos, que también son hablantes de lenguas indígenas, son capaces de transmitir la información etnobotánica en su forma original. El idioma es crucial para la recolección de datos como nombres y taxonomía de plantas nativas, términos relacionados con la estructura de la planta, el medio ambiente, topónimos y muchos otros aspectos del contexto cultural de las plantas. El análisis lingüístico en etnobotánica puede incluir el análisis de los significados y estructuras de nombres de plantas, la detección de cognados y la articulación de los sistemas de clasificación.

El registro de la información etnobotánica en lenguas nativas sirve para múltiples propósitos de conservar la información botánica, cultural y lingüística valiosa que puede ser útil no sólo para la investigación, sino también para proyectos que promuevan el desarrollo comunitario y la revitalización cultural. Los lingüistas que trabajan en la rehabilitación del lenguaje pueden apoyar sus clases de idioma con actividades tradicionales como la recolección y el procesamiento de plantas, la producción de artes tradicionales a partir de recursos vegetales, o la preparación de alimentos de origen vegetal. El desarrollo comunitario ecoturístico también puede requerir el uso de las lenguas indígenas, en particular en relación con los nombres de plantas, animales y lugares.

El enfoque del trabajo lingüístico de este estudio ha sido reunir el registro del uso de más de 47 plantas, incluyendo la nomenclatura nativa. La información sobre el uso de plantas ha sido documentada tanto en kumiai como en español, para que los investigadores sean capaces de utilizarla en el análisis lingüístico, antropológico y biológico en el futuro. Los kumiai han expresado su interés en tener acceso a la información, sobre todo porque muchos de los entrevistados son autoridades culturales de edad avanzada o viven en comunidades remotas. Los nombres de las plantas y sus variantes también se han documentado para aportar información al análisis de las relaciones entre las distintas variantes del idioma kumiai, y entre el kumiai y otras lenguas relacionadas.

Algunos materiales de documentación lingüística se han incorporado también en el diseño del Museo Comunitario de Tecate, como una forma de fortalecer la identidad kumiai en la región. Los nombres kumiai se utilizan como parte de una guía descriptiva en el Jardín Etnobotánico Kumiai, y videos en lengua kumiai que presentan la recolección de piñón y bellota, así como otras actividades etnobotánicas, inundan la sala de exposiciones con el sonido de la lengua indígena; mientras que los subtítulos en español o inglés permiten a los espectadores entender el significado de las palabras que escuchan.

Uno de los resultados del proyecto de la Fundación Nacional para la Ciencia (de Estados Unidos) fue el desarrollo de una ortografía de la lengua kumiai, que fuera lo suficientemente sencilla para que los no lingüistas la puedan usar y tenga sentido para las personas que están acostumbradas a la ortografía en español.

En colaboración con la lingüista Ana Daniela Leyva, hemos creado una clave para facilitar la pronunciación de hablantes de español de las palabras usadas en este libro. Este sistema ortográfico se utilizó para escribir nombres de plantas en kumiai, incluyendo sus múltiples variantes (excepto donde se conservó la escritura original de otros autores).

LETRA	PRONUNCIACION EN ESPANOL
a	Como en ca<u>sa</u>.
aa	Como una "a" pero ligeramente más alargada.
e	Como en m<u>e</u>s.
i	Como en si<u>ti</u>o.
ii	Como una "i" pero ligeramente más alargada.
u	Como en l<u>u</u>z.
uu	Como una "u" pero ligeramente más alargada.
ch	Como en <u>ch</u>ico o ha<u>ch</u>a.
j	Como en <u>j</u>abón.
jw	Como en en<u>ju</u>agar.
k	Como en <u>k</u>ilo.
kw	Como en <u>cu</u>ando.
l	Como en <u>l</u>ámpara.
ly	Como en <u>li</u>ana.
lh	Este sonido no tiene equivalencia en español, para realizarlo se debe poner la lengua como si fuera a pronunciar "l" pero se pronuncia "j".
lhy	Este sonido no tiene equivalencia en español, es como lh pero se añade un ligero sonido "i".
m	Como en <u>m</u>adre.
n	Como en <u>n</u>ido.
ñ	Como en pi<u>ñ</u>ón.
p	Como en <u>p</u>ino.
q	Es similar a la "k" pero se pronuncia más atrás en la garganta.
r	Como en seño<u>r</u>a.
s	Como en <u>s</u>apo.
sh	Este sonido no tiene equivalencia en español, es más suave que la "ch", como cuando pedimos que alguien se calle "¡sh!".
t	Como en <u>t</u>abla.
tt	Este sonido no tiene equivalencia en español, es como una "t" pero se realiza poniendo la punta de la lengua un poquito más atrás de donde inician los dientes.
w	Como en h<u>u</u>erta.
y	Como en <u>y</u>eso.
'	Es un cierre de la glotis, como el que escuchamos entre las dos sílabas de la exclamación "¡oh-oh!".

Tabla 1. Ortografía kumiai de Baja California

5

Fuentes y métodos etnobotánicos

Dado el gran número de métodos diferentes que se han desarrollado para entender las interacciones humano-planta, y la necesidad de aclarar las suposiciones y limitaciones de este libro, este capítulo está diseñado para describir en detalle los métodos empleados en el campo y guiar al lector a través de los resultados presentados en el catálogo de plantas (capítulo 6). Para iniciar, se presenta una revisión de los trabajos etnobotánicos más relevantes de antropólogos, biólogos, autoridades culturales indígenas y otros que han documentado el conocimiento y las tradiciones de los kumiai, así como de otros grupos indígenas vecinos cuyos territorios comparten entornos similares a los de los kumiai. Con ello, se ofrece una perspectiva general de la investigación existente que orienta este estudio; en seguida, se presentan las descripciones de los métodos usados para recolectar, organizar y presentar la información.

Fuentes etnobotánicas

Hace más de un siglo, Philip S. Sparkman, un tendero inglés que vivía cerca de la reservación indígena Rincón, justo al norte de la región kumiai, reunió información

Yolanda Meza Calles (izquierda) y Norma Meza Calles (derecha) recolectan ejotillo (*Peritoma arborea*), un alimento tradicional. Foto por Deborah Small.

Yerba mansa (*Anemopsis californica*), una medicina favorita a lo largo de la región kumiai, es solo una de las muchas plantas que también usan los pueblos vecinos, como se ha reportado en estudios etnobotánicos de toda la región. Foto por Michael Wilken-Robertson.

etnobotánica de expertos luiseños. A pesar de que muchos nombres científicos que él cita han cambiado desde entonces, la información reunida representa una importante fuente de documentación temprana de los usos de las plantas que puede haber sido compartida con los kumeyaay.

Durante la década de 1960, la antropóloga Florence Shipek realizó trabajo etnobotánico con especialistas kumiai de plantas; su "Autobiografía de Delfina Cuero: una indígena diegueña" *(Autobiography of Delfina Cuero: a Diegueño Indian)* incluyó la mención de plantas nativas de las áreas costeras y de ambos lados de la frontera México-Estados Unidos. Una edición posterior (1991) añadió "sus contribuciones etnobotánicas", una lista más detallada de plantas y sus usos. En 1972, el antropólogo Lowell John Bean y la autoridad cultural cahuilla Katherine Siva Saubel publicaron un estudio de etnobotánica cahuilla. Aunque la región geográfica, biológica y cultural cahuilla se encuentra fuera del área de estudio, comparte mucho en común con las áreas desérticas y del interior de la región kumiai. Ruth Farrell Almstedt, en una monografía publicada por el Museo del Hombre de San Diego, sintetizó información histórica y datos de campo para analizar los enfoques de curación diegueños, incluyendo las prácticas chamánicas y etnobotánicas. Almstedt llevó a cabo mucho de su trabajo de campo en comunidades diegueñas del sur del condado de San Diego, justo al norte de nuestra área de estudio.

En 1986, Ken Hedges, curador de antropología del Museo del Hombre de San Diego, publicó una etnobotánica de los diegueños de Santa Ysabel (también conocidos como *ipai*), los parientes del norte de la región kumiai de Baja California. La bióloga mexicana Edna Cortés Rodríguez y Carlos Alberto Cano Bracamontes, de la Universidad Autónoma de Baja California, inventariaron las plantas medicinales en colaboración con expertos nativos, en varias comunidades indígenas kumiai y paipai de Baja California, a finales de la década de 1980. En el año 2000, para su tesis de maestría en la Universidad Estatal de California, Bakersfield, Jay M. Hinshaw realizó trabajo de campo a finales de la década de 1990, sobre las relaciones entre la etnobotánica y la arqueología en la comunidad indígena paipai de Santa Catarina, con hablantes ko'alh y paipai.

Justin Farmer, especialista en cestería ipai, proporciona una perspectiva nativa en etnobotánica (incluyendo prácticas kumiai) en sus libros: "Plantas de cestería usadas por los indios americanos del Oeste" *(Basketry Plants Used by Western American Indians)* y "Creando una canasta tejida en estilo indígena" *(Creating an Indian Style Coiled Basket)*. Este autor explora los usos de las plantas en la manufactura de cunas en "Cunas indígenas de California" (*Indian Cradles of California*).

Jan Timbrook, curador de etnografía en el Museo de Historia Natural de Santa Bárbara, publicó en 2007 una etnobotánica detallada del pueblo chumash del sur de California. Gran parte de su estudio se basa en muchos años de trabajo con las notas de etnografía y lingüística de J.P. Harrington en la colección del Museo, e incluye datos comparativos de otros grupos indígenas de California. Deborah Small, una artista y

Beatriz Carrillo, una cestera de San José de la Zorra, muestra al autor cómo recolecta el tipo de junco (*Juncus textilis*) usado como hilo para tejer al hacer las canastas de junco.
Foto por Don Bartletti / *Los Angeles Times*.

profesora emérita de la Universidad Estatal de California San Marcos (CSUSM), y la fotógrafa Rose Ramírez han producido fotodocumentales de los usos contemporáneo de las plantas nativas, en colaboración con nativos expertos del sur de California y del norte de Baja California.

Métodos de campo

Se obtuvo información cualitativa mediante entrevistas etnográficas de campo con 16 informantes clave, usando preguntas abiertas. Las preguntas cubrieron la nomenclatura etnobotánica indígena, tiempo de uso del recurso, cosecha, procesamiento y consumo; así como el significado cultural asociado con 47 plantas; mediante el registro en audio, video y fotografía digital. Las entrevistas se llevaron a cabo en lengua kumiai y en español. Entre uno y tres hablantes de kumiai participaron en cada entrevista.

Los expertos culturales kumiai se seleccionaron con base en tres criterios: fluidez en la lengua kumiai, conocimiento de plantas nativas e identificación con una zona geográfica específica de la región kumiai. La fluidez en el idioma fue un criterio por la naturaleza vital de la lengua indígena en estudios etnobotánicos y debido al trabajo del autor en un proyecto concurrente "Documentación de la lengua kumiai

Celia Silva Espinoza (izquierda), hablante de kumiai con fluidez y especialista de plantas de San José de la Zorra. Foto por Deborah Small.

Teresa Castro Albáñez, hablante de ko'alh (derecha), de Santa Catarina. Foto por Deborah Small.

Los jardines etnobotánicos del Museo Comunitario de Tecate, una exhibición interpretativa viva, con ejemplos de plantas nativas y sus usos etnobotánicos. Foto por Michael Wilken-Robertson.

hablada en Baja California, México", un proyecto del programa de Documentación de Lenguas Amenazadas, en coordinación con la Fundación Nacional para la Ciencia y el Fondo Nacional para las Humanidades, de Estados Unidos.

Uno de los propósitos de las entrevistas fue simplemente registrar la lengua kumiai en su contexto natural: así todos los entrevistados fueron hablantes fluidos de variantes de la lengua kumiai y de la relacionada lengua ko'alh. Los expertos tenían que demostrar un conocimiento integral de plantas nativas y sus usos, y haber sido identificados como especialistas en plantas, con base en la investigación etnobotánica previa realizada en la región por el autor. Los expertos fueron seleccionados con base en su identificación con comunidades indígenas específicas y sus áreas geográficas distintas, con el fin de incluir variaciones regionales en conocimiento etnobotánico y lingüístico.

Solamente dos de los 16 expertos eran hombres. Esto refleja al menos tres factores: la mayoría de los hablantes fluidos de kumiai son mujeres; las mujeres kumiai tienden a estar más directamente involucradas con actividades relacionadas con la familia, como la recolección de plantas y su transformación en alimento o la medicina en los alrededores de sus comunidades; mientras que los hombres trabajan fuera de sus comunidades como trabajadores asalariados, las mujeres regularmente estuvieron más disponibles para participar como expertas en este estudio.

Yerba santa (*Eriodictyon* spp.), una planta nativa que se usa actualmente como medicina, se ha encontrado asociada a sitios arqueológicos. Foto por Deborah Small.

Las 47 plantas seleccionadas representan una gama de diferentes tipos de plantas (v.g. árboles, arbustos, cactus y perennes), de distintos ecosistemas que juegan un papel importante en la cultura kumiai. Esta selección proporciona ejemplos de varios usos de las plantas, como: alimento, medicina, herramientas, construcción y con propósitos rituales-ceremoniales. La muestra es subjetiva, y refleja el conocimiento y las prioridades de los expertos kumiai contemporáneos, así como los intereses y la experiencia del autor. Las plantas elegidas también tienen una función educativa en los jardines etnobotánicos del Museo Comunitario de Tecate, donde forman parte de las exhibiciones interpretativas del área kumiai del Museo. Debido a este uso didáctico en un espacio público, ciertas plantas que los nativos californianos han usado en contextos ceremoniales y rituales (v.g. tabaco coyote y toloache) se omitieron, para evitar el mal uso de ellas por las poblaciones actuales. Hay muchas plantas más que usan los kumiai, que no están documentadas en este estudio; sin embargo, la investigación continua en este campo tiene el potencial de expandir ampliamente el número de plantas descritas, y proporcionar información más detallada en usos etnobotánicos y prácticas de manejo tradicionales.

En cuanto a este estudio, la selección de plantas se centró estrictamente en aquellas consideradas nativas por varias razones. Ya que todas las plantas presentadas en este estudio pertenecen a comunidades vegetales que han existido en la región a lo largo de la mayor parte del periodo Holoceno, es decir, desde que el clima se calentó después de la última glaciación y se hizo similar al clima actual, se asume que sus usos pueden representar algunas de las interacciones humano-planta más antiguas de la región. Esta idea no debe simplificarse demasiado, ya que los usos indígenas de la actualidad se han cernido a través de una serie de filtros históricos; aun así, los estudios arqueológicos citan numerosos ejemplos de materiales de plantas asociadas a sitios prehistóricos, que sugieren alguna continuidad en su uso. Los usos actuales podrían servir de base para las interpretaciones arqueológicas, e incluso podrían ayudar a los botánicos a entender cómo la distribución actual de la vegetación puede reflejar influencias antropogénicas.

Las plantas nativas también fueron seleccionadas, porque muchas de ellas están amenazadas actualmente por el paso acelerado del desarrollo en la región kumiai. Considerando esto, el autor espera que al fomentar una comprensión más profunda de la importancia cultural que estas plantas han representado para muchas generaciones de pueblos nativos, desde tiempos antiguos hasta el presente, se logre un mayor apoyo público para la conservación de los sitios naturales y culturales amenazados de la región.

Toyón (*Heteromeles arbutifolia*), una planta nativa de las Californias que crece fácilmente en los jardines familiares. También se le conoce como *arbusto de Navidad*, pues tiene hojas verde oscuro y frutos rojos vistosos en el invierno. Foto por Deborah Small.

Beatriz Carrillo muestra al autor cómo ella amarra un manojo de junco (*Juncus textilis*) al recolectarlo en el campo. Foto por Don Bartletti / *Los Angeles Times*.

El valor económico de estas comunidades de plantas, que han evolucionado para sobrevivir en la geografía accidentada de una tierra árida, debe entenderse en términos de los servicios ambientales provistos, sus muchas posibilidades como alimento y medicina, su atracción como parte de paisajes únicos y fascinantes que conforman el patrimonio natural de la tierra; su potencial para usarlas como materiales ornamentales paisajísticos y para aplicaciones comerciales sustentables, entre otras.

Con la introducción de plantas exóticas e invasivas (tanto intencional como accidentalmente) desde la llegada de las poblaciones no indígenas a la región, y con los impactos a gran escala al ambiente causados por el sobrepastoreo del ganado, el desmonte de tierras para la agricultura y el desarrollo urbano, las plantas nativas y sus hábitats se encuentran cada vez más amenazados. Algunos ancianos kumiai, como Teodora Cuero Robles, sugieren que muchas plantas nativas también están desapareciendo porque los pueblos nativos ya no las están usando. Aunque en este trabajo el enfoque es en las plantas nativas, es importante reconocer que los kumiai también han aprendido a usar muchas especies de plantas introducidas históricamente, que se han arraigado en la región, tales como: la mostaza, el pino salado, la semilla de ricino, el bambú y el eucalipto. Futuros estudios etnobotánicos pueden encontrar un cuerpo de conocimiento creciente en los usos de las plantas invasivas, sobre todo, porque continúan desplazando el hábitat nativo.

Ejotillo (*Peritoma arborea*) creciendo en los jardines etnobotánicos del Museo Comunitario de Tecate. Debido a los avances en la ciencia de la genética vegetal, muchos nombres y clasificaciones de plantas han sido objeto de reasignaciones de identidad, recientemente. El ejotillo, por ejemplo, ha sido transferido de la familia Capparaceae a la familia Cleomaceae, y ha sido cambiado del género Isomeris a Peritoma. Foto por Michael Wilken-Robertson.

Se pidió a hablantes de diferentes áreas de la región kumiai proporcionar los nombres de las 47 plantas en kumiai, con el objetivo de compararlos. Los hablantes no siempre recordaban los nombres de todas las plantas, debido a tres factores generales: las plantas no se encuentran en el lugar donde viven, la planta ya no se usa, o sus nombres se han sustituido por los nombres en español. El registro de los nombres de las plantas y la variación de los mismos, sirven como datos para analizar las relaciones entre distintas variantes de la lengua kumiai, y entre el kumiai y otras lenguas vecinas relacionadas o no. Se pidió a los hablantes que discutieran en detalle unas cuantas plantas específicas que crecen en su localidad. En algunos casos los hablantes mencionaron nombres y usos de plantas diferentes a los de la lista; esta información también fue registrada. Las entrevistas con los participantes se llevaron a cabo en sus casas, en los ambientes donde las plantas crecen, o en el Museo Comunitario de Tecate. Se dio una remuneración a los participantes que colaboraron en el estudio.

Las grabaciones de campo en audio y video referidas en este estudio han sido codificadas para facilitar su identificación (ver el Apéndice). Copias de las grabaciones en audio y video, así como de las notas de campo están disponibles para consulta en la Biblioteca Cuchumá del Corredor Histórico CAREM, A.C., una asociación civil mexicana localizada en Tecate, Baja California (www.carem.org).

Presentación de la información

Las plantas están ordenadas alfabéticamente por géneros y especies, seguidas por el nombre de la familia (en paréntesis) a la que pertenecen. Todos los nombres y especies botánicos siguen la nomenclatura usada en "Guía de campo de plantas de Baja California" (*Baja California Plant Field Guide*), de Jon Rebman y Norman Roberts, o la 5ª edición de "Plantas vasculares del condado de San Diego" (*Vascular Plants of San Diego County*), de Jon Rebman y Michael Simpson, a menos que se indique lo contrario. El autor escribe en minúsculas todos los nombres comunes de las especies, de acuerdo con su escritura en español. Además, se ha consultado la guía de 2011 de Lightner, "Plantas Nativas del condado de San Diego" (*San Diego County Native Plants*). Mientras Lightner se enfoca en la flora al norte de la frontera, la extensión de la misma bioregión florística que va mucho más al sur de la frontera Estados Unidos-México ha servido de referencia para este estudio. Sin embargo, dados los grandes cambios en la sistematización botánica de las dos últimas décadas, particularmente con la llegada de los sistemas de clasificación basados en la genética, el marco taxonómico de referencia está en constante cambio, y esto se debe tener en cuenta.

Los nombres comunes en inglés y español se tomaron de la experiencia de campo del autor, y ocasionalmente se corroboraron con Cortés Rodríguez, Rebman y Roberts; Rebman y Simpson; Lightner, o Timbrook.

La ortografía de las palabras kumiai, como las pronunciaron los expertos entrevistados en este proyecto, se aplicó de acuerdo con la descripción de fonemas presentada

COMUNIDAD O REGIÓN	ACRÓNIMO
La Huerta	LH
San José de la Zorra	SJ
Juntas de Nejí	NE
Peña Blanca	PB
Santa Catarina (Ko'alh)	SC
Región binacional	BN

Tabla 2. Acrónimos usados para indicar comunidades o regiones kumiai

EXPERTOS KUMIAI	COMUNIDAD	INICIALES
Teodora Cuero Robles	LH	TCR
Jobita Aldama Machado	LH	JAM
Zeferina Aldama Cuero	LH	ZAC
Josefina Muñoz Aldama	LH	JMA
Mario Aldama Cuero	LH	MAC
Celia Silva Espinoza	SJ	CSE
Virginia Meléndrez Silva	SJ	VMS
Norma Meza Calles	NE	NMC
Emilia Meza Calles	NE	EMC
Aurora Meza Calles	NE	AMC
Petra Mata	NE	PMX
Josefina López Meza	PB	JLM
Jon Meza Cuero	BN	JMC
Margarita Castro Albáñez	SC	MCA
Teresa Castro Albáñez	SC	TCA
Tirsa Castro Flores	SC	TCF

Tabla 3. Iniciales de los expertos kumiai

en la Tabla 1 (*ver capítulo 4*). Los nombres kumiai de las plantas reflejan el resultado del trabajo de campo en curso y el intento de usar la ortografía de un sistema de escritura que ha sido desarrollado apenas recientemente. Algunos hablantes de kumiai han aprendido a usar este sistema o han aprendido otros sistemas ortográficos. En algunos casos, los hablantes han inventado sus propios sistemas para expresar la lengua kumiai de forma escrita, así que siempre que fue posible, se les pidió que escribieran sus versiones de los nombres de las plantas.

No obstante, los fonemas que no se usan en español pueden ser difíciles de detectar o representar en forma escrita por los hablantes, especialmente los sonidos como oclusiones glotales, vocales dobles o simples, o "ch" y "sh". Por lo tanto, la ortografía presentada para expresar los nombres en kumiai muestra una amalgama de lo que se ha observado y, en algunos casos, la ortografía sugerida por los propios hablantes. Los nombres de las plantas en kumiai a menudo varían según la región; el nombre en kumiai va seguido de un acrónimo que indica la comunidad o región de uso de la variante, como se indica en la Tabla 2.

Cuando diferentes expertos en la misma comunidad aportaron más de una pronunciación del nombre de una planta, el acrónimo de la comunidad va seguido por las iniciales de los expertos que dieron las variantes de uso (ver Tabla 3).

La ortografía para las palabras tomada de otras obras, tales como Hohenthal (2001), Hinton (1975), Hedges (1986) o Shipek (1991) no se cambió, y refleja la ortografía original usada por el investigador. Esto puede llevar a pronunciaciones ampliamente divergentes cuando la diferencia está realmente en la ortografía. Por ejemplo, la escritura de la palabra *piñones* en kumiai se lista a continuación: *juiu* (LH); *juiyu* (SC); *jiub* (Cortés Rodríguez); *xwuiu* (Hohenthal); *hwíiw* (Hinton); *'ehwiiw* (Hedges). Aunque la pronunciación real probablemente varíe poco, los sistemas ortográficos que se han desarrollado para que los hablantes nativos y lectores comunes los utilicen y se evite el uso de símbolos del Alfabeto Fonético Internacional para fonemas que no existen en español o inglés, no se han estandarizado a través de la región kumiai mexicana-estadounidense, ni en la literatura correspondiente. La estandarización resulta ser un trabajo más difícil de lo que parece, porque las letras en ortografía en inglés y en español (tales como "j", "x" y "h") no representan los mismos fonemas en ambos idiomas.

Registros y notas de campo: Citas y referencias

Las entrevistas con los expertos kumiai se registraron como grabaciones de audio digital (AR), grabaciones de video (VR) y notas de campo. Las citas de texto usan los dos apellidos (paterno y materno) de los entrevistados, el año de la entrevista y las letras AR o VR para indicar el tipo de grabación. Las citas señalan entradas de referencia más detalladas, que se enumeran en la sección de grabaciones de campo (ver el Apéndice). Cada referencia de grabación de campo proporciona información sobre la entrevista, incluido un código de archivo de entrevista para facilitar el acceso a la grabación. Pueden existir múltiples grabaciones para el mismo año; pero se diferencian por una letra minúscula en orden cronológico, por ejemplo, Cuero Robles, Teodora 2010a.

Las notas de campo se citan en este trabajo con el apellido del entrevistado, el año de la entrevista y, si se cita textualmente el material, se incluye el número de página de la cita. Estos datos indican la referencia a entradas en la sección de referencia completa que incluyen el nombre completo del entrevistado, el año de la entrevista, el nombre del entrevistador, información breve de identificación, el día de la entrevista y el lugar donde se pueden consultar las notas de campo.

Como muchas plantas descritas en este libro, el aliso o sicomoro (*Platanus racemosa*) ha sido registrado con una variedad de nombres kumiai en Baja California: *jperacha* en La Huerta; *jadpich'aa* en ko'alh de Santa Catarina; *persha*, por Jon Meza Cuero quien vivió en ambos lados de la frontera; *prsha*, de acuerdo con la bióloga Edna Cortés, y *hperch'á*, *hameche'á*, o *pe'che'á* en La Huerta, de acuerdo con la lingüista Leanne Hinton. Las diferencias encontradas a lo largo de las descripciones de plantas pueden representar discrepancias en los sistemas ortográficos para expresar sonidos, variaciones dialectales, existencia de más de un nombre por especie y hasta errores.
Foto por Michael Wilken-Robertson.

Catálogo de plantas nativas y sus usos

Esta sección resume la información proporcionada por los expertos en kumiai y ko'alh. Se enfoca en los usos presentes y pasados de 47 plantas nativas. Se discuten una amplia variedad de usos para muchas plantas; sin embargo, para este catálogo se reportan los usos que se acordaron como más comunes, junto con información que ilustra efectivamente los procesos de persistencia o trasformación cultural. Las citas de los expertos kumiai, recogidas de las entrevistas de audio y video, traen sus voces al texto, y sus anécdotas animan las descripciones de las plantas con detalles coloridos.

Adenostoma fasciculatum (Rosaceae)

Español: Vara prieta, chamizo prieto, chamizo negro.
Inglés: *Chamise, greasewood.*
Las variantes kumiai incluyen: *iy pshii* (LH:TCR; NE); *iipsi* (SC); *iipshi* (Hinton); *i.ipshí* (Cortés Rodríguez); *ipxi'* (Spier).

Vara prieta o chamizo (*Adenostoma fasciculatum*). Foto por Michael Wilken-Robertson.

La vara prieta, un componente principal de la vegetación de chaparral a lo largo de la región kumiai, es un arbusto cuerudo de la familia de las rosas. Las ramas con hojas se encienden fácilmente, debido a los aceites inflamables en sus hojas. Los kumiai valoran los duros troncos como leña, porque producen carbones ardientes y duraderos.

El hablante de ko'alh Andrés Albáñez carga vara prieta (*Adenostoma fasciculatum*) para usarla como leña para tatemar el agave desértico. Foto por Michael Wilken-Robertson.

En todo el norte de Baja California y el sur de California los pueblos nativos frecuentemente construían flechas con puntas desprendibles de madera dura; los kumiai las hacían de vara prieta. Incrustaban las puntas duras por presión o con la ayuda de la resina de pino piñonero en el centro de una vara de cachanilla (*Pluchea sericea*), girasol de California (*Helianthus californica*), o huatamote (*Baccharis salicifolia*). De acuerdo con Jon Meza Cuero, los kumiai endurecían estas puntas con fuego: "Se tatema y queda como fierro. Tiene que saber cómo hacer esas cosas. Eran especialistas, como los herreros" (Meza Cuero 2011:5).

Puntas de flechas desprendibles de la madera dura de vara prieta (*Adenostoma fasciculatum*). Foto por Deborah Small.

Adenostoma sparsifolium (Rosaceae)

Español: Chamizo colorado, chamizo rojo.
Inglés: *Red Shank*.
Las variantes kumiai incluyen: *jpu'ulh* (LH); *jup'uulh* (SC); *iy jepuulh* (NE); *hpúll, hpu'úull* (Hinton).

El chamizo colorado crece en el chaparral, en altitudes superiores a los 600 metros.
Foto por Deborah Small.

El chamizo colorado forma parte predominante del paisaje de chaparral, de la planicie granítica y árida entre los 600 y 1500 metros; frecuentemente se encuentra mezclado con bosques de piñoneros en la Sierra de Juárez. Su llamativa corteza roja, las hojas delicadas y en filigrana, y su estructura atractiva, lo hacen uno de los arbustos más pintorescos de la región kumiai en elevaciones mayores.

Los pueblos nativos del norte de Baja California y sur de California han usado la planta desde hace mucho como material de construcción y como leña; también es apropiado para hacer postes de cerco porque dura muchos años en la tierra. Los kumiai que viven en áreas donde la planta se encuentra a elevaciones mayores aun la usan como medicina. Aurora y Emilia Meza Calles de Nejí, para el reumatismo, hierven las hojas e inhalan el vapor. Teodora Cuero Robles, para dolor de muelas, hacia una infusión de hojas y tallos, manteniéndolo en la boca para enjuagar los dientes, luego repitiendo el proceso tantas veces como fuera necesario para aliviar el dolor. En la Huerta, los kumiai reportan usar el té para los cólicos y diarrea.

Al chamizo Colorado lo cortan frecuentemente para hacer postes de cerco. Foto por Michael Wilken.

Agave deserti spp. (Agavaceae)

Español: Agave, maguey o mescal del desierto.
Inglés: *Desert Agave.*
Las variantes kumiai incluyen: *me'ellh* (LH; BN); *ma'alh* (SC); *'emally* (Hedges); *ema'l* (Spier).

Agave del desierto (*Agave deserti*), Condado de San Diego, California. Foto por Deborah Small.

Agave shawii var. *shawii* (Agavaceae)

Español: Mescal, agave o maguey costero.
Inglés: *Coast Agave or Shaw's Agave.*
Las variantes kumiai incluyen: *me'ellh* (LH:TCR); *ma'alh* (SJ); *ma'alh jas'ilh* (SC); *me'elh jas'ilh ruii kiyak* (*Maguey que hay en la orilla del mar*) (BN).

El agave costero crece a lo largo de la costa del Pacífico, del noroeste de Baja California.
Foto por Michael Wilken-Robertson.

Dos especies de agave crecen en la región kumiai del norte de Baja California: el agave del desierto (*Agave deserti* spp.) en las montañas y desiertos, y el agave costero (*Agave shawii* var. *shawii*) que abunda en los hábitats de matorral costero de las regiones litorales. Los hispanoparlantes se pueden referir a cualquiera de estas dos especias como: "agave", "maguey" o "mezcal". En el pasado, los kumiai viajaban al desierto y a la costa por este recurso valioso. Sin embargo, el cambio demográfico de la población kumiai, alejada de los desiertos y las costas, a medida que buscaban la seguridad de los

(Izquierda) Teresa Castro Albáñez, hablante de ko'alh, usa fibras de agave para tejer unas sandalias. Foto por Michael Wilken-Robertson.

(Derecha) Las fibras del agave desértico (*Agave deserti* spp.) todavía se usan para hacer cuerdas y redes. Foto por Deborah Small.

aguajes permanentes en valles interiores, ha limitado la interacción con poblaciones de agave durante el siglo pasado. Actualmente en el área de estudio solo los hablantes de ko'alh de la comunidad paipai de Santa Catarina usan regularmente el agave desértico (posiblemente la variedad llamada *Agave deserti* var. *pringlei*), para extraer la fibra como material en la producción artesanal de mecate, redes y sandalias. Pero ya no lo usan de forma regular como un recurso alimenticio constante.

En toda la península, los arqueólogos han registrado y en algunos casos excavado, sitios de asado o tatemado de agave. Los registros etnográficos, históricos y arqueológicos de la amplia región kumiai ofrecen un contexto importante para la reconstrucción de los usos aborígenes del agave como alimento y como fibras para encordado. Desde el primer contacto entre los grupos nativos y los no nativos, documentos históricos proporcionan descripciones vivas del uso del agave en el norte de Baja California. Hace 400 años, en el otoño de 1602, el padre Antonio de la Ascensión, de la expedición de Sebastián Vizcaíno, describe el uso del agave por los habitantes nativos del área de San Quintín: "Estas tenían su trato con los de la tierra adentro: y a trueque de pescado, traían Mexcalli (que son la raíz del [sic] maguey cocido, que es admirable conserva) y otras cosas de comer, y cordeles y bolsas de red muy bien tejidas y curiosamente labradas de hilado muy delgado, y curiosa, y bien torcido" (Ascensión 1979 [1602]:77, citado en Moore 2010).

En 1769, más de un siglo y medio después, mientras los padres franciscanos Serra y Crespí viajaban a lo largo del norte de Baja California, encontraron a varios nativos comiendo agave. Como muchos de los misioneros que trabajaban en la península, el padre Crespí se refirió al agave como el "pan cotidiano" de los indígenas. Describió lo que probablemente era agave del desierto (dada la ubicación tierra adentro del grupo en ese momento del año), cómo era preparado y usado por los kiliwa, los vecinos al sur de los kumiai:

> Al bajar un serro caímos a una ranchería de unas diez casitas, que estavan tatemando mescales…. Nuestros neófito nos trajeron cuatro emboltorios, que eran cuatro panes grandes de mescales tatemados molidos, que me entregaron dándome razon que en el serro se havían encontrado a una dozena de gentiles, que se los havían dado para el Padre…. Confieso que es conserva mui delicioza y dulce, y éste es el pan quotidiano de los miserables gentiles y de todos nuestros neóphitos, en particular los del rumbo del norte de la California…(Crespi 2001:188-190).

(Izquierda) Corazón de agave tatemado, listo para comer. Foto por Deborah Small.

(Derecha) El corazón del agave. Foto por Deborah Small.

El padre dominico Luis Sales, que trabajó entre los pueblos yumanos del norte de la península, escribió en sus "Observaciones sobre California 1772-1790" (*Observations on California 1772-1790*) que "entre las plantas o arboles frutales que abundan en esta tierra, debe tener el primer lugar el mescále" (Sales 2003:73). Compara los corazones asados a los mejores membrillos confitados y menciona el uso de las fibras para hacer sandalias, así como faldas para las mujeres.

Las narraciones etnográficas proporcionan información más detallada acerca de la cosecha, el procesamiento y consumo del agave, datos que pueden ser valiosos para las excavaciones arqueológicas de pozos de asado de agave, para cálculo de la capacidad de

Teresa Castro, hablante de ko'alh, usa un palo cavador para sacar un agave desértico (*Agave deserti*, posiblemente var. *pringlei*); tatemará las hojas para extraer las fibras. Foto por Michael Wilken-Robertson.

carga ambiental, para la reconstrucción de patrones de movilidad estacional y estudios de las interacciones con el medio ambiente. Peveril Meigs, especialista en Baja California, reporta que ciertos alimentos vegetales eran de importancia excepcional para los kiliwa, y de estos, "a la cabeza de la lista incuestionablemente está el maguey" (Meigs 1939:22). Frederic Noble Hicks, Roger Owen y Ralph Michelsen, todos describen a detalle la construcción y el uso de los sitios de tatemado de agave. La descripción amplia de Hicks sobre el agave incluye un resumen biológico, patrones de distribución, técnicas de procesamiento, abundancia de poblaciones, disponibilidad y duración estacional; dependencia, almacenamiento y agotamiento. Este último tema incluye una discusión breve de cómo el uso humano de esta especie podría afectar la población de las plantas, ya que el agave se auto reproduce asexualmente a través de clonación.

El impacto de los humanos sobre las poblaciones de agave y el de las poblaciones de agave sobre los humanos son temas importantes en la comprensión de la ecología de la región. El trabajo de Homer Aschmann en el Desierto Central de la península explora esta interdependencia; propone que la disponibilidad de agave "establece un límite superior en la densidad de la población [humana]" (1959:79). La cosecha constante de plantas,

(Izquierda) Andrés Albáñez tatema agave para comer. Foto por Michael Wilken-Robertson.

(Derecha) Andrés Albáñez ofrece agave tatemado a estudiantes en un taller de etnoarqueología en Santa Catarina, Baja California. Foto por Michael Wilken Robertson.

justo al alcanzar la madurez sexual, debió tener un impacto mayor en la población de agaves. Los magueyes escaseaban en áreas alrededor de fuentes permanentes de agua y también alrededor de sitios misionales; Aschmann cree que estas probaciones fueron sobreexplotadas y no se pudieron recuperar. Sin embargo, Hicks señala que las poblaciones de agave son capaces de reproducirse tanto sexualmente (por medio de producción de semillas), como asexualmente (por medio de clones que se forman alrededor de la base de la planta), dando a sus poblaciones mayor resiliencia. Ya que solo algunas de las pocas plantas con flores eran consideradas viables para cosecha, los clones restantes en diferentes niveles de madurez eran probablemente capaces de reponer las cosechadas. Una manera de probar esta hipótesis sería trabajar con poblaciones vivientes que todavía tateman el agave, estudiar las técnicas de cosecha, la economía calórica y otros aspectos de las interacciones humano-agave durante varios años.

Unos cuantos nativos de Baja California todavía saben cómo tatemar o asar el maguey para comer; sin embargo, el proceso laborioso raramente se realiza en el siglo actual. Como parte de un taller de etnoarqueología organizado por el antropólogo

Agave o maguey costero (*Agave shawii* var. *shawii*). Foto por Deborah Small.

Steve Bouscaren, y llevado a cabo en la comunidad paipai de Santa Catarina en el año 2000, el hablante de ko'alh realizó el proceso completo con la ayuda de un grupo de estudiantes. Albáñez mostró cómo seleccionó las cabezas de agave para tatemar, usando un palo de excavación para extraerlos. Construyó el pozo, y reunió leña y piedras que servirían como elementos de calentamiento en el horno enterrado. Seleccionó un sitio adecuado en un área donde todos los recursos necesarios convergían, controló el fuego, cubrió el hoyo con arena y después destapó el manjar en el momento adecuado (después de dos días). Todo ello, en general, coincidió con las narraciones etnográficas publicadas. Albáñez fue capaz de proporcionar respuesta a las dudas que no habían sido cuestionadas por investigadores previamente, tales como la cantidad de tiempo que se puede guardar el agave cosechado antes de ser usado, detalles sobre la selección y la construcción del horno de pozo; la cantidad y el tipo de leña adecuados; las razones para el acomodo de la piedras que se usan como elementos de calentamiento; la división del trabajo; la ubicación de sitios de asado previos en el área y los métodos preferido para el consumo del producto cocinado.

    Estudios futuros podrían beneficiarse con la exploración más a detalle de los efectos, a largo plazo, de la extracción de agave sobre sus poblaciones; el uso de los sistemas de información geográfica para cartografiar los hábitats del agave, y su correlación con los asentamientos humanos históricos y prehistóricos; así como áreas de alto uso y mediciones calóricas.

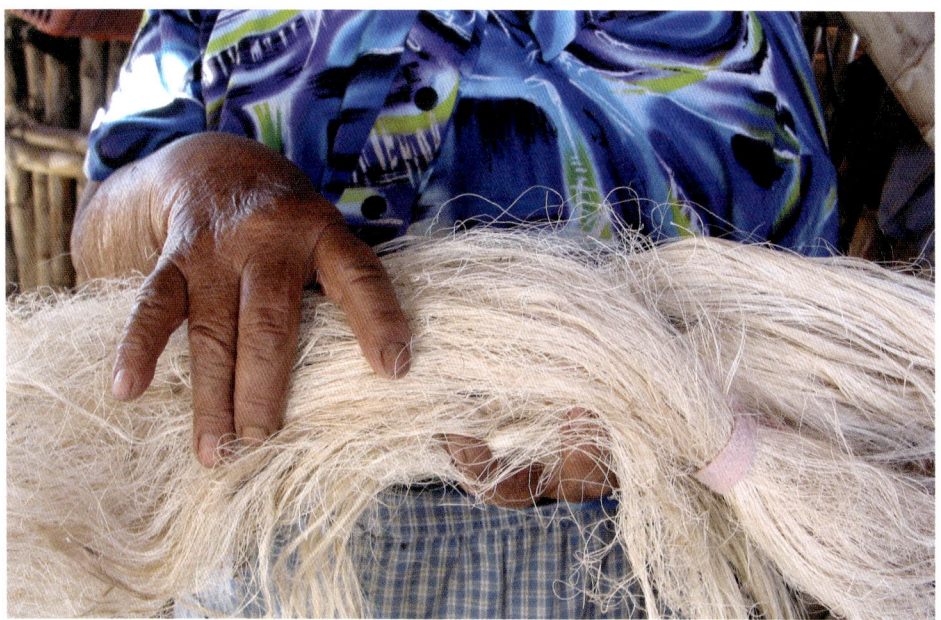
Teresa Castro Albáñez muestra las fibras extraídas del agave. Foto por Michael Wilken-Robertson.

La importancia de los agaves en la dieta de los nativos bajacalifornianos puede haber sido un factor causal importante en la alta incidencia de la abrasión dental encontrada en los restos humano a lo largo de la península, de acuerdo con los antropólogos biólogos Leticia C. Sánchez García y Alfonso Rosales-López. Como los pueblos de cazadores-recolectores de todo el mundo, los indígenas de Baja California sufrían de una variedad de patologías dentales y traumas directos a los dientes, relacionados con una dieta alta en fibras vegetales, la arena en alimentos silvestres o molidos en morteros, malnutrición, la edad, la herencia, el género, el medio oral y el uso de los dientes como herramientas, entre otros. Cada uno de estos factores resulta en patrones distintos de desgaste y patologías dentales, y para complicar aún más la situación, generalmente se da una variedad de interacciones entre los distintos factores.

La antropóloga bióloga Rose Noble identificó que, al igual que otros materiales óseos del centro y sur de Baja California, los especímenes del norte de Baja California muestran gran deterioro y abrasión, con algunos dientes desgastados hasta la cámara pulpar. Mientras que la mayoría de los alimentos vegetales requieren alguna forma de procesamiento, el más común es la molienda en roca; otros, tales como el agave tatemado, contenían grandes cantidades de fibra que extraían en la boca, usando los dientes como trituradores. La masa de fibras resultantes o "mascada" se ha encontrado en sitios arqueológicos. Los dientes también pueden haber sido usados como herramienta para la producción de fibras de agave para elaborar cuerda, en la manufactura de

Fragmentos de cuerdas y redes de fibra de agave, muy similares a las que aún se producen en la actualidad, se han encontrado en sitios arqueológicos antiguos. Los primeros exploradores se sorprendieron por la alta calidad del encordado indígena. Foto por Deborah Small.

herramientas o materiales de cestería, para limpiar o suavizar pieles o tendones, o para sostener objetos, entre otras cosas; cualquiera de las cuales podría llevar a la abrasión.

Además de su gran valor como fuente de alimento, el agave también proporciona fibra que puede ser extraída para hacer cuerdas, sandalias, cuerda de arcos, cinturones y otros objetos que eran indispensables para los cazadores recolectores itinerantes. Aunque perecederos, ocasionalmente se han encontrado fragmentos de cuerdas y redes relacionados con sitios arqueológicos en los complejos de Comondú y Las Palmas, en el centro y el sur de la península. Las fuentes históricas a menudo destacan la alta calidad de las cuerdas y redes hechas de este material. En su visita de 1602 a la Bahía de San Quintín (justo al sur del área de estudio), Vizcaíno observó que los pescadores indígenas "pescaban con anzuelos que parecían ser espinas de algún árbol y líneas de fibras de maguey torcidas y tejidas mejor que las nuestras..." (Mathes 1992:156).

Mientras pasaban a través de lo que ahora es Rosarito, el padre Crespí conoció gente kumiai con "muchas redes muy pulidas, bien hechas...de todos colores" (Crespí 2001:242), lo que podría sugerir que algunas redes eran hechas de jumete (*Asclepias* spp.); la antropóloga Leslie Spier notó que la fibra de esta planta podría producir cuerdas blancas o cafés. El padre dominico Luis Sales, quien trabajó en las misiones del norte de Baja California, describió a mujeres indígenas cargando sus enseres en una red de fibra sobre sus espaldas, mientras se desplazaban en su rotación anual:

> Las alhajas de sus casas se reducen a una pequeña red de hilo para guardar semillas, un poco de tabaco silvestre con su pipa de barro, unos pedazos de pedernales para flechas, unos huesos para labrarlas, algunas plumas de pájaro

para su adorno, un plato de juncos para recoger las semillas, dos palos para sacar fuego, lo que consiguen con facilidad restregándolos entre sí, un arco y saetas, un palo de tres palmas para matar conejos y, si es pescador, algunos cordeles y anzuelos (Sales 2003:81–82).

La elaboración de sandalias, redes, cuerdas y otros objetos de fibra de agave, son actividades identificadas en los diegueños del sur por Leslie Spier en 1923. Hoy en día la realizan unas cuantas mujeres hablantes de ko'alh en la comunidad paipai de Santa Catarina. En 1966, Michelsen documentó la manufactura de cuerda de dos hebras y torcido en Z por Petra Higuera. Higuera usaba su propia red de carga hecha a mano, estilo hamaca, con mecapal (o banda de cuero o tela en la cabeza) para recoger pencas de maguey y procesarlas. Dos generaciones después, un puñado de mujeres paipai hablantes de ko'alh aún producen productos de fibra de agave que venden como artesanías, y enseñan sus habilidades tradicionales a estudiantes indígenas y no indígenas a lo largo de la región yumana. Las redes, que alguna vez fueron objetos valiosos de trueque, como lo evidencian los intercambios entre el padre Crespí y los indígenas bajacalifornianos, continúan teniendo un valor económico y cultural, a medida que los artesanos indígenas actuales se adaptan a su mundo cambiante, haciendo una variedad de redes para venta como objetos de arte y reproducciones con calidad museográfica.

En muchas partes de México comer agave, elaborar bebidas y productos de fibras son tradiciones heredadas de los pueblos antiguos. En un puesto al lado de la carretera en Tecate, Baja California, un vendedor ofrece rebanadas dulces de agave tatemado (*Agave americana*) traído desde el sur de México, junto con chapulines, chiles y otros alimentos tradiciones. Foto por Michael Wilken-Robertson.

Ambrosia monogyra (Asteraceae)

Español: Romerillo, Romerillón.
Inglés: *Desert Fragrance, Leafy Burro Bush.*
Las variantes kumiai incluyen: *iy uka* (NE; LH:TCR); *wakaa* (SJ); *jtaasaa* (LH:JAM); *oká* (Hinton).

El romerillo (*Ambrosia monogyra*) frecuentemente crece a lo largo de caminos y arroyos, emitiendo un aroma distintivo. Como medicina, es útil de los pies a la cabeza. Foto por Michael Wilken-Robertson.

El romerillo crece a lo largo de los arroyos, escurrimientos y áreas perturbadas, por debajo de los 600 metros. Frecuentemente crece en grandes conjuntos de plantas que emiten un aroma peculiar, similar al de caballos sudorosos o el olor fuerte y terroso de un arroyo. Cuando se seca, las hojas finas son altamente inflamables, una cualidad que las hacen preferidas como yesca para encender una fogata. De acuerdo con Emilia y Aurora Meza, de Nejí, se podría cargar una bolsita con unas hojas y usarlas para prender cigarros de tabaco coyote. Usan una infusión hecha de las hojas para controlar la caspa o el cabello grasoso, pero se debe tener cuidado de no salpicarse la cara porque es extremadamente amargo. Celia Silva Espinoza y Virginia Meléndrez Silva, de San José de la Zorra, dijeron que usan la planta como remedio para el mal olor de pies. La preparan en una infusión para lavar los pies o ponen las hojas frescas de la planta dentro de los zapatos. En la Huerta, Jobita Aldama lo prepara como infusión que se da a las yeguas y las vacas con problemas para parir.

Anemopsis californica (Saururaceae)

Español: Hierba del manso, yerba del manso, hierba mansa.
Inglés: *Yerba Mansa, Swamp Root.*
Las variantes kumiai incluyen: *kurruy* (LH; SJ); *jumruui* (BN); *furruy* (NE) *chipañ, chpañ* (SC); *j.ruii* (Cano Bracamontes); *currui, cujrruy* (Cortés Rodríguez).

Hierba del manso (*Anemopsis californica*). Foto por Michael Wilken-Robertson.

La yerba del manso es común en las áreas húmedas y anegadas, desde la costa hasta el desierto. Las plantas bajas forman colonias por sus raíces; sus hojas son de verde a morado, grandes y elípticas; sus espigas de flores vistosas, y su aroma a madera y tierra húmeda la hacen fácil de identificar. Es la única especie de la familia de la cola de lagarto (Saururaceae) en Baja California. Los pueblos nativos a lo largo de las Californias aprecian mucho esta planta, por sus múltiples aplicaciones medicinales. Como Jon Meza Cuero decía: "Muchas personas usan esta hierba, eso es bien conocido" (2011:3).

Hierba del manso (*Anemopsis californica*), un antiséptico natural. Foto por Deborah Small.

La raíz, las hojas y flores tienen propiedades antisépticas. Los kumiai hacen una infusión de las hojas o la raíz para lavar áreas afectadas de la piel, sean heridas o llagas infectadas. También aplican las hojas directamente después de calentarlas lo suficiente para hacerlas suaves. Para las heridas o lesiones internas toman una infusión de hierba del manso. Las hojas actúan como anestesia que adormece la boca, en cambio la raíz no lo hace. Las mujeres informan que usan la raíz para hacer una infusión para las molestias menstruales. Para aliviar el dolor muscular, los kumiai se bañan en una decocción de la raíz, hirviéndola hasta que toma el color de un té de canela.

Cada parte de la planta es útil. Las madres kumiai dicen que hasta las flores pueden hervirse y usarse de muchas maneras con los niños, ya que estas son más suaves. Emilia Meza Calles cuenta que cuando era niña, le daban dolores de cabeza por estar mucho tiempo en el sol, así que su madre le ponía hojas frescas en su frente y se iba a dormir. Cuando despertaba, las hojas se habían secado y el dolor de cabeza se había eliminado.

Cuando niño, Jon Meza Cuero usaba la hierba del manso para curar la infección de su oído causada por una garrapata que se quitó. Su padre le enseñó a hacer un té de la hierba y a lavar su oído con él, lo que lo curó. Para una infección que no se cura, Meza Cuero coloca hojas directamente sobre la herida como una cataplasma o seca las hojas, las pulveriza y luego esparce el polvo sobre la zona infectada. De acuerdo con Margarita Castro Albáñez de Santa Catarina, una decocción sirve como enjuague bucal para el dolor de muelas.

Haciendo una decocción con raíces de hierba del manso (*Anemopsis californica*).
Foto por Deborah Small.

Las flores de la yerba del manso (*Anemopsis californica*) también se pueden usar como medicina.
Foto por Deborah Small.

Yerba del manso (*Anemopsis californica*). Foto por Rose Ramírez.

Para los problemas digestivos, Celia Silva Espinoza y Virginia Meléndrez hacen una infusión de la raíz machacada, ya que se dice que limpia el estómago. Con este propósito se puede tomar una infusión suave como agua de uso; también lo recomiendan para curar un resfriado. La bióloga Edna Cortés Rodríguez reporta que los kumiai que jugaban el juego tradicional de apuestas, conocido como *peón*, solían poner un pequeño trozo de la raíz en una bolsita para la buena suerte.

Según Timbrook, los chumash usaban la hierba como parte del ritual de purificación, al prepararse para el manejo de una sustancia poderosa usada en ceremonias. Las propiedades curativas de la hierba también son útiles para curar animales. La gran variedad de aplicaciones y la eficacia de la hierba la han convertido en una de las favoritas de los pueblos nativos, y Timbrook sugiere que "los humanos han propagado intencionalmente la hierba del manso y grandes parches se han establecido en nuevas ubicaciones" (2004: 31).

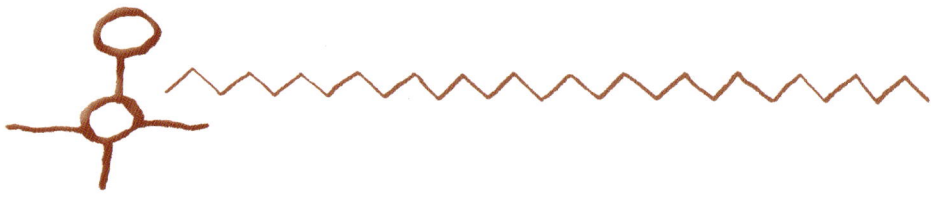

Arctostaphylos spp. (Ericaceae)

Español: Manzanita.
Inglés: *Manzanita.*
Las variantes kumiai incluyen: *jusilh* (LH, SC); *josilh* (NE, BN); *hw'silly* (Hinton); *hesill* (Hedges).

Teodora Cuero Robles junta los frutos de manzanita (*Arctostaphylos* sp.) en un gorro de junco, para hacer una bebida. Foto por Michael Wilken-Robertson.

Es uno de los arbustos más atractivos del chaparral: de corteza suave, rojo profundo, sus flores en forma de urna y sus frutos que parecen manzanas minúsculas, le dan una apariencia impactante en el paisaje normalmente árido de la región kumiai. Varias especies diferentes de manzanita crecen en el norte de Baja California, al menos dos de ellas son reconocidas por los kumiai. Una de las especies de manzanita, *Arctostaphylos pungens*, se encuentra en muchas partes de México, donde se conoce comúnmente como pingüica y se considera una planta medicinal. La determinación de las especies

The urn-shaped flowers of manzanita (*Arctostaphylos* sp.) attract a visitor. Photo by Deborah Small.

es difícil, porque algunas se hibridan. De acuerdo con Lightner, los botánicos cuentan los cromosomas para determinar las especies.

A lo largo de las Californias, los pueblos nativos usaban la fruta para hacer una bebida; muchos kumiai aún la recolectan con este propósito. Delfina Cuero recuerda recolectar fruta de manzanita en Pacific Beach, cerca de Mission Bay en San Diego, para hacer un tipo de "bebida refrescante" (*Kool-aid*). Los kumiai también usaban la planta como medicina y para leña.

Los kumiai distinguen entre las variedades cuyas frutas pueden comer las personas y las que solo pueden comer los coyotes. De acuerdo con Teodora Cuero Robles, de La Huerta, *jusilh* se refiere solamente al tipo de manzanita que se puede hacer bebida, mientras que *jumsur* es una variedad con hojas claras, que comen los coyotes. En Nejí la variedad "para coyote" se llama *jam'soor*, mientras que en San José de la Zorra se llama *jattpa jusilh*, literalmente "Manzanita coyote". Esta variedad, *Arctostaphylos glauca*, tiene hojas azul-grises con frutas grandes y esféricos, y puede crecer hasta los cuatro o cinco metros, con una apariencia de árbol.

Los expertos kumiai generalmente llaman *jusilh* o *josilh* a las variedades que se usan para hacer bebida. En San José de la Zorra, el nombre es *jusilh tr'aar*; otros nombres para variedades distintas pueden existir, incluso en comunidades donde se encuentran varias especies y aún las usan los kumiai. Antes de que las frutas maduren en el verano, los expertos hablantes de ko'alh de Santa Catarina se comen las flores de manzanita,

(Izquierda) Las frutas de la manzanita (*Arctostaphylos* sp.) no solo se usan para hacer bebida refrescante, también como medicina. Foto por Deborah Small.

(Derecha) Las frutas se remojan antes de molerlas cuidadosamente en un metate para eliminar las semillas duras. Foto por Deborah Small.

dicen que saben dulces. Jon Meza Cuero recuerda recoger semillas de manzanita con su abuela cuando era apenas un niño:

> Mi abuelita hacía agua de manzanita. Íbamos a juntar las semillas, pegamos con palos, se caía la semilla y juntábamos mucho, durábamos todo el santo día. Lo echábamos en un saco de esos de harina de El Rosal, y nos lo traíamos a la casa. Entonces le echaba poquita agua para moler la semilla, media remojada, y la machucaba un poquito para ablandarlo (*shumwaal*) en un metate. Se tiene que quitar la semilla, no quebrarla. Se echa en una olla de barro para que salga mas sabroso, se echa miel y se espera un rato para que agarre todo el dulce, se concentra mas el agua, y luego se echa mas agua según el número de personas que hay, según el dulce que te gusta (Meza Cuero 2011:2).

Los expertos de Nejí informan que secan y guardan las frutas recolectadas en el verano para usarlas en el invierno. Una vez que las frutas se muelen ligeramente en el metate, se añaden al agua con azúcar o miel, luego las semillas se hunden al fondo y se puede disfrutar de la bebida. Los expertos de Nejí dijeron que *josilh* crece abundantemente en las áreas de Jacumé y El Hongo, pero que en muchos lugares ha desaparecido. Los nativos de Baja California han usado por mucho tiempo la manzanita como leña, porque arde con una llama constante y muy caliente, produciendo brasas que duran toda la noche; sin embargo, la demanda comercial de leña en años reciente ha provocado una sobreexplotación de la población de esta especie.

Las frutas también se consideran medicinales. De acuerdo con los expertos hablantes de ko'alh, una vez que maduran, se pueden hervir para preparar una infusión que toman como agua de uso para las infecciones urinarias.

Artemisia californica (Asteraceae)

Español: Romerillo.
Inglés: *Coastal Sagebrush.*
Las variantes kumiai incluyen: *cham'pilh* (NE); *chimpilh* (SJ); *chemajpilj* (Cano Bracamontes); *kuchash* (Shipek).

El romerillo (*Artemisia californica*), un componente aromático del matorral rosetófilo costero. Foto por Michael Wilken-Robertson.

Las hojas del romerillo. (*Artemisia californica*). Foto por Michael Wilken-Robertson.

Colonias de romerillo forman una parte conocida de las comunidades del matorral costero a lo largo de la provincia florística desde el sur de California hasta el norte de Baja California. El romerillo no es una salvia, sino que es parte de la familia de la menta. Las especies del género *Artemisia* incluyen varias hierbas aromáticas y medicinales como el estragón, la artemisia y el ajenjo.

Los kumiai usan esta hierba aromática para muchas aplicaciones medicinales. Hacen una infusión de las hojas y los tallos de la planta para lavar lesiones o heridas, o pueden secar las hojas, pulverizarlas y esparcir el polvo en el área afectada. Celia Silva Espinoza y Virginia Meléndrez Silva, de San José de la Zorra, mezclan la infusión amarga con salvia para calmar las fiebres o los resfríos. Emilia y Aurora Meza Calles sugieren que una taza de infusión al día puede aliviar temporalmente el dolor relacionado con la vesícula. Para los problemas digestivos, e incluso la sensación de hinchazón en el estómago, el vómito o la diarrea, también usan esta infusión amarga.

Virginia Meléndrez Silva recuerda un remedio efectivo que su madre, Celia Silva Espinoza, le hizo para quitarle una chinche que tenía en el oído:

> Una vez cuando estaba chiquilla yo, me entró una garrapata en la oreja y eso por allí se hizo grande allí y me mamá me curó con esto. Pero hizo mucho, muy cosido, y luego lo machucó mucho mucho mucho bien espeso entonces lo echó con una cucharita, una gotita, y al ratito me echó otra gotita y ya sentí que iba saliendo la garrapata. Pero estaba así de grandotota, pero qué fea la garrapata esa. Ha de haber entrado chiquitita, yo creo. Con este, yo sí le tengo mucha fe a esto. Pero tiene que ser muy espeso (Silva Espinoza y Meléndrez Silva 2010a:AR).

Emilia y Aurora Meza Calles afirman que la hierba puede quemarse como incienso para ahuyentar las arañas al interior de una casa. De acuerdo con Jon Meza Cuero, también puede usarse para curar infecciones en los animales.

Artemisia tridentata (Asteraceae)

Español: Chamizo blanco, hierba del borrego.
Inglés: *Big Sagebrush, Basin Sagebrush.*
Las variantes kumiai incluyen: *kpijau* (LH); *kup'hau* (SC); *pajau* (NE); *hpáaw, pháaw, kapháaw* (Hinton).

El chamizo blanco (*Artemisia tridentata*) presume su follaje azul plateado en la orilla de un paisaje de bosque de pino piñonero. Los tallos leñosos son un combustible preferido para calentar los conos verdes de los pinos y abrirlos. Foto por Deborah Small.

Su distintivo follaje azul plateado y su aroma agradable han hecho del chamizo blanco un icono popular del folklor del oeste, en el gran desierto del sudoeste de Estados Unidos, donde el arbusto de 1 a 3 metros se encuentra comúnmente de los 500 a los 3,000 metros en los pastizales y montañas. En la región kumiai crece en la vegetación arbustiva interior, en el chaparral y en las orillas de los bosques. Al igual que el romerillo, no es realmente una salvia, sino que pertenece a la familia de los girasoles.

Los expertos ko'alh reportaron que los tallos y ramas leñosos, frecuentemente encontrados en los bosques de piñoneros, son un combustible preferido para calentar los conos (piñas) verdes de los pinos y abrirlos. Los expertos dicen que este funciona

Las hojas aromáticas del chamizo blanco (*Artemisia tridentata*). Foto por Michael Wilken-Robertson.

rápido y los piñones saben bien. Los kumiai de la Huerta usan la infusión para aliviar el dolor de estómago o un resfriado. Teodora Cuero Robles enrolla las hojas frescas en una bola pequeña y las inserta en el oído para aliviar dolor en ese órgano. Emilia y Aurora Meza Calles también usan la infusión para lavar heridas y para el dolor de músculos. Los cahuilla recogían semillas de chamizo blanco al final del verano, las secaban y las molían para preparar un atole parecido al de pinole.

Muchos kumiai informan quemar chamizo blanco como incienso. De acuerdo con Benito Peralta, en tiempos antiguos, los paipai se purificaban con el humo de la planta, aventando las hojas frescas sobre una cama de carbones, luego se paraban sobre estos y se echaban el humo sobre sí mismos. Teodora Cuero recuerda el uso de la planta para la purificación ritual:

> Cuando se moría algún familiar, batían barro blanco y echaban *kpijau* y otro chamizo, y con eso nos bañaban de pies a cabeza, con ese lodo. Y muy temprano nos bañaban con agua limpia para quitar el barro, y para que el espíritu no este allí, que se vaya. Quebraban muchas ramas y las echaban a las brazas para que saliera mucho humo, y allí nos bañaban en el humo, toda la familia (Cuero Robles 2011:1).

Hoy, los expertos queman chamizo blanco de la misma manera que la salvia blanca (*Salvia apiana*). Aurora y Emilia Meza Calles, de Nejí, explican que a veces se le llama "salvia india" porque los nativos de Baja California lo usan frecuentemente.

Baccharis salicifolia (Asteraceae)

Español: Guatamote, Huatamote.
Inglés: *Mule-Fat, Seep-Willow.*
Las variantes kumiai incluyen: *jatamuwal* (SC); *tamoot* (NE); *tamwáal* (Hinton); *jmushi, jamushí* (Cortés Rodríguez); *jmushi* (Cano Bracamontes); *hamuzi* (Hohenthal).

Hojas y flores del guatamote (*Baccharis salicifolia*). Foto por Deborah Small.

El huatamote crece comúnmente en arroyos, barrancos y lugares húmedos por debajo de los 1,200 metros, con follaje similar al sauce nativo (*Salix* spp.) y comúnmente se encuentra en los mismos hábitats; por eso el nombre de la especie, *salicifolia*, se refiere a su follaje tipo sauce. Sin embargo, a diferencia del sauce, el guatamote no pierde sus hojas en el invierno, lo que lo hace un alimento valioso para el ganado cuando hay poco qué comer.

Los pueblos nativos de la península y a lo largo del sur de California han encontrado usos para cada parte de esta planta. Los misioneros jesuitas del sur de la península describieron a los pueblos nativos locales usando los brotes frescos para hacer una decocción para lavar las extremidades lesionadas y restablecer el movimiento. Hoy, los artesanos kumiai y paipai usan las ramas largas y derechas del huatamote para hacer

Adán Arenivar Salgado, indígena Paipai, recoge ramas de guatamote (*Baccharis salicifolia*) para hacer flechas. Foto por Alondra Arenivar.

flechas, frecuentemente combinados con una punta desprendible de madera hecha de vara prieta (*Adenostoma fasciculatum*). Los kumiai han usado los tallos como material de construcción para levantar paredes de ramas, para encender una fogata y para elaborar una diversidad de trampas, inclusive trampas para aves y peces.

Aurora y Emilia Meza Calles recomendaron un enjuague para el pelo hecho de una infusión de las hojas para limpiar, acondicionar y estimular el crecimiento del cabello. Combinan la infusión con jabón y lo usan diariamente para controlar la caspa o la infección por hongos del cuero cabelludo que causa pérdida de cabello, para remover parásitos y para dar al cabello una apariencia más bonita. Teodora Cuero Robles convertía la raíz en un jabón golpeándola en un metate, luego la ponía en un balde con suficiente agua para cubrirla y dejarla remojar todo la noche. Mezclaba este líquido con la infusión de las hojas y usaba la mezcla para lavar el pelo. Una vez que se enjuaga completamente el cabello, se verá y sentirá limpio. Entre los cahuilla, la planta se usa también para prevenir la calvicie.

Los expertos kumiai remedian las infecciones de hongos con una infusión de las hojas de guatamote. Lavan la piel con la infusión para aliviar las infecciones de la piel. Curan también las infecciones vaginales con un lavado hecho con la infusión; los cahuilla también usan una decocción de las hojas y tallos como un agente higiénico femenino.

Brahea armata (Arecaceae)

Español: Palma Azul, palma ceniza.
Inglés: *Mexican Blue Palm.*
Las variantes kumiai incluyen: *muy kuaw* (LH); *jawal* (SC).

Palma azul (*Brahea armata*) en floración. Foto por Michael Wilken-Robertson.

A lo largo de la base del abrupto escarpe oriental de la Sierra de Juárez y la de San Pedro Mártir, oasis de palmas marcan la ubicación de arroyos que caen en cascada de estas cadenas montañosas del norte de la península y llegan hasta las arenas secas de la región del desierto de Sonora, al noroeste de Baja California. Estos hábitats extraordinarios han tenido gran importancia para los pueblos nativos de la región, lo cual es evidente por la abundancia de sitios arqueológicos con petroglifos y pinturas rupestres, y la tradición oral de ambos grupos kumiai del desierto y la montaña. En los oasis de Baja California, dos tipos de palma frecuentemente coexisten: la majestuosa *Washingtonia filifera* (Palma de abanico) y la sorprendente *Brahea armata* (Palma azul), un árbol endémico del norte de la península con hojas azul plateado. Ambos tipos de palmas proporcionan alimento y materiales de construcción para los pueblos nativos de la región.

Las frutas como los dátiles eran muy apreciadas por los nativos de Baja California.
Foto por Michael Wilken-Robertson.

Charles Russell Orcutt, un escritor y naturalista reconocido del sur de California quien reunió semillas de palma en los territorios kumiai y kiliwa en los 1880, informó que "la abundante fruta de la Erythea [posteriormente reclasificada como Brahea] era buscada y consumida ávidamente por los indios locales, tan pronto como maduraba. Una sola espata puede tener hasta cuarenta libras de fruta…" (Aschmann 1959:85).

Teodora Cuero Robles recuerda muchos detalles acerca de la fruta de la palma y los viajes especiales que iniciaban desde La Huerta, subían a la Sierra Juárez y bajaban hacia el desierto para recoger las frutas:

> Antes iban los hombres especialmente a traer los taquitos de la palma. Esa, cuando se madura, se cae. Una, con semillas chiquitas, se llama *mui kasira* [palma de abanico o *Washingtonia filifera*], y ésta, la grande, se llama *mui kuau* [palma ceniza o *Brahea armata*]. La grande se echa a la lumbre para que cuece un poquito, y lo comemos. Esta grande también es dulce. Medio verdiones se puede tatemar para que salga más dulce y bueno. Van puros hombres a juntar eso, duran dos o tres días, ya regresan con la carga. Traen bastante y se acaba, y vuelven a traer más (Cuero Robles 2010b:VR).

A pesar de que Cuero no ha visitado los oasis de palmas, recuerda el paisaje como si hubiera estado allí. Describe un pueblo indígena abandonado, de chozas con techos de palma, que solía existir en el Cañón de Guadalupe hasta que alguien sin sentido lo quemó. El paisaje también atrajo a los kumiai por las aguas curativas encontradas allí; como Cuero recuerda: "Cuando alguien va enfermo, se baña en el agua caliente los dos o tres días que está allí, se viene bueno y sano" (Cuero Robles 2010b:VR).

Brickellia californica (Asteraceae)

Español: Hierba de la vaca.
Inglés: *California Brickellbush.*
Las variantes kumiai incluyen: *samalh jkuak* (LH); *samalh kuak* (SC; NE); *sa'máll hwak* (Hinton); *samalj coac* (Cortés Rodríguez).

La hierba de la vaca (*Brickellia californica*), una hierba perenne con floración aromática y hojas extremadamente amargas. Foto por Deborah Small.

La hierba de la vaca crece a lo largo de la mayor parte de la región kumiai, desde el matorral costero, a través del hábitat de chaparral, hasta las sierras por debajo de los 1,500 metros. Este miembro de la familia de los girasoles frecuentemente crece alrededor de las rocas y cortes de camino, y otras áreas con disturbio. Tiene hojas en forma de corazón color verde claro que saben sumamente amargas. Las flores modestas emiten una fragancia sorprendentemente dulce, que permea el aire del verano. Los kumiai consideran esta planta una medicina altamente efectiva para detener la fiebre

Como muchas hierbas amargas en todo el mundo, la yerba de la vaca (*Brickellia californica*) se considera una medicina fuerte. Foto por Deborah Small.

y para curar problemas estomacales y respiratorios. Jon Meza Cuero explica varios de los usos de esta hierba:

> Es muy buena esa medicina para infecciones de la panza, del estómago. Se hace un vaso de té, se toma en la mañana y en la noche. Cuando una persona está empachado, los sobadores te dan esto, y te suelta lo que está atorado. También se puede tomar un te para la fiebre, dolores del cuerpo, gripa. Es muy amargo. Se puede bañar en eso cuando tiene granos o algo como sarampión, o cuando tiene hervor de sangre (te salen granos, o mancha o hinchazón en la piel). Se corta la hoja en luna llena, cuando está más fuerte (o cuando sea, si es en una emergencia), suficiente para hacer un té amargo con unas cuantas hojas (Meza Cuero, 2011:4).

Los expertos de Nejí, San José de la Zorra y de La Huerta describen usos similares. Los hablantes de ko'alh de Santa Catarina explican que la yerba de la vaca es buena para combinarla con las flores de sauco, usando solo los tallos blancos, porque las hojas son demasiado amargas. La infusión preparada en combinación con las flores de sauco ayuda para una gripe, o también para el dolor de espalda o de cabeza. Los expertos kumiai de Nejí dijeron que en el pasado, si alguien parecía estar muriendo, le daban un vaso de té de hierba de vaca y si no lo mataba lo podría revivir.

Dichelostemma capitatum (Themidaceae)

Español: Jacinto silvestre, cacomite, coquito.
Inglés: *Blue Dicks or Wild Hyacinth.*
Las variantes kumiai incluyen: *melkikup* (LH); *mish'aalhy* (NE).

Flores de jacinto silvestre (*Dichelostemma capitatum*). Foto por Deborah Small.

Grupos de flores azul violeta en la punta de tallos altos durante la primavera, en los campos de Baja y Alta California marcan tesoros enterrados –bulbos o "papas indias"– que han sido un recurso alimenticio importante por mucho tiempo, para los pueblos nativos en todas las áreas donde crecen. Los jacintos silvestres, un miembro de la familia *Brodiaea* y relacionados con otras geofitas como los lirios mariposa (*Calochortus* spp.), proporcionan un ejemplo de interacciones ambientales indígenas. Ejemplo que plantea preguntas acerca de qué tanto los nativos de las Californias usaban el conocimiento ambiental tradicional para manejar las poblaciones vegetales de las cuales ellos recolectaban, o hasta dónde simplemente buscaban lo que estuviera disponible. La etnobotánica Kat Anderson indica que en el proceso de cosechar jacintos silvestres los nativos de las Californias comúnmente solo tomaban los bulbos más grandes,

Los nativos de California fomentaban el crecimiento y la proliferación de los jacintos silvestres (*Dichelostemma capitatum*, a través de técnicas probadas de cultivo. Foto por Deborah Small.

despegando los más pequeños que se forman alrededor de la base. Estos bulbos "bebés", como muchos indígenas de la Alta California se refieren a ellos, se desarrollan más rápido una vez que son despegados del bulbo madre, y pueden haberse beneficiado de la aeración del suelo por el proceso de excavación y labranza. Si se sacan después de que las flores se han convertido en semillas, la excavación podría haber fomentado el crecimiento de las semillas que hayan caído a la superficie del suelo. Las técnicas tradicionales de manejo de incendios involucraban prender intencionalmente fuegos para incrementar las poblaciones de las plantas, ya que *Dichelestomma* es una planta pirófila, que se reproduce en mayor número después de un incendio. En ciertas áreas tales como el Archipiélago del Norte (Channel Islands), grandes cantidades de bulbos eran recogidos y tatemados. Y a lo largo de California los investigadores han encontrado evidencia de ello en sitios arqueológicos.

Ahora, los kumiai solo ocasionalmente recogen los bulbos. Teodora Cuero Robles recuerda como "se comía mucho antes, íbamos a donde había y allí andábamos escarbándolos para comerlos crudos" (2011:2). Emilia y Aurora Meza Calles, de Nejí, recuerdan que cuando eran niñas no les permitían comer bulbos, les decían que si lo hacían, se les caería el pelo. Solo los ancianos podían comerlos, ya que ellos no se preocupaban por su pelo.

Dudleya spp. (Crassulaceae)

Español: Siempreviva.
Inglés: *Liveforever, dudleya.*
Las variantes kumiai incluyen: *milhka'mey* [wide-leaf]; *milh kajmila* [narrow-leaf] (LH); *awi mielh* (SC); *millykumil* (D. edulis), *millykumaay* (D. lanceolata) (Shipek).

Las siemprevivas (*Dudleya* spp.) existen en una variedad de formas y colores, proporcionando alimento, humedad y medicina para los nativos de Baja California. Foto por Michael Wilken-Robertson.

Desde las colonias que crecen en los acantilados rocosos costeros, hasta los individuos ocasionales con inflorescencias rojas brillantes que emergen de la vegetación de chaparral, las siemprevivas suculentas resaltan en el paisaje seco de la región kumiai. Estos miembros de la familia de las crasuláceas tienen diferentes formas y figuras,

Las siemprevivas (*Dudleya* spp.) proporcionan alimento, humedad y medicina.
Foto por Michael Wilken-Robertson.

incluyendo rosetas grandes de color blanco plateado o verde con hojas lanceoladas, rosetas de color azul verdoso con hojas más gruesas y redondeadas, y dudleyas ("dedo de dama") delgadas como lápices y extrañamente retorcidas, que crecen después de las lluvias de invierno y luego parecen desaparecer bajo el sol del verano.

A lo largo de la región kumiai la gente masca las hojas tiernas para aliviar la sed. Las inflorescencias, cuando recién salen, son dulces, jugosas y comestibles. Teodora Cuero Robles afirmó que la raíz de la planta se muele o "machaca" y se remoja; este lavado se usaba para endurecer las encías. Hedges observó que los diegueños recogían las hojas para curar los callos y callosidades, y hervían la raíz entera para hacer un decocción para el asma. Los ko'alh la llaman '*awi mielh*", que significa "tortilla de víbora de cascabel".

Ephedra californica (Ephedraceae)

Español: Canutillo.
Inglés: *Indian Tea, Miner's Tea, Mormon Tea, California Ephedra.*
Las variantes kumiai incluyen: *jpiip* (SC); *jpip* (Cortés Rodríguez); *mii'aaq* (NE); *hpiip* (Hinton); *hukpip, xakpip* (Hohenthal).

El canutillo (*Ephedra californica*) es una planta útil que crece desde el océano hasta el desierto. Foto por Michael Wilken-Robertson.

El Canutillo, tal como las coníferas que son sus parientes, es una gimnosperma, un tipo antiguo de planta que antecede a las plantas con flores en el registro geológico. Al igual que los abetos, el canutillo tiene ramas con articulaciones y conos diminutos con semillas. Este arbusto está compuesto principalmente de tallos delgados y crece a lo largo de la región kumiai, desde la costa hasta los desiertos.

Los pueblos nativos, los mineros y otros inmigrantes cocían los tallos de canutillo para hacer un té que sabía bien, el cual ha sido popular en todas las áreas donde crece. El té también tiene cualidades medicinales importantes; los nativos californianos lo han considerado un remedio efectivo para los malestares del riñón y el sistema urinario,

Un manojo de canutillo escondido en la rama de un árbol en San José de la Zorra.
Foto por Deborah Small.

para las enfermedades de trasmisión sexual, y para purificar la sangre. De acuerdo con Jon Meza Cuero:

> Es lo mejor para limpiar los riñones. Se hace un té, como uso de agua. Se puede hacer un galón, en lugar de tomar agua se toma eso. Si toma una vez, bien, si toma una o dos semanas, mucho mejor. Cuando uno orina, sale algo como ceniza, como sarro, porque uno tiene todo el conducto tapado por dentro. Por eso sale como arena cuando uno lo toma. Se corta la rama, se echa suficiente para hacer un galón, se hierve un poco y luego se va tomando como uso de agua (2011:5–6).

Una variante del nombre kumiai para el canutillo en Nejí, *mii'aaq*, literalmente significa "huesos del pie", probablemente se refiere a que los tallos tienen muchas articulaciones. Los expertos kumiai nos advirtieron que la infusión no debe tomarse por más de dos o tres semanas, ya que puede adelgazar la sangre. Esto también es reportado entre los cahuilla. Sin embargo, Cortez Rodríguez informó que los expertos kumiai recomendaban tomar una infusión ligera como agua de uso durante un mes.

Manojos de canutillo se han reportado en depósitos de cuevas en el territorio chumash, lo que sugiere la importancia de la planta en tiempos prehistóricos. Los nativos de California informaron que recolectaban y molían las semillas de canutillo para hacer un pinole o atole; sin embargo, los expertos entrevistados para este estudio no mencionaron este uso.

Eriodictyon spp. (Boraginaceae)

Español: yerba santa, rama santa, hierba santa.
Inglés: *yerba santa.*
Las variantes kumiai incluyen: *samalh jlhuy* (LH); *samalh jpilh* (SJ; SC); *muka jepilh* (NE); *pja.a* (Cano Bracamontes); *kujuá* (Cortés Rodríguez); *sa'máll llupnúup* (Hinton).

Una de las muchas variedades de yerba santa (*Eriodictyon* spp.) encontradas a lo largo de la región kumiai. Foto por Deborah Small.

Varias especies y subespecies de yerba santa crecen en diferentes partes de los hábitats de transición de matorral costero, chaparral, montaña y desierto de la región kumiai. Todas las variedades han sido empleadas con fines medicinales, generalmente de manera similar. A lo largo de las Californias, los pueblos nativos han usado la planta para curar resfriados, dolores de garganta y aliviar la congestión, así como para dolores y molestias, y como un tónico general. Hinton informa que se encontró una olla de barro cubierta que contenía la planta en la Sierra de Juárez, lo que sugiere que la planta ha sido un recurso valioso desde tiempos antiguos. Fue muy apreciado por los españoles y

Hojas de yerba santa (*Eriodictyon* sp.). Foto por Deborah Small.

Flores de yerba santa (*Eriodictyon* sp.). Foto por Deborah Small.

otros colonos, que le dieron el nombre de hierba santa. Los nombres kumiai se refieren a la cualidad pegajosa de su hoja (*jpilh*) o a su aroma dulce (*jlhuy* = perfume).

Para los trastornos respiratorios, los expertos recomiendan una infusión tomada con miel. Teodora Cuero Robles realiza una decocción con un puñado de hojas y tallos hervidos en aproximadamente tres tazas de agua. Ella bebe esto tres veces al día para un resfriado mientras los síntomas persisten. Para dolor en el pecho o en la espalda relacionada con tos excesiva, los kumiai aplastan las hojas de yerba santa directamente en el pecho y lo dejan ahí hasta que el dolor desaparezca. También usan la infusión para diluir las flemas; lo toman antes de dormir.

Para el dolor de articulaciones, Celia Silva afirmó que cose las hojas y las aplica como cataplasma directamente sobre el área afectada y las cubre con un paño. Josefina López Meza recomendó masticar la hoja cruda para calmar la garganta seca, y compartió la siguiente anécdota como un ejemplo de su eficacia:

> Me acuerdo una vez, venía yo del Cerro Azul, de ahí de con mi hermana, y corté una, tengo la maña todo el tiempo de cortar así. Ahí había una mata y le corté yo, y venía una señora tose, tose y tose en el camión, porque me subí al camión, y venía tose y tose y no, no, no podía ni hablar con la tos. Y le di unas hojas y "mastícalas", le dije, "te comes la saliva y se te va a quitar". No pues ya de ahí nos venimos, no tosió en todo el camino (2004:11).

Doña Josefina también usa la variedad de hoja pegajosa para vendar una cortada. Ella usa la hoja directamente cuando está en el campo o calienta las hojas en una estufa, las presiona sobre la herida y las deja allí para ayudar a sanar.

Josefina López Meza, de Peña Blanca, muestra cómo usa una hoja de yerba santa (*Eriodictyon* sp.) para vendar una cortada. Foto por Michael Wilken-Robertson.

Eriogonum fasciculatum (Polygonaceae)

Español: Valeriana.
Inglés: *California Buckwheat.*
Las variantes kumiai incluyen: *jm'ilh* (LH:TCR; BN; SJ); *ja'milh* (LH:JAM); *iy jamilh* (NE); *chimilijuur* (SC); *jamilj* (Cortés Rodríguez); *hm'illy* (Hinton); *hamill* (Shipek).

La valeriana (*Eriogonum fasciculatum*) con sus características flores blancas y rojo ladrillo. Foto por Michael Wilken-Robertson.

Los nativos de Baja California usan las flores y las raíces de la valeriana (*Eriogonum fasciculatum*) para los malestares estomacales. Foto por Deborah Small.

En el panorama común de matorrales y chaparrales hasta los 2,000 metros, la valeriana forma montículos de hasta un metro de altura, que florecen abundantemente en verano, cambiando de blanco a rosa, o a rojo intenso, a medida que avanza la temporada. El *Eriogonum* spp. pertenece a la familia del alforfón y se relaciona de forma distante con la planta de cultivo euroasiática, el alforfón común (*Fagopyrum esculentum*). Sin embargo, ninguno de los expertos kumiai ni en las publicaciones revisadas para este estudio se ha descrito la semilla de la valeriana como un alimento, excepto Lowell Bean y Katherine Saubel, quienes simplemente informaron que los cahuilla recogían las semillas y se las comían.

Los usos medicinales de la planta, por el contrario, están muy extendidos y generalmente se centran en los trastornos digestivos. Para la diarrea y el malestar estomacal los kumiai usan tanto las raíces como las flores. Utilizan las raíces frescas para la diarrea, golpeándolas en un metate y luego cocinarlas hasta que adquieren el color rojizo de la infusión de canela. De acuerdo con Jon Meza Cuero: "Es muy bueno para el vómito, se usa la raíz, se hace un té, se toma en la mañana o en la tarde, y con una sobada se cura la infección de la panza (*chesoy yeit tejpilh*). Se corta una parte de la raíz para que siga brotando la planta" (Meza Cuero 2011:4).

Teodora Cuero Robles usaba las flores de valeriana para los problemas del corazón: "Es buena para cuando te brinca el corazón en el pecho. A mí me brincaba mucho y

Teodora Cuero Robles recoge valeriana (*Eriogonum fasciculatum*). Foto por Michael Wilken-Robertson.

me curé usando esta hierba. Juntas las flores y las hierves en una olla con agua y haces un té. Te tomas una tacita cuando sientes que te brinca el corazón, luego te lo tomas en la mañana y en la tarde hasta que te sientas bien" (Cuero Robles 2011:1).

Los expertos de Nejí usan las hojas y las flores para calmar los nervios o para dormir. Alivian los pies hinchados sumergiéndolos en una cubeta de infusión de valeriana. Celia Silva Espinoza, de San José de la Zorra, comenta que el cambio de color en las flores de la valeriana era la señal que sus ancestros observaban para marcar el inicio de la temporada de los piñones (ver *Pinus* spp.).

Euphorbia polycarpa (Euphorbiaceae)

Español: Golondrina.
Inglés: *Rattlesnake Weed, Small-Seed Sandmat.*
Las variantes kumiai incluyen: *mat jnak* (LH:TCR; SJ); *matt jnak* (SC); *matt yiu* (NE); *mat jnac, mat nñiú* (Cortés Rodríguez).

Los kumiai usan la golondrina (*Euphorbia polycarpa*) para aliviar el dolor de mordeduras y picaduras. Foto por Deborah Small.

La golondrina, un miembro de la amplia familia de los euforbios, tiene formas anuales y perennes, que crean una alfombra verde delgada con pequeñas flores blancas que crecen cerca del suelo. Dos nombres kumiai distintos dados a la planta describen el estado en el que crece: *mat jnak* significa "collar de tierra" y *mat yiu* significa "ojos de tierra", porque las flores pequeñas se parecen a los ojos. Celia Silva Espinoza y Virginia Meléndrez Silva de San José de la Zorra usan una infusión hecha de las hojas de la planta para curar las heridas y aliviar el dolor de las mordeduras y picaduras de insectos, como hormigas, abejas y escorpiones. Emilia y Aurora Meza Calles a veces aplican el líquido lechoso directamente en el área afectada, sin embargo, esto puede ser perjudicial para la piel. El nombre común en inglés (*Rattlesnake Spurge* o hierba de la víbora) se deriva de las creencias populares sobre la planta, que se convierte en una infusión para curar las mordeduras de serpiente de cascabel; según Delfina Cuero, a un niño que había sido mordido por una serpiente de cascabel se le dio una infusión de esta planta.

Fraxinus parryi (Oleaceae)

Español: Fresno, fresnillo.
Inglés: *Chaparral Ash.*
Las variantes kumiai incluyen: *jkwii* (SJ); *jcui.i* (Cortés Rodríguez); *itup* (Hohenthal); *ixtu'p* (Spier).

Una arboleda de fresnos (*Fraxinus parryi*) en el matorral costero domina la bahía de Todos Santos. El árbol pequeño caducifolio está bien adaptado al clima, llenándose de hojas después de las lluvias. Foto por Michael Wilken-Robertson.

El fresno es un árbol pequeño caducifolio (que pierde sus hojas cada año), endémico del norte de Baja California, que pertenece a la familia del olivo. Las arboledas de dos a seis metros se encuentran normalmente en las laderas de matorral y chaparrales. Se llenan de hojas después de las lluvias, florecen a fines de la primavera y dejan caer sus hojas en verano, cuando las semillas revoloteantes se hacen visibles.

Las hojas del fresno (*Fraxinus parryi*) atraían orugas que eran comidas por los kumiai.
Foto por Michael Wilken-Robertson.

Los usos del fresno son poco recordados hoy, aunque Cortés Rodríguez documentó la preparación de las semillas como bebida. Su consultora, Gloria Castañeda Silva, de San José de la Zorra, trituró las semillas y las puso en agua para reducir su amargor, luego las coló y las añadió a agua fresca, junto con miel o azúcar. La bebida resultante tiene un color azul intenso. Los chumash y otros pueblos nativos de la Alta California también hacían una bebida de color azulado con los tallos del *F. dipetala*, que pertenecen a la misma familia, y se decía que era "muy buena medicina para personas enfermas, porque era muy refrescante" (Timbrook, 2007: 88).

Celia Silva Espinoza (la madre de Doña Gloria) contaba una historia fascinante sobre el fresnillo, que puede referirse a una mayor dependencia en los insectos como alimento en épocas anteriores. De vez en cuando, después de buenas lluvias, cuando había muchas hojas verdes en los fresnos del Chaparral se acumulaban "gusanos" verdes, llamados *me'* en kumiai, a lo largo de los tallos frondosos de los fresnos. En el pasado, la gente quitaba las orugas que abarrotaban los tallos, las cocinaban, las ponían en una piedra lisa y las aplastaba para eliminar su interior. La parte restante era buen alimento a manera de carne, y se podía comer con atole de bellota (Silva Espinoza y Meléndrez Silva 2010). Doña Celia nunca participó en esta actividad, pero su abuela se lo contó. Owen y Michelsen también informan que los paipai antes comían un "gusano" llamado "?*mi*" que fue hervido o asado en la arena bajo fuego.

La recolección de insectos, un alimento altamente nutritivo, ha sido bien documentada entre los pueblos de otras partes de Baja California y Alta California. Se han descrito cosechas similares de "gusanos soldado" (en realidad, un tipo de oruga de la familia *Noctuidae*) entre los pomo, así como en los primeros escritos jesuitas en el centro y sur de Baja California. El padre jesuita Miguel del Barco escribió:

> Es necesario que llueva bien para que nazcan aquellas yerbas en que se crían, las cuales no nacen en todas partes sino en determinados parajes. Cuando estos gusanos han crecido y llegado a su justa magnitud y sazón, van a recoger esa cosecha, de la cual no sólo comen aquellos días que dura, sino también guardan algo para después. Para comerlos luego, o guardarlos los limpian de este modo. Con una mano los cogen por la cabeza, y con dos dedos de la otra los estrujan suavemente, haciendo correr dichos dedos hasta el otro extremo o cola del gusano, por donde le hacen despedir, con estas friegas, toda la inmundicia, (o la mayor parte), que tenía dentro, y después los tuestan. Para guardarlos hacen largas trenzas de ellos…. Los indios estiman mucho esta comida, por ser de mucho sustento, y para su paladar suave y mantecosa (Barco 1973: 36).

Los misioneros estaban asqueados por la ingesta entusiasta de insectos los nativos, y llegaron a la conclusión de que los indios se dedicaban a esta práctica porque no tenían nada más que comer. Después de describir el consumo frecuente de insectos, como las langostas, por los nativos de Baja California, Clavijero escribió que estaban siendo desviados de tales alimentos por "los buenos consejos de los misioneros, y la experiencia adquirida en 1772, en que por haber comido muchas les sobrevino una grande enfermedad… Sin embargo, algunos continuaron comiéndolas, sintiendo no aprovecharse de lo que tanto abunda cuando otros alimentos son tan escasos" (Clavijero 2010:16). Dada la aversión general de las culturas no indígenas hacia el consumo de insectos, información como la proporcionada por Doña Celia puede haberse perdido o filtrado a lo largo de los años. Quizás futuros estudios arqueológicos puedan detectar mejor la importancia de los insectos en la dieta aborigen.

Hesperocyparis forbesii (Cupressaceae)

Español: Ciprés, ciprés de Tecate.
Inglés: *Tecate Cypress.*
Las variantes kumiai incluyen: *shjaar* (BN); *chjaar* (SJ).

El Cipres (*Hesperocyparis forbesii*)se considera una planta rara y en peligro de extinción.
Foto por Michael Wilken-Robertson.

El ciprés de Tecate crece como un arbusto en el matorral o en chaparral, raramente más de diez metros de altura. Los expertos consultados algunas veces lo confundieron con la guata (*Juniperus californica*); ambas plantas pertenecen a la familia del ciprés. Aunque generalmente se encuentra en elevaciones entre 450 y 1,400 metros, el ciprés también puede crecer esporádicamente en elevaciones más bajas en la región kumiai, cerca de la costa del Pacífico.

    Jon Meza Cuero explicó que las ramas eran especialmente buenas para hacer arcos; estas deben ser cortadas durante el tiempo de la luna llena. Para doblarla y darle forma, el artesano debe calentar la rama pasándola a través de un lecho de carbones. En San José de la Zorra los expertos hierven la corteza y dan a tomar la decocción dos o tres veces al día para tratar un dolor de estómago o un resfriado.

Catálogo de plantas nativas y sus usos

Hesperoyucca whipplei (Agavaceae)

Español: Lechuguilla, yuca, quiote.
Inglés: Chaparral Yucca, Chaparral Candle.
Las variantes kumiai incluyen: *jakulh* (BN); *akul ñipi jmi* (LH:JAM); *aa'aa* (LH:TCR); *a'a* (SC; Hohenthal). (Note: *aa'aa* se refiere a la planta mientras que *akul* or *jakulh* se refiere al *quiote*.).

La lechuguilla (*Hesperoyucca whipplei*) crea esculturas florales en forma de velas, que se dispersan a lo largo del paisaje kumiai al final de la primavera. Diferentes partes de la planta sirven como alimento, fibra y material de construcción. Foto por Michael Wilken-Robertson.

Lechuguilla (*Hesperoyucca whipplei*), condado de San Diego. Foto por Deborah Small.

La lechuguilla pertenece a la familia del agave que crece en toda la Provincia Florística de las Californias, a lo largo de la vertiente Pacífico del sur de California y norte de Baja California, en elevaciones de 150 a 1,200 metros. Durante mucho tiempo, los pueblos nativos han usado tres partes de la lechuguilla –base, tallo y flores– como alimento. De acuerdo con Timbrook, los chumash tatemaban la base y el tallo usando pozos de tierra con piedras calientes y también usaban las espinas afiladas de las hojas para perforar

Jon Meza, quien creció comiendo lechuguilla (*Hesperoyucca whipplei*) y otros alimentos vegetales tradicionales, explica las técnicas especializadas para tatemar el tallo. Foto por Michael Wilken-Robertson.

y tatuar. Bean y Saubel reportan que entre los cahuilla se daban usos similares a esta especie. Los diegueños de Santa Ysabel, California, asaban el tallo y también utilizaban las fibras de las hojas para iniciar la base de las cestas.

En Baja California muchos de estos usos tradicionales de la lechuguilla continúan complementando la economía de los pueblos indígenas que viven en áreas rurales. Con base en su trabajo de campo en Baja California, de 1948 a 1949, Hohenthal reportó

Los kumiai cocinaban las flores de la lechuguilla (*Hesperoyucca whipplei*) para comerla como una verdura. Foto por Michael Wilken-Robertson.

que los kumiai tatemaban las bases o coronas de lechuguilla en hornos de tierra con piedras calientes, usando vara prieta (*Adenostoma fasciculatum*) como combustible. Actualmente, la práctica de cosechar y asar las bases es rara. Jon Meza Cuero, que tenía nueve años cuando conoció a Hohenthal, en 1948, describió el cocinado de las bases durante una entrevista en 2011: "Se tatema el quiote o se puede tatemar la bola donde salen las hojas también, pero no lo hacen mucho porque se acaba la planta y ya no hay mas" (Meza Cuero 2011:3).

Meza Cuero también señaló las orientaciones culturales respecto a la cocción de la planta: "No cualquiera puede prender el fuego, y no puede ser con cualquier leña. Hay gente que tiene la mano dulce, son especiales para prender la lumbre para que salga bueno. La mejor leña es la crucecilla o la vara prieta" (Meza Cuero 2011:3).

A medida que la planta madura, sus partes se van convirtiendo en alimento en distintos momentos, lo que extiende la disponibilidad estacional de esta planta desde fines de marzo hasta mayo, según la elevación en la que se encuentre. Meza Cuero

La hablante de ko'alh Teresa Castro construyó un estudio de arte con palos de lechuguilla (*Hesperoyucca whipplei*)), donde hace y vende ollas, artes de fibras y otras artesanías tradicionales. Foto por Michael Wilken-Robertson.

explicó la importancia del momento en la recolección de las partes comestibles de la planta:

> Se come la flor. En primavera hay mucho quiote, ya está queriendo florecer, ya está reventándose la flor, ya no sirve el quiote. Si se corta cuando se ve blandito el quiote, antes de echar la flor, ya lo puedes guisar. Se cuece como papa, se cuece bien y se come con tortilla. O se espera hasta que crezca más y se come como caña, sabe dulce, dulce. Para guisar las flores tienen que cortar las que todavía no se han reventado, se junta bastante. Cuando se cuece, se tira la primera agua para que no salga amargo, y se vuelve a hervir más. Se puede echar huevo o carne, o verduras, y sale bien sabroso (Meza Cuero 2011:3).

Celia Silva Espinoza informó haber cocinado flores de lechuguilla y luego secarlas en un manojo de jihuata (*Acmispon glaber*). Las almacenaban y las comían en el invierno. Son especialmente sabrosas cuando se preparan con cebollas silvestres.

Jobita Aldama Machado y Zeferina Aldama Cuero, de La Huerta, describieron una antigua prohibición contra la recolección de lechuguilla en una colina específica al oeste de la comunidad. Los ancianos prohibieron severamente recogerla en esa zona, porque traería mala suerte a aquellos que no respetaran la tradición. Podrían manifestarse muchas apariciones espantosas, si alguien incluso fuera a mirar la colina. La violación de la prohibición también podría causar un exceso de frío, heladas y nieve en la región, la muerte de un familiar o una calamidad en el pueblo. Los mismos ancianos mencionaban que las lechuguillas tendían a florecer al principio de la temporada en esa área y discutieron si la prohibición de la recolección estaba diseñada para evitar que los forasteros compitieran con los que vivían cerca, pero llegaron a la conclusión de que si los ancestros aconsejaban tanto que no se recolectara en ese lugar, debían tener una buena razón y en el pasado las personas acataban estas reglas. Se han identificado prohibiciones similares entre otras personas de la región donde se habla kumiai y ko'alh.

Los nativos de Baja California aún hoy aprecian la lechuguilla, en particular los tallos que se pueden cortar en trozos cortos y almacenarlos hasta que estén listos para cocinar. Durante la primavera es común ver los tallos cosechados escondidos en cocinas nativas, donde se pueden asar en el horno, directamente en un fuego al aire libre o en un hoyo preparado con brasas. Los expertos kumiai de San José de la Zorra a veces usan hojas de lechuguilla, cortadas en tiras delgadas para atar manojos de salvia, y la artesana kiliwa Leonor Farlow recoge regularmente las semillas negras para remojarlas, perforarlas y usarlas como cuentas en la manufactura de joyería. Los artesanos paipai y ko'alh hacen "barrilitos" (recipientes pequeños) o mieleras, cortando la base del tallo seco y vaciándolo. Aunque se producen actualmente para el mercado de las artes nativas, se dice que estos contenedores improvisados eran útiles cuando un recolector estaba fuera de casa y encontraba una fuente de miel u otros alimentos silvestres. En ocasiones los tallos secos se usan para formar paredes para cobertizos, ramadas y otras estructuras informales.

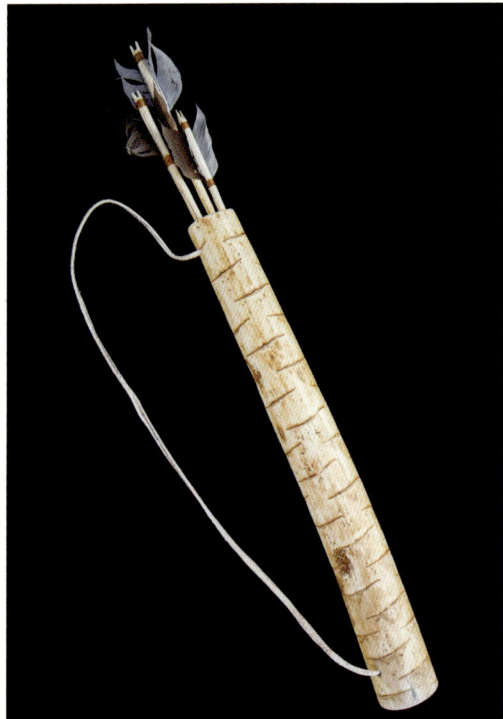

Un carcaj o aljaba hecho a partir del tallo ahuecado de lechuguilla (*Hesperoyucca whipplei*). Foto por Deborah Small.

Heteromeles arbutifolia (Rosaceae)

Español: Fusique, toyón
Inglés: *Toyon, Christmas Berry, Hollywood.*
Las variantes kumiai incluyen: *joshik* (NE); *jushik* (SC; SJ); *josik* (BN); *huusík* (LH:TCR; Hinton); *huuchih* (Shipek).

Toyón (*Heteromeles arbutifolia*), también conocido como arbusto de navidad. Los kumiai dan uso a las bayas, las hojas y la madera. Foto por Deborah Small.

Este arbusto macizo o pequeño árbol de hoja perenne que crece entre dos y diez metros de altura pertenece a la familia de las rosas. Se puede hallar desde la costa hasta 1,200 metros en las regiones kumiai; se encuentra desde la Sierra de la Laguna en el sur de la península, hasta la Alta California en el norte. Sus hojas cuya textura es como la del cuero, son de color verde intenso con bordes a manera de sierra, y bayas rojas brillantes en invierno, que le han dado el nombre de *arbusto de navidad*. Y su forma atractiva y fácil de cultivar, como una planta ornamental la han convertido en una especie popular para los jardines de plantas nativas. Según el antropólogo Jan Timbrook, el nombre "Toyón", comúnmente utilizado en inglés, proviene de una adaptación al español de

Las bayas del toyon (*Heteromeles arbustifolia*) pueden ser expuestas al calor para removerles la astringencia. Foto por Deborah Small.

la palabra india Ohlone *tottcon*. En Baja California, el otro nombre común en español es *fusique* que, según el botánico Reed Moran, podría ser una adaptación del nombre original kumiai *jushik*.

Los nativos de California han usado el fusique para alimento, medicina y material para hacer herramientas, y los investigadores han recuperado restos de bayas de fusique de sitios arqueológicos en varias áreas de la Alta California. Para eliminar la amargura o la astringencia, los recolectores permiten que las bayas maduren completamente, luego se recolectan y se exponen al calor. Muchos de los expertos mencionaron que era importante no hacer ruido al recolectar las bayas. Celia Silva Espinoza explica ciertas indicaciones culturales que deben seguirse para garantizar una cosecha exitosa de bayas:

> Esto, cuando está maduro, tiene que cortar y tiene que poner en el sol, pero no tiene que haber ruido. Entonces ya se marchita, como que se cose con el sol. Pero si hay ruido dice que no, no se marchitan. En las brazas… se puede poner también. Hay dos colores, la fruta… roja, hay naranjada. Se hacen arcos con esto también. (Meléndrez Silva y Silva Espinoza 2010a:AR).

Algunos kumiai convierten las hojas y los tallos de toyón en una decocción para resfriados o tosferina, que se puede tomar caliente o diluida y beberla como agua de uso. La infusión también sirve como un enjuague para curar las llagas dentro de la boca. Delfina Cuero sugirió: "hacer una pulpa de las hojas y lavar las heridas con el líquido" (Shipek 1991:92).

Juncus acutus (Juncaceae)

Español: Junco, junco espinoso.
Inglés: *Spiny Rush.*
Kumiai: *Psilj* (SJ, NE; Cortés Rodríguez).

En primer plano el junco (*Juncus acutus*), crece a lo largo del lecho del arroyo, cerca de San José de la Zorra. Foto por Michael Wilken-Robertson.

El junco forma grupos de tallos cilíndricos como hierba de puntas afiladas, comunes en arroyos y otros humedales, desde la costa hasta 1,000 metros. Para cosechar los tallos, los recolectores generalmente cortan la planta justo por encima de las raíces, una acción que imita el efecto del fuego, la inundación o ser comido por los animales. Por lo general, las plantas podadas vuelven a crecer con brotes largos y rectos. Los fabricantes de cestería utilizan los tallos partidos de junco para formar "la cola" (o relleno) de las cestas (vea a continuación *Juncus textilis* para una discusión sobre cestería). En el pasado, quizá se utilizaron también otros materiales; durante su trabajo de campo de 1948 a 1949, Hohenthal informó que los tejedores kumiai de la región de Tecate utilizaban un "pasto alto", probablemente *Muhlenbergia rigins* para el material de base, y lentisco de tres hojas (*Rhus aromatico [trilobata]*) para el hilo; este último proporciona un color blanquecino para los diseños de cestería. Los tejedores al norte de la frontera aún utilizan estos materiales.

Juncus textilis (Juncaceae)

Español: Junco.
Inglés: Basket Rush.
Las variantes kumiai incluyen: *kuu'nai* (SJ); *cunai* (Cortés Rodríguez); *kwa'naay* (Hedges).

Beatriz Carrillo recoge junco (*Juncus textilis*). Foto por Michael Wilken-Robertson.

El junco crece en zonas ribereñas, a menudo a la sombra de robles. A diferencia del junco espinoso, que crece en grupos densos y redondeados, esta especie de junco se extiende hacia afuera desde los rizomas subterráneos, para formar soportes verticales de tallos cilíndricos de color verde oscuro de hasta un metro y medio de altura. En la base de los tallos, el color verde oscuro da paso a un color marrón rojizo, lo que hace que este tipo de *Juncus* sea particularmente útil para crear diseños en el tejido de las tradicionales canastas kumiai. El junco es también un material más fuerte y más flexible que el junco espinoso; los tejedores dividen el vástago a lo largo en varias partes y aún conserva una gran resistencia a la tracción. Estas dos cualidades, el color y la resistencia, hacen que el junco sea un material de gran valor para los fabricantes de cestas kumiai, que lo utilizan como hilo (hilo del tejedor) o trama en la producción de

Los tallos de junco (*Juncus textilis*) son lo suficientemente fuertes y flexibles como para ser utilizados como hilo de tejer en la cestería kumiai y brindan el color café rojizo profundo que los tejedores valoran mucho para crear diseños. Foto por Michael Wilken-Robertson.

cestería kumiai. Actualmente, un número creciente de artesanos kumiai de San José de la Zorra han revivido este arte tradicional, en respuesta a un mercado local e internacional fuerte para las cestas como objetos de arte, lo que ha resultado en un mayor uso y conocimiento de *Juncus textilis* y *J. acutus*.

Los tejedores prefieren recolectar los tallos alrededor de los días de luna llena. Beatriz Carrillo explica el motivo de hacerlo en este tiempo: "La luna hace mucha diferencia, porque si lo juntamos cuando la luna es nueva los juncos se truenan muy fácil. Cuando partimos las varas de junco para preparar el material, se truenan en lugar de partirse a lo largo de la vara" (Carrillo Vega 2011:VR). El hilo de tejer también es más probable que se rompa cuando se aprieta mientras se enrolla alrededor del manojo de la base. Los recolectores cosechan cada tallo individualmente, tirándolo suavemente hacia arriba hasta que se desprende de la raíz. Las plantas que se cosechan regularmente de esta manera tienden a verse saludables y los tejedores sienten que el proceso estimula el crecimiento de la planta. Sin embargo, la creciente demanda comercial de cestería de *Juncus* ha llevado a la sobreexplotación de las manchas de junco cerca de las comunidades indígenas, por lo que las artesanas tienen que viajar cada vez más lejos para adquirir sus materiales.

Recientemente, hombres dentro y fuera de la comunidad han comenzado a cosechar junco como una actividad económica especializada, y los tejedores con frecuencia compran sus materiales a través de ellos en lugar de cosecharlos ellos mismos. Miembros

Beatriz Carrillo Vega prefiere recoger junco (*Juncus textilis*) alrededor del tiempo de luna llena, porque esto hace que el material sea más fuerte y flexible.
Foto por Michael Wilken-Robertson.

de la comunidad y defensores externos a ella han propuesto e iniciado proyectos para propagar el junco en la comunidad a lo largo de los años; es de esperar que estos esfuerzos con el tiempo conduzcan al desarrollo de áreas protegidas basadas en la comunidad, que puedan suministrar materiales de cestería de manera sostenible para satisfacer la creciente demanda.

Las tejedoras tiñen tiras cortadas de junco (*Juncus textilis*), en una preparación olorosa que resulta en un color negro profundo que no se destiñe con la luz. Foto por Michael Wilken-Robertson.

Para preparar el junco las tejedoras secan los tallos al sol, pero cuidan de meterlos a casa por la noche para evitar la exposición a la humedad en el aire, lo que puede causar el crecimiento de un moho descolorido que afecta tanto a la apariencia, como a la fuerza del material. Una vez secos, parten los tallos de junco y remuevan la parte interna con la ayuda de un cuchillo o una navaja de afeitar. Antes de que estuvieran disponibles las herramientas metálicas, los tejedores chumash (que también trabajan con junco) hacían esto utilizando el borde afilado de una concha. Los tejedores tiñen algunos de los tallos partidos enrollándolos en aros y sumergiéndolos durante aproximadamente un mes en cubetas de un líquido húmedo y oloroso. La receta para este tinte natural varía en cada tejedora, pero algunos de los ingredientes comunes incluyen: corteza de roble, hollín del interior de una estufa de leña, clavos oxidados y tierra negra de los arroyos cercanos. El material teñido resultante proporciona a las cesteras hilos para tejer de color negro intenso, que contrastan a la perfección con el color amarillo natural del tallo de junco y el color marrón rojizo de la base del tallo.

Una tejedora comienza una canasta atando un pedazo de junco espinoso rajado en un nudo, utilizando un extremo del nudo como principio de la base o *ayulh* (cola). Luego cose puntadas de los hilos flexibles de junco, perforando la base incipiente con una alesna. A medida que la tejedora gira en espiral lentamente hacia afuera, continúa

El tejido de una canasta kumiai de junco. Un manojo de tiras rajadas de junco espinoso (*Juncus acutus*) forma la base, mientras que una sola hebra de junco (*Juncus textilis*) se teje continuamente alrededor de la base para mantenerla firme. Cada puntada en este largo proceso, requiere una perforación cuidadosa con la alesna, y los hilos de colores deben agregarse y eliminarse con una destreza precisa. Foto por Michael Wilken-Robertson.

Una canasta hecha por Virginia Meléndrez Silva usa tres colores: el color amarillo-bronce, como fondo derivado del tono natural de los tallos principales del junco (*Juncus textilis*); el color café rojizo, de los tallos inferiores, y los tallos negros teñidos. Foto por Deborah Small.

agregando tiras de junco espinoso para mantener un grosor uniforme para la base, mientras que también teje el hilo a través de aberturas hechas con la alesna, apoyándose en las vueltas anteriores.

Para crear elementos de diseño, las tejedoras utilizan hilos naturales de color café o negro teñido, crean patrones geométricos o de representación. Las tejedoras logran una apariencia jaspeada (con una variación aleatoria de color), utilizando una serie de hilos que comienzan en café y luego se desvanecen a amarillo. Un artista puede tardar semanas o meses en terminar una canasta de tamaño regular; sin embargo, su trabajo

Una canasta antigua estilo "indígena misional" (*Mission Indian*), de la colección de Joe Moreno. Foto por Deborah Small.

puede ser bien recompensado si logra vender el objeto entre unos $200 y $2000 USD (dólares), dependiendo del tamaño total de la pieza, la complejidad y lo atractivo del diseño; la finura y la uniformidad del tejido, y la integridad de los materiales.

Las cestas de junco se fabricaban originalmente para uso diario en gran parte de lo que hoy es el sur de California y en toda la península de Baja California. El jesuita Francisco Xavier Clavijero describió una tecnología de tejido altamente desarrollada entre los cochimí del centro y sur de la península, que se ajusta a la descripción de la cestería de junco, aunque no especifica el nombre de la planta utilizada:

> La batea es redonda, algo profunda y varia en su tamaño, aunque por lo común tiene pie y medio de diámetro. Está hecha con las varas de cierta planta flexible como el mimbre, aplanadas, cortadas á lo largo, unidas en forma espiral comenzando por el centro y atadas fuertemente entre sí con tiras de la misma materia, con lo cual quedan tan estrechamente unidas que contienen agua sin dejar salir una gota (Clavijero 2010:25).

A fines del siglo XIX, los recolectores empezaron a comprar canastas a las poblaciones restantes de pueblos indígenas, en las áreas donde habían existido misiones

Una canasta kumiai, elaborada por Paula Vega, muestra la influencia de otras tradiciones de cestería de los nativos de California. Foto por Deborah Small.

franciscanas y dominicanas en el sur de California y el norte de Baja California. Este tipo de cestería se conoce como estilo "indígena misiónal" (*Mission Indian*), aunque la tecnología es anterior al período de la misión y los grupos tribales, y las tradiciones de cestería son en realidad mucho más diversas de lo que sugiere el nombre. La tradición de la cestería de Baja California forma parte de este continuo cultural; en los últimos años los diseños y las técnicas del norte, de la relativamente reciente frontera entre los Estados Unidos y México, han influido en el trabajo de los cesteros kumiai de San José de la Zorra. El resurgimiento de la cestería ha ayudado a revitalizar una antigua tradición tecnológica y artística de las Californias. Sin embargo, la sostenibilidad de la práctica (en particular, la mayor cantidad de junco que se está recogiendo), en respuesta a la demanda comercial actual, merece un estudio más a fondo.

Juniperus californica (Cupressaceae)

Español: Guata, enebro de California.
Inglés: *California Juniper.*
Las variantes kumiai incluyen: *iy sha* (LH:TCR; NE); *chaa* (LH:JAM); *ii'ur* (SC); *shá* (Hinton).

La guata (*Juniperus californica*) proporciona sombra para el taller exterior de Josefina Ochurte González, ceramista paipai en Santa Catarina. En una tierra bañada por el sol, la sombra es un recurso valioso. Foto por Michael Wilken-Robertson.

La guata es un arbusto o árbol pequeño de hoja perenne, de tres a cinco metros de altura. Troncos resistentes, ramas retorcidas, follaje fragante y "bayas" (conos de semillas) de azul a púrpura le dan a este miembro de la familia de los cipreses un perfil sorprendente en los paisajes desérticos de altura de Baja California y Alta California, donde crece. Timbrook sugiere que el nombre de la guata se deriva de la palabra en luiseño para el enebro, *wa'aat*.

En todas las áreas donde crece ha servido como alimento, medicina y material de construcción. Los hablantes de ko'alh de la comunidad paipai explicaron que recogen las bayas en verano, una vez que están maduras, las rompen en un metate y quitan

Los kumiai hacen una bebida de las frutas de la guata (*Juniperus californica*), así como una medicina de su corteza. Foto por Deborah Small.

las semillas. Mezclan la comida restante con agua para hacer una bebida refrescante. Los kiliwa al sur también comían la baya, aplastándola e hirviéndola. Los cahuilla, los chumash y muchos otros nativos de California usaban la semilla como alimento, la trituraban como un pinole, la mojaban o la hervían para hacer un atole o una bebida, y algunas veces la convertían en un pan para su consumo posterior.

Los nativos de Baja California consideran que la corteza de la guata es un medicamento altamente efectivo para limpiar los riñones, el hígado y el sistema urinario. Hierven la corteza hasta que toma el color la infusión de canela, y lo beben en lugar de agua hasta que los síntomas desaparecen. Jon Meza Cuero recuerda que, "se puede tomar el té por gusto" (Meza Cuero 2011:5).

Los expertos kumiai consideran las ramas de guata como uno de los mejores materiales para hacer postes de cercos, porque duran mucho tiempo en el suelo. Para comunidades como La Huerta y Santa Catarina, la recolección de las ramas de guata ha representado una fuente importante de ingresos, ya que tienen poblaciones de esta planta, bastante grandes, dentro de su territorio. Los nativos de Baja California y los biólogos han promovido la extracción controlada de ramas seleccionadas de guata, como un método sostenible de utilización de los recursos naturales disponibles para proporcionar ingresos a estas comunidades indígenas.

Lonicera subspicata var. *denudata* (Caprifoliaceae)

Español: Moronel.
Inglés: *Johnston's Honeysuckle.*
Las variantes kumiai incluyen: *kuak uyulh* (LH:TCR); *eelhpitt* (LH:JAM); *kuak nuyulh* (SC); *coacnuylj* (Cortés Rodríguez); *mellkaa* (Hedges).

Moronel (*Lonicera subspicata* var. *denudata*). Foto por Deborah Small.

El moronel a menudo crece a la sombra de los robles, formando vides sobre los arbustos vecinos o formando montículos. Su nombre kumiai *kuak uyulh* significa "el venado juega allí con sus astas" y los asesores piensan que este nombre podría referirse a la forma en que los machos suelen frotar sus cornamentas en los montículos de vides, para ayudarles a arrojar el terciopelo de sus astas. A lo largo de las Californias, los nativos hierven las hojas y los tallos de moronel para lavar heridas y llagas. Los tallos se secan y, a veces, se les da coloración por contacto con calor para convertirlos en cuentas para collares.

Malosma laurina (Anacardiaceae)

Español: Lentisco.
Inglés: *Laurel Sumac.*
Las variantes kumiai incluyen: *juaalh kumiai* (NE); *juaalh* (SJ; SC); *joalj* (Cano Bracamontes; Cortés Rodríguez); *'ektii* (Shipek).

Laurel Sumac (*Malosma laurina*). Foto por Deborah Small.

El lentisco es un arbusto de hoja perenne de hasta cinco metros de altura con un aroma especiado. Se puede encontrar en las laderas rocosas costeras y los cañones, en el matorral costero y en chaparral, desde la región del Cabo, en el sur de la península de Baja California, hasta Santa Bárbara, California. Es sensible al frío, por lo que generalmente crece por debajo de los 1,000 metros. Por encima de eso, su primo más resistente, el *Rhus ovata* (mangle), es probable que se encuentre en el mismo nicho. En las taxonomías populares kumiai se considera que el lentisco está tan estrechamente

Cañuelas, un juego tradicional de mano, hecho de madera de lentisco (*Malosma laurina*).
Foto por Deborah Small.

relacionado con el mangle, que comparten el nombre: *juaalh* (o una variante similar). Cuando se insiste en la diferencia entre los dos, algunos hablantes los diferencian llamando al lentisco *juaalh kumiai* (aquí la palabra kumiai se refiere a la costa o al oeste), y al mangle *juaalh nyak* (la palabra *nyak* se refiere al este), que describe acertadamente la distribución general de cada uno. Las taxonomías chumash también agrupan las dos plantas junto con el saladito (*Rhus integrifolia*); todos ellos son miembros relacionados de la familia Anacardiaceae, junto con nueces de la India, mangos y pistachos.

En toda la región kumiai, los asesores consideran que el lentisco y el mangle tienen un fuerte efecto en el sistema reproductivo de una mujer. Utilizan sus brotes para preparar una infusión para provocar contracciones uterinas en mujeres que están a punto de dar a luz o que tienen problemas para lograrlo. Celia Silva Espinoza y Virginia Meléndrez Silva también trituran la raíz (*kwashma*) de la planta y la convierten en una infusión que se da a una mujer después de que ha dado a luz, para ayudar a limpiar todo y asegurar que ha expulsado toda la placenta.

Para limpiar los ojos, Celia Silva Espinoza recomienda una infusión hecha con una mezcla de hojas de lentisco, hojas de islaya (*Prunus ilicifolia*) y flores de valeriana (*Eriogonum fasciculatum*). Los chumash comían las bayas del lentisco moliéndolas y secándolas en el sol.

Opuntia spp. (Cactaceae)

Español: Nopal bronco, nopal silvestre.
Inglés: *prickly-pear.*
Las variantes kumiai incluyen: *jpaa jentil* (LH); *jpa* (SC; BN); *xapa* (Hohenthal); *'ehpaa* (Hedges); *melltat* (Shipek).

Las pencas y las frutas del nopal bronco son comestibles. Foto por Deborah Small.

Varias especies de nopal están ampliamente distribuidas en el área de estudio, incluidas muchas con frutas, semillas, y pencas dulces y comestibles; así como algunas con frutas secas que se comen como un vegetal. Estos miembros de la familia de los cactus protegen su suculenta recompensa armándose fuertemente con espinas obvias y gloquidias (aguates) más insidiosas –diminutos filamentos erizados que deben eliminarse antes de que se consuman las frutas o las pencas.

Mientras que los botánicos reconocen al menos 12 especies de Platyopuntia (el subgénero al que pertenecen los diversos cactus de nopal), en la región peninsular, las taxonomías indígenas locales reconocen muchas más. Los antropólogos Michelsen y Owen, quienes trabajaron con los pueblos vecinos que hablan paipai y ko'alh en Santa

Catarina, enumeran 13 variedades de la fruta y mencionan que sus asesores nativos creían que había veinte o más variedades específicas. Norma Meza Calles y Petra Mata de Nejí mencionan variedades que se encuentran en lugares específicos: "En Calabazas… también recolectaban la tuna, pero allí hay una tuna, *jpañer* se llama, una tuna bien colorada, que está dulcísima. Y no tiene mucha semilla esa…lo colectaban en Tecolote" (Meza Calles y Mata 2010:AR). Teresa Castro también platicó de varias clases distintas de tuna: "*jpakshaash*, esos son muy dulces, casi no tiene espina; *tepajaa* es otra clase, también muy dulce; *jpataat* tiene mucha espina, pero están dulces; todos son buenos para comer (Castro Albañez et al 2010a).

Los pueblos nativos han desarrollado una serie de formas ingeniosas para cosechar, procesar y consumir frutos "semillosos", pero refrescantes, que generalmente maduran a fines del verano (aunque el momento exacto puede cambiar, según la elevación a la que crecen las plantas). Ciertas plantas como *Deinandra fasciculata* (*churupu* en kumiai) que tienen hojas naturalmente pegajosas, a menudo crecen convenientemente cerca de *Opuntias* y quienes las cosechan las amontonan en pequeñas escobetas para limpiar las tunas, lo que las hace más fáciles de manipular. Los recolectores también pueden frotarlas en el pasto o en la arena para eliminar la mayoría de los aguates. Para cortarlas de la planta y manipularlas, forman un utensilio altamente especializado con la hoja de palmilla (*Yucca schidigera* o en kumiai *sha'aa*), cortando una hoja, quitando la punta espinosa y luego doblándola por la mitad para formar unas tenazas fuertes. Los recolectores usan las pinzas para sacar las tunas y colocarlas en una bolsa especial de fibra de agave de tejido abierto, llamada *chukwa*. Una vez lleno, lo agitan para remover las espinas.

Los recolectores consumían parte de la fruta de inmediato, comían la pulpa con o sin semillas, o la convertían en una bebida, o la procesaban para su uso posterior. Hicks explica cómo los recolectores procesaron tanto la fruta como la semilla: "La fruta puede comerse fresca o cortarse o romperse, secarse al sol durante unos cinco días y almacenarse. A veces, el jugo se exprimía y se bebía, y solo se secaban las semillas. Las semillas secas, o las semillas y la pulpa secas juntas, se pueden moler en harina y comer como *atol* [atole] o en panques" (1963: 124)

Aunque la gente de todo México come las pencas de nopal, los kumiai no parecen haberlos utilizado como un importante recurso alimenticio en el pasado. Los kumiai contemporáneos consideran que las pencas de los nopales son útiles para controlar la diabetes, y también las abren y aplican la pulpa interna húmeda directamente sobre las áreas inflamadas y las heridas. En Nejí, para eliminar una astilla profunda, Aurora y Emilia Meza Calles abrieron una penca de nopal, la calentaron y la colocaron sobre la astilla; se dice que esto es para "chupar" (succionar) la astilla.

Después de un manejo cuidadoso para evitar las espinas, las tunas se pueden comer frescas, prepararlas en una bebida, o secarlas y almacenarlas. Foto por Deborah Small.

Los nopales a menudo crecen cerca de o en sitios arqueológicos, lo que sugiere que puede haber una asociación entre los dos. ¿Se sembraron intencionalmente las semillas o las pencas, o simplemente se desecharon alrededor de las áreas de habitación donde posteriormente crecieron? ¿Se seleccionaron ciertas variedades con atributos específicos intencionalmente o no? Tanto la arqueología como la botánica podrían beneficiarse al trabajar estrechamente con los expertos kumiai, cuyo conocimiento tradicional del recurso se basa en muchas generaciones de interacciones ambientales. Estudios para documentar aún más las taxonomías populares kumiai de las poblaciones de *Opuntia*, incluido el conocimiento kumiai sobre la distribución de plantas y la ecología; la posibilidad de trabajar con expertos que seleccionan, recolectan, procesan y consumen la fruta; el análisis de la genética de las poblaciones existentes, y el uso de sistemas de información geográfica para detectar patrones antropogénicos en la distribución de plantas, mejorarían enormemente nuestra comprensión de las relaciones a largo plazo entre los seres humanos y el paisaje "natural".

Peritoma arborea (Cleomaceae)

Español: Ejotillo, quelite, flor de ruda, ruda del monte.
Inglés: *Bladderpod, Stinkweed.*
Kumeyaay variants include: *peshaash* (LH:TCR); *peshaalh* (LH:JAM); *pchaalh* (BN); *pshalj* (Cortés Rodríguez); *pshǻll* (Hinton); *'epshash* (Shipek).

Los kumiai se comen las flores del ejotillo (*Peritoma arborea*) como una verdura cocida. Foto por Deborah Small.

Los kumiai valoran mucho el ejotillo o ruda de monte (un miembro de la familia cleomaceae o flores araña), como un alimento nutritivo y sabroso. Desde los acantilados costeros, arriba hasta el chaparral y abajo hasta el desierto, desde el centro de Baja California hasta el centro de Alta California, las llamativas y distintivas flores amarillas de este arbusto y las vainas verdes llamativas y muy infladas las hacen fáciles de identificar. Aunque se reporta que los cahuilla aparentemente se comían las semillas, en Baja California son las flores que los kumiai saborean como una verdura fresca, que aún preparan de vez en cuando, aunque el proceso lleva mucho tiempo.

Catálogo de plantas nativas y sus usos

El ejotillo (*Peritoma arborea*) con una abundancia de vainas infladas.
Foto por Michael Wilken-Robertson.

La floración principal es en primavera; sin embargo, la planta puede florecer durante todo el año. Los recolectores cortan las cabezas de las flores con el pulgar y el índice, evitando cortar las hojas que dan un sabor amargo. Las flores y los botones deben hervirse durante muchas horas, y ocasionalmente debe agregarse más agua hirviendo. Algunos expertos recomiendan ponerlo en la estufa al final del día, con algunos trozos grandes de leña y cocinarlo durante toda la noche. Debido a la amargura de la planta, después de la primera ebullición los expertos recomiendan desechar el líquido y agregar agua hirviendo para continuar el proceso de cocción. Una vez que lo amargo se ha eliminado, el cocinero drena la masa restante, luego la saca y la exprime a mano para eliminar más líquido, convirtiéndola en una bola. Después, se puede comer solo o guisado con cebollas, tomates, pimientos u otros condimentos. Los kumiai generalmente lo comen con atole de bellota o tortillas.

Las flores del ejotillo (*Peritoma arborea*) se hierven y se tira el agua varias veces para quitar el amargor. Foto por Deborah Small.

Pinus monophylla, Pinus quadrifolia (Pinaceae)

Español: Pino piñonero, piñonero, pino monoaguja, pino de cuatro hojas.
Inglés: *Single-Leaf Pinyon and Four-Leaf Pinyon or Parry Pinyon.*
Las variantes kumiai incluyen: *juiu* (LH); *juiyu* (SC); *jiub* (Cortés Rodríguez); *xwuiu* (Hohenthal); *hwíiw* (Hinton); *'ehwiiw* (Hedges).

El pino piñonero (*Pinus* spp.) ha sido por mucho tiempo un recurso importante para los nativos de Baja California. Foto por Deborah Small.

La Sierra de Juárez es el hogar de varios miembros de la familia de los pinos, incluidos dos que han desempeñado un papel crucial en la economía kumiai: el pino de cuatro hojas y el pino monoaguja. Aunque hay una superposición entre sus rangos, el piñonero de cuatro hojas tiende a crecer en el chaparral de vara prieta y chamizo colorado, a lo largo del flanco occidental de la Sierra Juárez; mientras que el piñonero monoaguja se hace cada vez más prominente a lo largo de la transición más seca del desierto del escarpe oriental. Debido a que se utilizan de manera casi idéntica entre los pueblos nativos locales, se considerarán juntos aquí.

Los investigadores a menudo mencionan al piñón como uno de los alimentos más importantes de los nativos de Baja California. A fines del verano los kumiai y sus vecinos,

Grandes pinares de piñoneros (*Pinus monophylla* y *P. quadrifolia*) en la Sierra de Juárez atraían a los pueblos nativos cercanos y lejanos. Foto por Michael Wilken-Robertson.

los ko'alh y los paipai, viajaban regularmente a los grandes pinares de piñoneros para recoger esta comida altamente apreciada y rica en aceite. Según Celia Silva Espinoza, cuando las flores de la valeriana cambian de blanco a rojo, esto indica que ha llegado el momento de dirigirse a las montañas para la cosecha de piñones, como ella explica: "Es como nuestro calendario indio". Algunas familias cucapá también hacían el largo viaje desde el desierto de Colorado, para unirse a los kumiai en la cosecha.

Ya que la producción de piñón varía de un año a otro, exploradores se dirigían con antelación a averiguar si hubiera una buena cosecha y determinar la ubicación de los árboles con la mayor cantidad de piñones. Josefina López de Peña Blanca lo recuerda:

Un cosechador de piñones recoge conos verdes en los pinares de la Sierra Juárez.
Foto por Michael Wilken.

"cuando se hace la pizca del piñón se juntaban en una carreta se iban a todas la sierras, se estaban allá semanas…traían muchos sacos de piñón, tenía todo aquí, la gente comía" (López Meza 2004:6).

La primera vez que Teodora Cuero Robles fue a recolectar piñones lo hizo con su familia, cuando era niña en los años veinte. Su grupo familiar hizo el viaje a pie con un burro o una mula para llevar provisiones. Todos los años se iban a mediados de agosto. Al igual que otros ancianos nativos de la región, ella recuerda claramente el momento y los lugares a través de los cuales su familia pasaba en el peregrinaje a la recolección de piñones:

> Para ir a los piñones teníamos que salir el puro quince de agosto; aunque se esté metiéndose el sol teníamos que salir e ir a dormir detrás la loma. Y en la mañana allí vamos otra vez. Eso era como costumbre de uno: el quince teníamos que salir de La Huerta. Otro día llegamos y ya mi papá pues trabajó, subía a los pinos, cortaba las piñas, las tatemaba antes y sacábamos los piñones. Son más sabrosos los que están tatemados. Como van muchos piñoneros, lueguito lo acaban y nos cambiamos a otro lugar (Wilken-Robertson 2007:245).

Teresa y Margarita Castro Albáñez recuerdan la ruta específica que su grupo familiar tomaba siempre, camino a las poblaciones de piñoneros en la Sierra de Juárez. Iban con sus padres a caballo, acampaban en lugares tradicionales para detenerse en el camino y llegaban al tercer día al paraje que se llama Campo Nacional, al sur de Laguna Hanson. El antropólogo Ralph Michelsen documentó uno de los viajes familiares de Castro en

Tostando conos verdes para sacar los piñones. Foto por Deborah Small.

1962, incluida una foto de la asesora Teresa Castro Albáñez cuando era una mujer joven, limpiando piñones.

Al comienzo de la temporada, antes de que se abran los conos, los recolectores de piñones quitan los conos verdes y los tiran al suelo; las personas de abajo los recogen y los llevan a donde se calientan en un hoyo con lumbre. El chamizo blanco (*Artemisia tridentata*) es uno de los combustibles preferidos en el proceso de calentamiento. Una vez que los conos se calientan y comienzan a abrirse, los recolectores los sacan y los ponen en una lona, donde los golpean con palos o los agitan con la mano para hacer que los piñones se caigan. Al avanzar la temporada, los conos de pino que aún están en los árboles comienzan a abrirse, y algunas de los piñones finalmente caen al suelo, donde se pueden recoger. Los "piñoneros" (cosechadores) suben a los árboles en los que hay muchos conos maduros y abiertos, y sacuden las ramas para hace caer una lluvia de piñones. Si bien este proceso es menos complicado que la recolección de conos verdes sin abrir, las aves o los roedores pueden alcanzar las semillas primero, disminuyendo el alimento disponible para los humanos.

Los kumiai comen piñones crudos, pero con mayor frecuencia se asan en el comal y luego se comen individualmente. Algunos ancianos recuerdan cómo se muelen las semillas en un metate para convertirlas en un pinole, especialmente para las personas que carecen de dientes para morder la cáscara. Entre los cahuilla, los piñones se molían y se convertían en una bebida o un atole. Según el anciano paipai, Benito Peralta, los paipai

Las semillas de los pinos piñoneros (*Pinus monophylla* y *P. quadrifolia*) se pueden comer crudas, tostadas o molidas. Foto por Deborah Small.

intercambiaban piñones por artículos agrícolas con pueblos de la región del desierto del Colorado, o con comerciantes a cambio de provisiones, como harina y azúcar.

Por ser un recurso tan apreciado por los kumiai, no es sorprendente encontrar instrucciones culturales y referencias a los piñones en la tradición oral. Según Teodora Cuero Robles, sus antepasados le contaron que, "ellos nos están viendo, ellos nos están manteniendo, nos dan de comida. No anden haciéndole daño, no anden gritando, nada de eso" (Wilken-Robertson 2004b:49). Durante su trabajo de campo de 1948 a 1949, Hohenthal registró una historia sobre una formación rocosa en Agua Hechicera (*Ha 'kusiyai*) que se parecía a un saco abierto de piñones. Según su consultora María Osuna, del poblado kumiai de Manteca, hubo un gran baile donde se colocó un saco de piñones pelados en una roca, para que comieran los invitados. Cuando una persona que se coló

La trementina de los piñoneros (*Pinus monophylla* y *P. quadrifolia*) ha sido usada como medicina y como pegamento. Foto por Deborah Small.

a la fiesta, metió la mano en el saco de piñones, estos se convirtieron en piedra. La presencia de los piñones como un alimento envidiable para los invitados en un evento social, las orientaciones para proteger a los piñones y el uso de los piñones como un elemento de trueque, sugieren el alto valor cultural que se le otorga a este alimento.

Hoy en día, el acceso a los piñones es cada vez más problemático. Los cambios en la tenencia de la tierra, las regulaciones gubernamentales e incluso el tráfico de drogas han afectado la capacidad de los indios para explotar este recurso tradicional. Teresa Castro Albañez explica por qué ya no va a recoger piñones: "Antes, todo está libre, podemos ir a caballo y todo, y ahora ya no, pues, todo está cercado. Los ejidatarios no dan permiso, nada, ya todo está cerrado. No Podemos juntar piñón, juntar bellota, no nos dan permiso ya (Castro et al. 2010:AR).

Sin embargo, a pesar del acceso restringido, algunas familias de La Huerta y Santa Catarina todavía viajan a las montañas para reunirse. A los 90 años, Teodora Cuero Robles continuó su camino hacia los pinares de piñones de la sierra que había visitado desde su infancia, donde la recolección de piñones era secundaria a su deseo de reavivar su conexión con un paisaje empapado en una vida de recuerdos. Ella siempre recordaba este paisaje como un lugar donde los nativos de toda la región se reunían, no solo para adquirir valiosos recursos alimenticios, sino también para socializar, cantar y bailar.

Teodora Cuero Robles y el autor visitan la cueva de los rianos.
Foto por Don Bartletti / *Los Angeles Times*.

Cuero habla de la cueva donde su familia solía quedarse en los pinares:

> Hay una Cueva, muy bonita por cierto, y siempre los cucapás (antes les decíamos "rianos"), esos cucapás venían y allí acampaban para comer piñones y bellotita dulce, todo eso, por eso quedó el nombre de la Cueva de los Rianos. Pero eso hace muchos años atrás, ni siquiera ahorita vive ni uno de ellos, todos murieron, los que venían allí a esa cueva. Y nosotros cuando vamos, llegamos a esa cueva también, allí paramos. Me gusta mucho llegar allí. Es una cuevita que está en el puro plano, en la orilla del camino que va para más adelante, para el desierto. Y antes quedamos y yo espero oír algún chiflido, algún algo así, pero nada oí. Muy a gusto, allí nos escapábamos con las lluvias de verano cuando llovía. Cada año vamos, pero en el tiempo que haiga piñón. No dejo de ir yo a la sierra, haya o no haya piñones, para recordar. Me recuerda a muchas cosas, cuando estábamos acampados con mi 'amá, mi 'apá, cuando yo era niña. Me gusta mucho todavía. Todos los domingos era fiesta para nosotros. En las noches todos nos reuníamos en esa cueva, iban indios cantantes de cucapá y bailábamos mucho. Yo andaba chiquilla yo, como de siete u ocho años (Wilken-Robertson 2008b:32).

A pesar de las dificultades para acceder, los kumiai continúan valorando los piñones como un recurso económico útil, tanto a través del consumo directo, como a través de su venta en la economía local. Durante las temporadas de buena producción de piñones, los recolectores de La Huerta y Santa Catarina, así como los rancheros mestizos, ofrecen piñones locales para la venta. Hoy en día, las redes comerciales continúan a medida que los miembros de las tribus kumiai y paipai ofrecen su venta a través de las redes sociales, con un número de teléfono celular para los compradores interesados.

Platanus racemosa (Platanaceae)

Español: Aliso, sicomoro.
Inglés: *Western Sycamore.*
Las variantes kumiai incluyen: *jperacha* (LH:TCR); *jadpich'aa* (SC); *persha* (BN); *prsha* (Cortés Rodríguez); *hperch'á, hameche'á, pe'che'á* (Hinton); *'ehpuull* (Hedges).

Un aliso (*Platanus racemosa*) con follaje de otoño.
Foto por Michael Wilken-Robertson.

Un pájaro carpintero esconde bellotas en un aliso (*Platanus racemosa*). Foto por Deborah Small.

El majestuoso aliso es uno de los pocos árboles nativos grandes que se encuentran en el hábitat ribereño cerca de la costa y hasta elevaciones de 1,200 metros. Este miembro de la familia de los sicomoros alcanza los 25 metros de altura, a menudo con varios troncos y un amplio dosel formado por grandes hojas verdes brillantes y lobuladas, que cambian de amarillo a naranja en el otoño. Los franciscanos Crespí y Serra describieron numerosos bosques de sicomoros y robles, en los arroyos y valles que cruzaron en su viaje de 1769 por el norte de Baja California.

Los kumiai usan ramas de aliso para la construcción de marcos de casas tradicionales y ramadas. Jon Meza Cuero recomienda una infusión hecha de la corteza, como saludable y de buen sabor. Los asesores de La Huerta lo utilizan como tónico para la sangre. Además un hongo comestible crece en la parte inferior del tronco.

Los alisos son susceptibles al muérdago (*Phoradendron macrophyllum*), una planta parásita que crece en manojos sobre las ramas de los arboles y a veces se hacen visibles cuando aquellos pierden sus hojas en invierno. Según Jon Meza Cuero, el muérdago del aliso puede usarse para teñir el cabello. Se corta un manojo y se pone en agua durante ocho días; cuanto más fermenta, mejor. El líquido resultante da una fuerte coloración de cabello negro. Después de lavar el cabello se aplica el líquido, luego se envuelve una toalla alrededor de la cabeza y se deja durante la noche. Por la mañana se enjuaga y el cabello conserva un color negro intenso.

Pluchea sericea (Asteraceae)

Español: Cachanilla.
Inglés: *Arrow Weed*.
Las variantes kumiai incluyen: *tamu* (BN); *ta'mu* (NE); *jta'mu* (SJ).

La cachanilla (*Pluchea sericea*) se usa para hacer flechas, como alimento y como medicina. Foto por Deborah Small.

Los matorrales plateados de cachanilla de hasta cuatro metros de altura son comunes a lo largo de arroyos y bajadas en elevaciones de hasta 1,000 metros. Este miembro de la familia del girasol tiene coronas de flores compuestas de color rosa, y tallos largos y rectos con hojas que lo han hecho útil como material para la construcción y para elaborar herramientas. Muchos grupos nativos de las áreas desérticas del sur de California lo usaban para hacer flechas, aunque los artesanos kumiai comúnmente hacen flechas de huatamote u otros materiales. Los kumiai usan las ramas flexibles y frondosas para formar paredes o material para techos en casas tradicionales, ramadas, cortavientos, cercas, jaulas pequeñas, trampas y otras estructuras.

Los kumiai construyeron una ramada tradicional y una casa rectangular del período histórico, como parte de la exhibición permanente del Museo Comunitario de Tecate

Rubén Osuna, de Nejí, forma una pared de una casa tradicional usando ramas de cachanilla (*Pluchea sericea*). Foto por Michael Wilken-Robertson.

Los artistas kumiai usan los tallos de la cachanilla (*Pluchea sericea*) para hacer flechas, jaulas, trampas y otras estructuras. Foto por Deborah Small.

en 2011, utilizando cachanilla para el techo de la ramada y las paredes de la casa. El supervisor de construcción, Julián García Cuero, proveniente de Nejí, eligió la cachanilla en lugar de sauce (que también se usa comúnmente). porque era más accesible en su comunidad; además estaba acostumbrado a trabajar con el material.

Según Bean y Saubel, los cahuilla recolectaban las raíces de plantas jóvenes para asar y comer, esto proporcionaba una fuente constante de alimento. Jon Meza Cuero recuerda que sus familiares los usaban en una infusión y una compresa de las hojas para el ganado, cuando tenían problemas estomacales, infecciones o fiebre. Cocinaban las hojas y luego las ataban al estómago; la infusión también se daba a beber a los animales.

Populus fremontii (Salicaceae)

Español: Álamo.
Inglés: *Western Cottonwood.*
Las variantes kumiai incluyen: *ja'a, jei'aa* (SC; NE); *h'á* (Hinton); *jalampuulaamp* (Hedges).

Ja'a o Cañón del Álamo en Nejí. El álamo (*Populus fremontii*), que es verde brillante, proporciona madera como material de construcción y hojas para medicina. Foto por Deborah Small.

Común en los afluentes de agua de la región kumiai y en gran parte del noroeste de México y el sudoeste de Estados Unidos, el álamo es un gran árbol de hoja caduca de 12 a 20 metros, con una amplia corona que proporciona sombra, un recurso vegetal valioso, a menudo subestimado en regiones áridas. Un importante asentamiento kumiai, parte de la comunidad indígena de Nejí, se llama *Ja'a* por los muchos álamos

Las hojas del álamo (*Populus fremontii*) pueden convertirse en una cataplasma para el dolor y la inflamación. Foto por Michael Wilken-Robertson.

que crecen allí. Delfina Cuero vivía en *Ja'a* y la leyenda dice que el gran líder kumiai, Jatñil, del clan Mishquish, está enterrado allí.

Los kumiai han usado el álamo como material de construcción, medicina y ropa, y también para la preparación de alimentos. Las ramas largas y rectas son útiles como marcos para casas y ramadas. El álamo se utilizó en la construcción de la casa tradicional kumiai y la ramada, en el Museo Comunitario de Tecate en 2011.

Para un esguince o un moretón, los expertos recomendaron una infusión hecha de las hojas que usaban para empapar el área afectada. También utilizaron solo las hojas calientes como cataplasma para calmar y aliviar el dolor y la hinchazón. Los nativos de Baja California quitaban la corteza interior suave de los álamos y los sauces muertos, para hacer las faldas de las mujeres. Unos cuantos artesanos hablantes de ko'alh todavía elaboran faldas de corteza en Santa Catarina, atando largas tiras de fibra de corteza suave con cordones hechos de agave del desierto (*Agave deserti*). El álamo hace buena leña y los asesores de ko'alh usan la ceniza de su corteza para mezclarla con el maíz, cuando hacen tortillas.

Prunus ilicifolia (Rosaceae)

Español: Islaya, cereza del monte, cereza silvestre.
Inglés: *Holly-Leaf Cherry, Islay.*
Las variantes kumiai incluyen: *jkay* (LH:TCR; NE; SC); *hcai, ajcai* (Cortés Rodríguez); *hkay* (Hinton); *hakay* (Hohenthal); *'etut* (Hedges).

Islaya (*Prunus ilicifolia*) con frutos. Foto por Deborah Small.

La cereza de monte es un arbusto grande de hoja perenne brillantes de color verde oscuro. La planta pertenece al género *Prunus*, que incluye importantes cultivos frutales como cerezas, almendras, chabacanos, duraznos y ciruelas. Este *Prunus* nativo también ha sido económicamente significativo para los pueblos nativos en todas las áreas donde crece: hábitats de chaparral, bosques y en la transición hacia el desierto, desde el norte de California hasta la Sierra de la Giganta en Baja California Sur.

Catálogo de plantas nativas y sus usos

Los kumiai usan las almendras de las frutas para hacer un atole. Foto por Deborah Small.

Las almendras de islaya *(Prunus ilicifolia)* deben molerse y lavarse cuidadosamente para eliminar las toxinas. Foto por Deborah Small.

Norma Meza Calles lava la harina molida para eliminar toxinas. Una vez que se lava, la pasta resultante se puede agregar al agua y hervirla para hacer atole de islaya. Foto por Deborah Small.

De acuerdo con Spier, entre los diegueños del sur, los arbustos de "ciruela silvestre" se consideraban propiedad de clanes (shimul) específicos. El asesor kumeyaay de Spier, Jim McCarty, se refirió a esta relación especial entre humanos y plantas: "los arbustos de cerezas silvestres cerca de su casa le dijeron que alguien había muerto. Estaba sentado cerca, cuando el arbusto descendió y le susurró algo. Estaba de espaldas a él para que no lo viera. Los arbustos fueron una vez personas; Es por eso que hablan. Estos arbustos de cereza son su propiedad; se supone que deben decirle" (Spier 1923: 312).

Los kumiai comen la fruta externa delgada y dulce de la islaya, pero el alimento más importante es la almendra o la semilla, que debe procesarse con cuidado para eliminar el ácido cianhídrico (cianuro), que se produce naturalmente en la semilla. Algunos expertos kumiai sabían que la semilla podía convertirse en un atole, pero prefirieron no prepararla porque "es una comida difícil" (Hinton 1975: 217), mientras que otros hablaron con entusiasmo del atole como una de sus comidas tradicionales favoritas. Según Jon Meza Cuero:

> Es muy sabroso, muy mantecoso el atole. Si no estás acostumbrado, te duele la cabeza. Juntamos la fruta, la comemos y guardamos la semilla. La secamos y puede durar años. Cuando ya vamos a hacer atole, la machucamos y la sacamos, granito por granito. Luego la molemos, la lavamos como si fuera bellota, y la echamos en una olla con agua tibia y la hervimos para hacer el atole. Se puede comer con miel o con sal, según el gusto de cada persona. No se puede comer mucho, porque le duele la cabeza (Meza Cuero 2011: 2).

Afortunadamente, para aquellos que comían demasiado atole, los kumiai hacían una infusión con las hojas de islaya para calmar el dolor de cabeza (Cortés Rodríguez). Celia Silva Espinoza y Virginia Meléndrez Silva también las usaban para curar la tos o como un lavado de ojos. La indígena kiliwa Leonor Farlow, y otros artistas nativos, a veces usan las semillas como cuentas para collares.

Quercus agrifolia (Fagaceae)

Español: Encino, encino costero.
Inglés: Coast Live Oak.
Las variantes kumiai incluyen: *sñaw* (LH; SJ); *siñao* (SC); *señao* (Cortés Rodríguez); *'esnyaaw* (Hedges); *isnyau* (Spier).

El encino (*Quercus agrifolia*) forma bosques que han proporcionado alimento, refugio y medicina a muchas generaciones de kumiai.

El majestuoso encino crece de 10 a 25 metros de altura, colonizando los valles costeros y las colinas a menos de 900 metros. Troncos y ramas retorcidas y masivas forman coronas anchas de hojas verde oscuro que persisten en el árbol durante todo el año. Los encinos producen grandes cantidades de bellotas (*sñaw n'uur*) casi todos los años. Estas son consumidas con avidez por los seres humanos, las aves, las ardillas, los insectos y otros animales. Los bosques arbolados de encinos han sido un ecosistema clave en las economías diversificadas de caza y recolección de nativos de California por miles de

Un encino (*Quercus agrifolia*) crece cerca de morteros de roca madre.
Foto por Michael Wilken-Robertson.

años. Hoy en día, cada una de las comunidades kumiai está ubicada en o cerca de los bosques de encinos, generalmente en asociación con arroyos y áreas de morteros de roca. Algunos kumiai todavía cosechan y preparan bellotas como un complemento útil a su dieta, como un alimento que simbólicamente encarna su identidad como indios, y ocasionalmente como un alimento vendido a los no indios en eventos.

Bellotas de encino costero (*Quercus agrifolia*). Foto por Deborah Small.

Frederic Noble Hicks cuestionó la confiabilidad de las bellotas como cultivo alimentario, señalando que en ciertos años las bellotas de *Quercus agrifolia* "no se forman en los árboles o se pudren en los árboles antes de que maduren" (1963: 131); algunos de sus consultores paipai sugirieron que la falla de la producción de bellota ocurre aproximadamente una vez cada tres años. Sin embargo, los consultores de Nejí, entrevistados para este estudio, consideraron que aunque no todos los árboles tienen bellotas cada año, cuando no se producen en un área, puede haber muchas en otra. De acuerdo con Norma Meza Calles, "cuando no hay en Nejí, hay en Plateros, y cuando no hay en Plateros, hay en Nejí, digo, es diferente clima y está cerquitas, ¿porque pues, qué tanta distancia puede haber? Y cuando se da muy grande acá en el cañón [de Ja'a], ya acá arriba no hay, lo que es curioso… y eso es verídico (Meza Calles y Mata 2010:AR). Las observaciones perceptivas de Meza Calles sobre las variaciones en la producción de bellotas describen los ciclos irregulares de muchas especies de encinos, que pueden producir abundantemente en algunos años y casi nada en otros. Además, diferentes especies de estos árboles pueden responder de manera diferente a las condiciones ambientales, lo que lleva a ciclos distintos de producción de bellotas y a la posibilidad de tener un cultivo de al menos una de las especies.

Algunos años el cultivo puede verse afectado por avispas que cortan las bellotas cuando aún están verdes, lo que hace que se caigan antes de que maduren. En el pasado, algunas personas kumiai creían que esto se debía a la envidia de otros, Norma Meza Calles y Petra Mata, de Nejí, se referían a ello como "malas vibras".

En San José de la Zorra, un poblado kumiai ubicado bajo un bosque de encinos, Celia Silva Espinoza y su hija Virginia Meléndrez Silva hacen atole de bellota cada año como una adición a una dieta que de otra manera consiste principalmente en alimentos comprados en el cercano Valle de Guadalupe. Su explicación de la recolección y preparación del atole de bellota es paralela a la de otros expertos, y es rica en detalles. Como lo detalla Doña Celia en su kumiai natal con Virginia, y luego traducido al español, en octubre las bellotas están madurando y los recolectores las golpean con un palo para hacerlas caer. En noviembre las bellotas caen más fácilmente y en diciembre caen por su cuenta. Deben secar las bellotas durante unos diez días al sol y al aire libre, antes de almacenarlas. Doña Virginia recordó cómo su abuela Vicenta hacía la estructura del granero con cuatro postes más grandes en las esquinas y cuatro más pequeños en el medio. Colocaba carrizo (posiblemente *Phragmites australis*) a lo largo de la parte inferior, luego usaba jiguata (*Acmispon glaber*) en los lados para hacer las paredes, atando todo con brotes de sauce, similares a los que se usan para tejer cestas de sauce. Si lloviera, el agua pasaría a través de este granero estacionario, sin afectar las bellotas. El granero contendría unos 20 sacos de bellotas.

Aunque la preparación de la bellota es un proceso que toma tiempo, a menudo es una actividad social disfrutable. Foto por Michael Wilken-Robertson.

Teresa Castro Albáñez hablante ko'alh muestra su escobeta para metate que hizo de fibras de agave del desierto (*Agave deserti* posiblemente var. *pringlei*). Foto por Michael Wilken-Robertson.

Podrían secar las bellotas y mantenerlas de esta manera antes de guardarlas por un período de tiempo más largo. Spier describió este tipo de granero con los diegueños del sur en 1923, llamándolo *sihumikwi'l*. Hohenthal también describió graneros de plataforma llamados *sihumiki:l*.

Doña Celia explicó que las bellotas deben estar bien secas antes de que se puedan golpear (*tutuu*) para abrirlas. Los kumiai hacen esto en un *jpi* o metate, utilizando una mano de piedra para quebrar las bellotas. Una vez que las abren, eliminan las cáscaras, un proceso llamado *sñaw stakk*. Luego secan más las almendras al aire libre, lo que hace que la fina película rojiza que las rodea comience a desprenderse. Deben eliminar

El lavado de la harina de bellota remueve los taninos. La pasta resultante se agrega al agua y se hierve para hacer un atole que se conoce como *shawii* en kumiai. Foto por Deborah Small.

toda esta película, ya que causa amargor. Frotan las almendras entre sus manos, un proceso llamado *shmol*, para aflojar la capa exterior, delgada como el papel. Luego las ventilan sobre un *sawil* (canasta plana) con un movimiento circular para separar esa capa. Después, muelen los granos de bellota limpios (*sñaw kutu*) en un mortero (*jmuu*).

Doña Celia señala que a medida que se muelen en el mortero, la moledora no debe barrer las piezas con sus dedos, solo debe usar una escoba pequeña hecha de una rama de toyón u otra planta, para barrer el exceso de relleno en el mortero; de lo contrario el agua no se escurrirá a través de la harina adecuadamente durante el proceso de lixiviación. Hoy en día, muchos kumiai usan un molino de granos manual o una licuadora para convertir las bellotas limpias en harina.

Una vez que han molido la harina para obtener un granulado uniforme y fino, pueden lixiviarla o lavarla (*sñaw seiy*). Colocan la harina en un trozo de tela que drena fácilmente, pero retiene los granos, de preferencia debe ser como tela de manta de tejido bastante abierto. Luego vierten agua tibia a través de la mezcla hasta que se elimine lo amargo. Las instrucciones culturales exigen que solo una persona esté a cargo de este proceso, de lo contrario puede resultar un sabor amargo. Otros no deben mirar cómo pasa el agua a través de la comida, ya que se vuelve amarilla y adquiere un aspecto de orina, lo cual puede causar vergüenza para la comida en sí, lo que lleva a un drenaje

Norma Meza Calles, de Nejí, cierne harina de bellota.
Foto por Deborah Small.

deficiente y a una lixiviación sin éxito. Doña Virginia mencionó que a veces guarda este líquido rico en taninos para teñir el junco.

Una vez que lavan la harina adquiere la consistencia de una pasta. Quitan parte de la pasta con un *sha'uun*, un palo especial hecho del tallo de una hoja de palma, y lo agregan a una olla de agua hirviendo. Una vez que hierve y se espesa, el atole está listo para comer. Los kumiai disfrutaban especialmente el atole cuando se comía junto con conejo, venado u otra carne. El atole preparado se enfría hasta obtener una consistencia gelatinosa, y puede conservarse durante varios días, si no se come antes.

Durante la temporada de bellotas, toda la familia se reúne todos los días, trabajando mañana y tarde para procesar las bellotas. Algunos quiebran las bellotas y quitan los granos. Otros quitan la piel roja, delgada como el papel, del exterior de la almendra. Otros trituran los granos limpios en morteros de roca, usando manos de piedra que

Las bellotas pueden tostarse y hacerse una bebida como el café. Foto por Deborah Small.

estaban escondidas cerca. Teodora Cuero Robles recuerda un antiguo método de lavado que también fue descrito por su tía abuela, Delfina Cuero, y que se utiliza en las tres Californias:

> Como andaban cortando bellota donde hay un arroyo, siempre había agua cercas. En esos tiempos no tenían tela como ahora nosotros, juntaban un montón de arena y hacían un hoyo en medio, y allí metían la bellota molida. Lavaban y lavaban hasta que se le quitaba lo amargoso, y luego la ponían en una olla, quitándole la arena primero. Hacían el atole ahí mero.

Los kumeyaay recolectaban las bellotas intensamente en noviembre y diciembre, y si había una buena cosecha, las bellotas podrían durar un año. Pero como era un alimento tan importante y se comía a diario, no siempre duraba tanto. Teodora Cuero Robles mencionó que algunos kumiai tostaban y molían las bellotas para hacer una bebida como el café.

En otros contextos, los kumiai usaban ramas de encino en la construcción de las casas, y los tallos secos para hacer cañuelas, un juego tradicional. La sombra y el refugio de un gran árbol de encino costero podría proporcionar un hogar temporal para las familias kumiai a medida que avanzaban estacionalmente a través de sus tierras. Los expertos señalaron muchos usos prácticos de la corteza del encino. Usan la corteza interior roja para limpiar el estómago, las llagas y las lesiones. Se hierve la corteza interna roja fresca para hacer un tinte para la tela, dándole un color marrón o marrón violáceo. También lo usan para hacer un tinte negro para los juncos, en conjunto con otros ingredientes (ver *Juncus textilis*).

Quercus peninsularis (Fagaceae)

Español: Bellota dulce, encino roble.
Inglés: *Peninsular Oak.*
Las variantes kumiai incluyen: *juil* (LH:TCR); *juilh* (LH:JAM); *ju'ilh* (SC); *hw'illy* (Hinton); *kwi'i:l* (Hohenthal).

Árboles de encino roble (*Quercus peninsularis*) en la Sierra de Juárez. Foto por Michael Wilken.

El encino roble se encuentra en bosques mixtos de las zonas de transición de montaña y desierto de Alta y Baja California. En la Sierra de Juárez a menudo crece en asociación con los bosques de piñones, donde las bellotas maduran a fines del verano, aproximadamente al mismo tiempo que los piñones. El encino roble, conocido también como bellota dulce, es menos amargo que la bellota del encino costero, por lo que

Las bellotas dulces del encino roble (*Quercus peninsularis*) se pueden recoger del suelo del bosque. Son más pequeñas que las del encino costero (*Quercus agrifolia*), pero no requieren lixiviación antes de comerlas. Foto por Michael Wilken-Robertson.

puede comerse directamente de la cáscara o convertirse en un atole con una lavada mínima. Teresa Castro Albáñez, hablante de ko'alh, señala que "el atole es mantecoso, es muy sabroso (Castro et al. 2010: AR). Recientemente, el acceso a las áreas de recolección tradicionales ha sido limitado, ya que los nuevos propietarios de la tierra niegan el acceso y el impacto del narcotráfico pone ciertas áreas fuera de los límites. Una importante fuente de bellota dulce cerca de Santa Catarina ahora está cercada por un destacamento del ejército mexicano, que ha establecido una base de operaciones para el patrullaje actual de las montañas. Se ha advertido a los nativos locales que no se acerquen a la zona, porque las tropas estacionadas allí la utilizan para la práctica de tiro.

Los expertos kumiai de Nejí solo probaron las bellotas dulces como una novedad con la que ocasionalmente se encontraban cuando eran jóvenes. Norma Meza Calles y su hermana Emilia recuerdan: "cuando éramos chicas, un tío que teníamos por allá en

Hojas del Encino roble (*Quercus peninsularis*). Foto por Michael Wilken-Robertson.

la sierra las traía en la bolsa, y nos daba como cacahuates... Que tal si en atole iba a salir más buena, porque no ocupa mucha colada. Pero aquí no hay, las traía por allá, lejos, de la sierra, allí trabajaba" (Meza Calles y Mata 2010:AR).

Los hablantes de ko'alh y otros paipai, así como los kumiai de La Huerta, todavía recolectan bellotas dulces, ya que estas comunidades de mayor elevación mantienen vínculos más fuertes con las montañas cercanas y los recursos vegetales del desierto. Los kumiai de Nejí, Necua y San José de la Zorra ya no tienen mucho acceso a las bellotas dulces; sin embargo, el consumo de bellotas amargas de encino costero, a pesar de sus requisitos de procesamiento más complicados, sigue siendo importante en esas comunidades.

Quercus spp. (Fagaceae)

Español: Encinillo.
Inglés: *scrub oak*.
Las variantes kumiai incluyen: *juap* (LH; SJ); *joap* (Cortés Rodríguez); *jupsao* (SC).

La madera dura y duradera del encinillo (*Quercus* spp.) es útil para hacer mazos y palos de caza. Foto por Michael Wilken-Robertson.

Los encinillos vienen en una gran variedad de formas y tamaños, y crecen hasta cinco metros en los chaparrales costero y de piedemonte, a menudo formando matorrales densos. Los encinillos pueden producir muchas bellotas, pero en la región kumiai, como en la mayoría de las áreas de las Californias, los nativos no las preferían. Norma Meza Calles explica: "Como que no era muy apetitosa, como que no les gustaba mucho. Está bueno el sabor, pero casi nadie juntaba, pero cuando no hay más, se usa eso. No es el favorito… pero sí se lo comen" (Meza Calles y Mata 2010: AR).

Los kumiai prefieren la madera dura del encinillo para leña y material de construcción, dándole forma a todo tipo de herramientas, como macanas, mazos y palos de caza. Los artesanos kumiai cortan la madera durante la luna llena para garantizar la máxima resistencia. Calientan la madera cortada en una cama de carbón, para que sea más fácil doblarla; luego la moldean doblando y atándola alrededor de las rocas.

Los encinillos a menudo albergan agallas de avispa, dando como resultado la formación de agallas del tamaño de una pelota de golf. Los kumiai exprimían el líquido de una agalla recién cortada y lo aplicaban directamente sobre las llagas. Los niños también hacían de las agallas juguetes. Celia Silva Espinoza recordó haber hecho vacas de juguete con agallas de encino cuando era una niña: "Cuando éramos chiquitos no teníamos juguetes, hacíamos vacas con patitas, luego con todo su cabecita con cuernos también, con la misma varita" (Meléndrez Silva y Silva Espinoza 2010a:AR).

Rhamnus crocea (Rhamnaceae)

Español: Yerba del oso, hierba del oso.
Inglés: *Spiny Redberry.*
Las variantes kumiai incluyen: *jtut* (BN; SJ; NE); *tat* (Shipek).

La hierba del oso (*Rhamnus crocea*) es comestible, pero su consumo puede llevar a consecuencias inesperadas. Foto por Michael Wilken-Robertson.

La hierba del oso es un arbusto de hoja perenne, común en el chaparral y en los bosques, con hojas de bordes dentados y bayas comestibles de color rojo brillante. Las expertas de Nejí encontraron que el tema de la yerba del oso era bastante chistoso, al principio se mostraban tímidas al explicar por qué, finalmente Norma Meza Calles contó esta historia:

> Dicen que antes hacían caravanas y una vez fueron a otra parte, y una muchacha… sí una señorita, iba caminando y se encuentra un viejito, pero muy viejito, pero muy viejititito, y se hizo su novia, y pues iba embarazada del viejito. Entonces le pregunta su papa y su mama ¿oye hija que pasó?, ¿por qué te embarazaste si no viene ningún hombre aquí? Y dijo: "Es que me comí muchos *tut*" [las bayas de la hierba del oso], lo dijo como si hubiera comido muchos *tut*, pero era el viejito quien la había embarazado. Esa tiene su historia y nos estábamos riendo, entonces sus papás le creyeron y por eso nos decían que no comiéramos. Mi nana decía que nunca deberían de comer porque salen embarazadas. Su bisabuela todavía le decía "No comas eso porque vas a salir embarazada". Por eso dice que nunca lo usaron como medicina, por nada, hasta para pasar por un lado le tenían miedo (Meza Calles et al. 2010:AR).

Varios ancianos kumiai mencionaron que cuando la fruta está madura, se puede comer, pero al cenzontle (*shaa kwilaw*) también le gusta comer esto, especialmente cuando tiene crías. Delfina Cuero también mencionó las bayas como un buen alimento para una cría de cenzontle.

Rhus ovata
(Anacardiaceae)

Español: Mangle.
Inglés: *Sugar Bush.*
Las variantes kumiai incluyen: *jualh* (LH:TCR;NE); *juatlh* (SC); *juaalh sii'*; *juaalh nyak* (BN); *joalj* (Cortés Rodríguez).

Hojas y flores de mangle (*Rhus ovata*). Foto por Deborah Small.

El mangle es un arbusto de hoja perenne que forma prominencias redondas de hojas brillantes de color verde amarillo, y su color vibrante se destaca en el chaparral seco del verano. Más resistente que su pariente, el lentisco (*Malosma laurina*), el mangle crece en gran parte de la región kumiai hasta 1,500 metros. En el otoño, produce frutos rojos cubiertos con un recubrimiento pegajoso.

    Los kumiai han usado el mangle para alimento, medicina, leña y material de construcción. Al igual que otros pueblos nativos del sur de California y el norte de Baja California, los kumiai comían las bayas. Algunos métodos implicaban cocinar las semillas; según Celia Silva Espinoza: "la semilla se pone roja cuando se madura en el

El mangle (*Rhus ovata*) ha sido usado como medicina para los humanos y los animales. Foto por Michael Wilken-Robertson.

otoño. Se tuesta y se muele para hacer un pinole". Otros hacían una bebida agridulce, como lo explica Aurora Meza Calles: "Algo como azúcar se forma en (sobre) las frutas. La gente se lo quitaba y se lo comía; lo hacían una bebida. Tenía un sabor agridulce" (Meza Calles y Meza Calles 2011:VR).

La planta también se puede usar con fines medicinales y, como el lentisco (*Malosma laurina*), tiene un fuerte efecto en los sistemas reproductivos de las mujeres. Jon Meza Cuero explica:

> Sirve como medicina para las mujeres, para que paren rápido. Cuando la mujer tiene dolores, le dan de eso. Sirve como una anestesia, para que no siente los dolores. Se corta la hoja y el tallo, se prepara como un té, se tiene que hacer cargadito. También sirve para los animales. Hay mucha hierba que sirve para la gente, que también sirve para los animales (Meza Cuero 2011:6).

Los consultores a menudo mencionan los usos veterinarios de las plantas nativas, particularmente en relación con los cólicos o el "empacho" y para los problemas relacionados con el parto. Para estos fines, los kumiai hacen una infusión de las hojas y se la dan al animal para que la beba.

Salix spp. (Salicaceae)

Español: Sauce.
Inglés: *Willow.*
Las variantes kumiai incluyen: *ayau* (LH:TCR; SC, SJ); *a'yao* (BN, LH:JAM); *'aiyau* (Spier); *ahiyao* (Hohenthal); *'eyaaw* (Hedges).

Muchas variedades diferentes de sauce (*Salix* spp.) .) crecen a lo largo de la región kumiai. Foto por Michael Wilken-Robertson.

Un arco de sauce hecho por el hablante de ko'alh Raúl Sandoval, con flechas hechas de guatamote (*Baccharis salicifolia*) y un carcaj hecho del quiote seco de lechuguilla (*Hesperoyucca whipplei*). Foto por Deborah Small.

Hojas de sauce. Foto por Michael Wilken-Robertson.

En la mayoría de los arroyos de Baja California los sauces ocupan comúnmente el centro del escenario. Crecen directamente en los arroyos o muy cerca de ellos, como para que sus raíces puedan aprovechar humedad del suelo. Ocho especies de sauces crecen en Baja California; son arbustos y árboles de hoja caduca de 5 a 20 metros de altura, que los kumiai han utilizado para la construcción y el material de cestería, medicina, alimentos y ropa. Los kumiai se refieren a la mayoría de los sauces genéricamente como *ayau*, excepto el sauce conocido como "cachanilla" (*Salix exigua* var. *Hindsiana*), una variedad de sauces más arbustivos, con hojas de color verde grisáceo llamadas *jalasí* por los kumiai de Baja California. En Estados Unidos se usa la misma palabra, pero se deletrea *halasi* o *halasii*. La siguiente descripción se refiere a aquellas variedades conocidas como *ayau*, a menos que se indique lo contrario.

Los kumiai emplean las ramas de sauce como material para la construcción de casas y ramadas, y en la fabricación de arcos y cunas. En el libro "Habilidades de supervivencia de la California nativa" (*Survival Skills of Native California*), de Paul Campbell, se describe a

Una falda de sauce hecha por la hablante de ko'alh Daria Mariscal.
Foto por Deborah Small.

Tejedoras kumiai hacen graneros con las hojas y los tallos de sauce (*Salix* spp.).
Foto por Michael Wilken-Robertson.

detalle la creación de arcos de sauce simples, pero muy efectivos por parte de los cazadores diegueños (tipai), ko'alh y paipai, así como otros grupos indígenas de California. En tiempos prehistóricos, los kumiai probablemente construyeron casas en forma de cúpula, hechas de sauce o materiales locales que estaban disponibles en los diferentes ecosistemas por los que se desplazaban mientras cazaban, recolectaban y pescaban.

Durante el período histórico, los kumiai comenzaron a construir casas rectangulares y, a menudo, hacían marcos de ramas de sauce o álamo (*Populus fremontii*). Hicieron paredes a partir de ramas frondosas de sauce, guatamote (*Baccharis salicifolia*), cachanilla (*Pluchea sericia*) y jiguata (*Acmispon glaber*). Algunas veces las paredes se unen con tiras de hoja de palmilla (*Yucca schidigera*) y se cubren con tule (*Schoenoplectus* spp.), colas de gato (*Typha* spp.), o sotol (*Nolina palmeri* var. *Palmeri*). Jon Meza Cuero recuerda haber usado sauce para construir casas cuando era niño: "Se hacen casas y enramadas tradicionales de sauce, se corta en luna llena para que dure mucho tiempo. Hice casas de sauce en Los Coches con Cristóbal Regino. A veces le echan lodo, cuando hay lodo, para que dure más tiempo. Antes había gente que sabía emplastar con lodo y quedaba bonito" (Meza Cuero 2011:1).

Algunos kumiai todavía usan la corteza interior seca de sauce, álamo (*Populus fremontii*), sauco (*Sambucus nigra*), guata (*Juniperus californica*) u otras plantas para hacer faldas tradicionales, y hojas de sauce y brotes flexibles para hacer graneros de sauce (*shkuin*). Con base en el trabajo de campo con los "diegueños" (kumiai o tipai), cerca de Campo, California (justo al norte de la frontera entre México y Estados Unidos), Spier describió la fabricación de una canasta granero de sauce (o *cikwi'n*, como escribió la palabra en kumiai) que se parecía al nido de un gran pájaro. Spier mencionó que los diegueño normalmente hacían la canasta de sauce *halasí* (jalasí), utilizando las ramitas de hojas verdes para formar la base de los espirales que conforman la canasta. Hedges también notó el uso de "*halasii*" (que él identificó como *S. lasiolepis* o sauce de arroyo) para la construcción de canastas de almacenamiento de bellotas en la reservación diegueña de Santa Ysabel. Los artesanos contemporáneos de San José de la Zorra (y más recientemente de San Antonio Necua) usan *ayau* y *jalasí* para hacer canastas granero, generalmente mucho más pequeñas que los graneros originales, como objetos de arte para vender a turistas y coleccionistas. Celia Silva Espinoza, de San José de la Zorra, explicó que la fabricación de canastas granero de sauce era una tradición reciente, traída por Rosa Mata, de Nejí, quien los visitaba a menudo después de que uno de sus nietos se casó en la comunidad hace unos treinta años.

No está claro si la canasta granero representa la introducción de una tradición más representativa de la cultura indígena del norte, o el resurgimiento de una tradición local que se había perdido. Gloria Castañeda Silva, kumiai, dijo que había visto un granero antiguo y grande en una cueva, no lejos de la comunidad, que se desintegró en polvo cuando fue tocada. Teodora Cuero Robles también recuerda haber visto graneros de sauce en su comunidad, La Huerta, que se usaban para almacenar bellotas secas:

Un granero de sauce terminado. Foto por Deborah Small.

"Llueve o truene las bellotas seguían secas" (2010a: VR). Quizás investigaciones futuras descubrirán evidencia adicional para comprender mejor la evolución y distribución de la tecnología de cestería en la región kumiai.

Los kumiai usan el sauce medicinalmente para tratar los dolores de cabeza y otros dolores corporales. El nombre *ácido salicílico*, un ingrediente activo en la aspirina, se origina de la raíz latina *salic* que significa sauce, ya que el compuesto se aisló por primera vez de una especie de sauce. Jon Meza Cuero recuerda haberlo usado cuando era niño: "Es bueno para dolor de cabeza, se quita la corteza verde (la cáscara de afuera), se hace un té hirviéndolo hasta que agarre su color, como té de canela, y tomarlo en ayunas, a mediodía y en la tarde. Cuando estaba chico me lo daba mi abuelita" (Meza Cuero 2011: 1).

Los racimos de flores de sauce, también conocidos como amentos (Roberts 1989), pueden cocinarse y comerse. Tienen un sabor similar al de la miel, aunque ligeramente amargo.

Salvia apiana
(Lamiaceae)

Español: Salvia blanca, salvia orejona.
Inglés: *White Sage.*
Las variantes kumiai incluyen: *lhtaay* (LH; BN); *shiltay, shlhtay* (SC); *pilhtaiy* (NE); *jtail, shljtail* (Cortés Rodríguez); *lltáay* (Hinton); *pellytaay* (Hedges); *pestaay* (Shipek).

Salvia blanca (*Salvia apiana*). Foto por Deborah Small.

Espirales de hojas cenizas de color verde azulado y un aroma a hierbas y alcanfor hacen que la salvia blanca se destaque en los matorrales y los paisajes de chaparral de la Baja y la Alta California. Este arbusto de la familia de la menta produce inflorescencias altas en primavera, con muchas semillas pequeñas y aceitosas que los nativos de California solían comer crudas, tostadas o molidas en una comida de pinole. Cuando los tallos de las flores comienzan a levantarse, los kumiai los pelan y los comen frescos.

Los kumiai usaban la salvia blanca con fines medicinales para tratar problemas respiratorios y reumatismo. Para aliviar la congestión nasal, los expertos informaron que las hojas frescas se pueden mantener cerca de la nariz y olerlas. Para los resfriados,

Las semillas diminutas de salvia blanca (*Salvia apiana*) están llenas de sabor y nutrición. Foto por Deborah Small.

la tos y disminuir las flemas, hacían una infusión de las hojas o las raíces, a veces en combinación con otras hierbas, como la yerba santa (*Eriodictyon* spp.), y la tomaban según fuera necesario. En infusión también se usa como un tónico para la sangre, para inducir el sueño y para reducir el reumatismo o los dolores corporales, en cuyo caso se puede frotar directamente en el área afectada. Delfina Cuero recomendó recolectar las ramas jóvenes antes de que florezcan, secarlas y desmenuzarlas, para almacenarlas hasta que sean necesarias para el té, como remedio para los resfriados o la tos, o para usar su vapor para la congestión de pulmones.

Jon Meza Cuero señala que las flores pueden ser fumadas, lo que hizo cuando era joven. Gloria Castañeda Silva también recuerda haber fumado flores de salvia con sus hermanos y hermanas cuando era niña, porque habían escuchado que los adultos lo hacían. Ella dijo que solo les hacía sentir náuseas.

La salvia blanca y otras hierbas juegan un papel importante en la purificación ritual y la curación. En "Las prácticas religiosas de los indios diegueños" (*The Religious Practices of the Diegueño Indians*), el antropólogo Thomas T. Waterman describió una ceremonia de mayoría de edad de las niñas, en la que se colocó una cama gruesa de salvia blanca y otras hierbas, sobre rocas calientes para crear un vapor fragante. Las chicas se acuestan sobre las hierbas y encima de ellas se pone más salvia y una manta de piel de conejo. Este proceso continúa por varios días. Jon Meza Cuero recuerda un proceso de curación similar con salvia blanca:

Norma Meza Calles quema salvia blanca (*Salvia apiana*) para una purificación ritual.
Foto por Deborah Small.

Los curanderos de antes curaban con esa rama. Tenían un lugar especial donde se acostaba el enfermo. Calentaban la piedra, ponían un colchón de rama de salvia y lo acostaban allí. También untaban salvia con manteca de res encima del cuerpo. Lo tapan y lo dejan hasta el otro día, y así sale sano. Se abren todos los poros y la rama te chupa la infección que tiene uno (Meza Cuero 2011: 2–3).

Hoy en día muchos kumiai continúan usando la hierba para la purificación ritual. Las hojas de la salvia blanca pueden quemarse para limpiar o bendecir lugares, personas, objetos o eventos. A menudo queman manojos de hojas secas de salvia blanca en contextos ceremoniales contemporáneos, como la apertura de una reunión comunitaria, y muchos artesanos las ofrecen junto con sus productos. Algunos consultores recomendaron colocar una ramita nueva debajo de la almohada, para mejorar el sueño y reducir las pesadillas; o después de la muerte de un familiar, para mantener alejados a los malos espíritus.

Salvia carduacea
(Lamiaceae)

Español: Chía.
Inglés: *Thistle Chia*.
Las variantes kumiai incluyen: *mulh'amulh* (Hedges); *pshilhtay* (LH).

La chía *Salvia carduacea*, la más vistosa, pero menos preferida de las dos variedades de chía cosechadas por los kumiai. Foto por Michael Wilken-Robertson.

Con sus vistosas flores de lavanda, que a menudo se producen en grupos o que crecen en masas en las planicies arenosas, especialmente después de los incendios, la chía *Salvia carduacea* es más visible que su pariente más pequeña y más discreta, la chía *Salvia colombariae*. Sin embargo, de estos dos tipos de chía utilizados por los kumiai, la *Salvia carduacea* no era la variedad preferida entre los nativos de Baja California, lo mismo sucedió entre otros nativos de California. Su recolección y preparación es esencialmente la misma que para la *Salvia colombariae*.

Salvia columbariae (Lamiaceae)

Español: Chía.
Inglés: *Chia.*
Las variantes kumiai incluyen: *pshilh* (LH:TCR); *pshilj* (Cortés Rodríguez); *mulh'amulh* (Hedges); *awol* (Hohenthal).

La chía (*Salvia columbariae*), un alimento tradicional de los kumiai y otros nativos de California, que ahora se considera un "superalimento". Foto por Deborah Small.

La chía crece en matorrales y chaparrales, desde los desiertos del centro de Baja California hasta el suroeste de Estados Unidos y Sonora. Los pueblos nativos de las Californias valoraban mucho esta semilla pequeña pero altamente nutritiva. La recolectaban a fines de la primavera o principios del verano, utilizando canastas especiales para ello. Los nativos de California sabían que la chía responde bien al fuego y quemaban regularmente las áreas para estimular el mayor crecimiento de la planta.

(Izquierda) Tostando chía. Foto por Deborah Small.

(Derecha) Bebida de chía. Foto por Deborah Small.

Los kumiai comían las semillas crudas y eran especialmente útiles cuando viajaban, ya que se podía llevar una pequeña cantidad para proporcionar sustento en el viaje. Los nativos de California también secaron, molieron y mezclaron la semilla con agua para hacer una bebida. Teodora Cuero Robles a menudo juntaba semillas de chía, cuando era más joven:

> Para juntar la semilla necesita venirse uno muy temprano, agarrar con todo y ramas, y llevarlo para la casa y echarla en un trapo, en una lona así. Y allí ya se caiga la semilla, y se quitan las ramas y se limpia con el aire, y ya se muele y ya se hace el atole para tomar con miel, miel de abeja. Es muy sabroso. Se da en los quemados, allí es donde nace más… Esta planta se cosecha a partir del mes de mayo, cuando ya se madura, cuando ya se seca. Entonces la gente cosecha y al mismo tiempo se limpia en una lona. Llevan en la mano un saco de esos antiguos de la harina, en eso juntaban y así lueguito agarraban medio costal. Y si se sentía mal, con esa se curaba el estómago, limpiaba el vientre (Cuero Robles y Aldama Cuero 2010:VR).

Doña Teodora a veces prepara esta bebida en casa o para eventos especiales. En los últimos años le ha resultado más fácil usar una variedad de chía cultivada comprada en la tienda, probablemente *Salvia hispanica*, que está disponible ampliamente en México.

Sambucus nigra (Adoxaceae)

Español: Sauco.
Inglés: *Blue Elderberry.*
Las variantes kumiai incluyen: *jp'elh* (BN; LH:TCR); *kop'eelh* (SJ); *kuup'alh* (SC); *kapalj* (Cano Bracamontes); *copelj, kpalj* (Cortés Rodríguez); *kupall* (Hedges).

El sauco (*Sambucus nigra*), una planta medicinal favorita de muchos nativos de California, a menudo crece cerca de los antiguos sitios habitacionales. Foto por Rose Ramírez.

El sauco es un árbol de hoja caduca, de tres a diez metros de altura, que se produce a lo largo de arroyos y drenajes, desde la costa hasta las montañas, por debajo de los 1,800 metros. Las flores de color crema aparecen de abril a octubre en conjuntos horizontales,

Las madres kumiai frecuentemente recolectan y secan las flores del sauco (*Sambucus nigra*), porque se considera un excelente remedio para los niños con fiebre. Foto por Rose Ramírez.

seguidas de las bayas azules, púrpuras o blanquecinas. El sauco es una planta medicinal favorita para muchos de los asesores kumiai y, como es lógico, restos de sauco se han recuperado de sitios arqueológicos en toda California. En el condado de San Diego, los arqueólogos han notado la presencia de *Sambucus nigra* en sitios de aldeas antiguas en áreas fuera de su rango normal, lo que sugiere que los kumiai podría haberlas plantado o trasplantado, o transportado inadvertidamente las semillas a sus áreas de habitación.

Los kumiai recolectan flores de sauco (*tekpe'eelh*), las cuelgan para secarlas y las usan como un medicamento para tratar resfriados, tos y gripe. Muchos consultores recomiendan la infusión para reducir la fiebre, especialmente en niños. A veces lo mezclan con salvia blanca (*Salvia apiana*) para hacerlo más efectivo.

Los consultores señalan que las hojas frescas sirven como laxante, remedio que también se puede administrar a los animales. Para los pies hinchados, los expertos ko'alh recomendaron remojarlos en una infusión de hojas de sauco; también se aplican

(Izquierda) Las hojas y las flores del sauco (*Sambucus nigra*) son medicinales. Foto por Rose Ramírez.

(Derecha) Los frutos del sauco (*Sambucus nigra*) se pueden preparar en bebida o secar y almacenar para su uso posterior. Foto por Deborah Small.

las hojas cocidas como compresa. Los investigadores también han reportado estos mismos usos entre otros grupos indígenas de California.

Los kumiai comen las frutas cuando están maduras o las convierten en una bebida. Hay dos variedades, una con una fruta blanca (*kup'eelh umshaap*) y otra con fruta púrpura (*kup'eelh ñir*). Jon Meza Cuero describe algunas de las formas en las que se puede preparar la bebida:

> La fruta es muy buena, se hace un vino muy bueno. Cuando está madura en verano se pone negra la fruta, se pizca, se muele, y le echan en una olla de barro, y se deja que fermenta 8 o 10 días, según como le gusta de fuerte. También se puede hacer una agua fresca, se echa miel, pero hay gente que les da chorro con eso, que no están acostumbrados. Todo eso es bueno para que los jóvenes aprendan, pero tienen que hacer pruebas. Así la gente de antes hacía pruebas desde muchos años atrás, así aprendieron (Meza Cuero 2011:1).

Los pueblos nativos del sur de California a menudo secaban las bayas para almacenarlas y darles uso posterior. Hoy en día muchos consultores todavía usan las flores de sauco como medicina, pero ya no usan la fruta. Según Teresa Castro Albañez, "Antes no había nada, está más pobre aquí, no había nada de dulce, lo comemos, pos está dulce, también hicimos agua, como vino, y lo tomamos, porque está dulce como *ja shukat* [agua fresca]. Ya no, puro refresco" (Castro Albañez et al. 2010:AR).

Simmondsia chinensis (Simmondsiaceae)

Español: Jojoba.
Inglés: *Jojoba, Goatnut.*
Las variantes kumiai incluyen: *kshuu* (LH:TCR); *kushu* (Hohenthal); *x.chiu* (Cano Bracamontes).

Las semillas de jojoba (*Simmondsia chinensis*) contienen una cera líquida no digerible.
Foto por Michael Wilken-Robertson.

La jojoba es un arbusto de hoja perenne que crece en tierras áridas desérticas, por debajo de los 1,500 metros, desde el suroeste de Estados Unidos y Sonora hasta la península de Baja California. La única especie en la familia de la jojoba, es un elemento familiar en los paisajes kumiai, desde la costa hasta el desierto, donde sus hojas coriáceas de color verde grisáceo, a menudo se vuelven naranja brillante en épocas de sequía. Las plantas femeninas producen una semilla que contiene una sustancia aceitosa, que en realidad es una cera líquida no digerible.

La literatura histórica y etnográfica describe los usos que los pueblos nativos le daban a la semilla, tanto por propiedades alimentarias como medicinales. Las semillas de jojoba pueden ser comestibles, sabrosas y ampliamente disponibles; pero como alimento también pueden generar complicaciones digestivas, y posiblemente gasto de más calorías de las que proporciona. Esta curiosa paradoja ha llevado a varias referencias contradictorias respecto al uso de la jojoba como alimento.

El informe del siglo XVIII del padre jesuita Miguel del Barco, con base en treinta años de su vida en Baja California, contiene una extensión significativa (en comparación con otras plantas) dedicada a la jojoba, en la que describe las propiedades medicinales de la planta. Además, establece claramente que: "Los californios en su gentilidad para nada se aprovechaban de la jojoba. No para la medicina, porque no conocían sus virtudes, ni para comida..." (Barco 1973:98). Discute la aversión de los nativos a comer la nuez, porque creían que causaba vómitos, lo que equivalía a una pérdida de sustento y a una enfermedad mortal. Barco menciona que el aceite extraído de las semillas es muy sabroso y que a veces se usaba en ensaladas cuando no se disponía de aceite de oliva. "Pero se ha observado una cosa bien particular y es que, sin digerirlo del estómago, lo despide el vientre como lo recibió" (Barco 1973:98). Barco informa, además, que este fenómeno fue verificado por los soldados que acompañaban al padre jesuita Fernando Consag, en una de sus expediciones en las que solo tenían aceite de jojoba para cocinar sus pescados. "Después de algún tiempo que usaron de él, conocieron el efecto dicho por encontrar su ropa manchada, sin que ellos hubiesen conocido cuando lo despidieron" (Barco 1973:98).

A pesar de que Barco niega que la jojoba haya sido un alimento de los nativos de Baja California, Aschmann afirma que: "el consumo de semillas, tanto crudas como tostadas, se reporta regularmente en los archivos de las misiones", citando a cronistas que nunca habían estado en la península; pero luego continúa: "... y se enfatiza su valor medicinal" (1959: 90). Señala que la cera líquida no digerible que contienen, podría actuar como purgante cuando se toma en grandes cantidades. Los informes etnográficos a menudo implican, vagamente, que la gente en el pasado o en otro lugar comió jojoba (ofreciendo muy pocos detalles), pero que actualmente nadie lo hace. Meigs, en su etnografía sobre los kiliwa, dejó una interrogante en su descripción de jojoba: "Arbusto pequeño. Semillas aceitosas comidas como pinole (?). Madura irregularmente todo el año" (1939: 9). Owen y Michelsen notaron que la jojoba, "es consumida por los indios al norte de Santa Catarina, pero parece ser ignorada por los catarinenses" (Owen y Michelsen, 1994: 6-40). María Emes Boronda, kumiai de San Antonio Necua, le dijo a un biólogo que: "nadie lo usa hoy, pero en el pasado se comía la semilla" (Cano Bracamontes 1990: 28). No se hace mención de la planta como alimento en Spier (1923), Hohenthal (2001), Cortés Rodríguez (1988) o Hedges (1986). Entre los seris de Sonora la jojoba se considera un alimento de emergencia: "no te daña, pero en realidad no es comida" (Felger y Moser, 1991: 365).

En contraste, las referencias de los pueblos nativos a los usos medicinales de la jojoba concuerdan de muchas maneras. Barco enumera diez "Virtudes de la jojoba", que se publicaron en 1749 en la Ciudad de México, con la aprobación del Tribunal de Médicos

Semillas de jojoba (*Simmondsia chinensis*). Foto por Michael Wilken-Robertson.

Reales; estos incluyen el uso de la jojoba como apósito para heridas y como ayuda en el parto. Los kumiai y los paipai asaban las nueces de jojoba y aplicaban el aceite exudado para curar las úlceras persistentes. Teodora Cuero Robles describe otras formas de usar las nueces de jojoba:

> La gente de antes juntaba la semilla, la jojoba, cuando se madure en agosto, entonces la tuestan hasta que quede negro, negro. Luego la agarran en una tela y allí se escurre el aceite. Eso es bueno para el cabello, para conservarlo siempre negro. También… se utilizaba la semilla como medicina. Cuando las mujeres de antes daban a luz a su hijo, cuando tenían problemas con la placenta… se comían tres semillas nada más, para despedir la placenta… (Cuero Robles y Aldama Cuero 2010:VR).

Los indios seri también tostaban y molían las nueces de jojoba para curar las llagas. Frotaban las semillas de jojoba molidas en el cuero cabelludo, para estimular el crecimiento abundante del cabello.

Washingtonia filifera
(Arecaceae)

Español: Palma de abanico.
Inglés: *California Fan Palm.*
Las variantes kumiai incluyen: *muy kasira* (LH:TCR); *ja'wal* (SC).

Los cañones del desierto que drenan el escarpe oriental de la Sierra de Juárez albergan oasis de palmas de abanico (*Washingtonia filifera*). Foto por David L. Toler, Jr.

Las palmas de abanico pueblan cañones del desierto con arroyos de agua permanente o filtraciones desde la Bahía de los Ángeles, al norte, hasta los desiertos del sur de California y Arizona. En la región kumiai, las palmas majestuosas crecen a lo largo del escarpe oriental de la Sierra de Juárez, formando oasis, a veces en asociación con la palma azul (Brahea armata). La palmera de abanico de California, de tronco grueso, puede vivir 200 años y crecer hasta 25 metros de altura, con una corona de hojas grandes en forma de abanico en la parte superior, y una espesa pelusa de hojas secas debajo. Los tallos de fruta se extienden hasta seis metros, con grupos de dátiles pequeños que cuelgan más abajo de la corona de hojas.

Racimos de fruta cuelgan de una palma de abanico (*Washingtonia filifera*). Foto por Deborah Small.

Racimos de pequeños dátiles de la palma de abanico asoman bajo la corona y la pelusa de hojas secas. Foto por Deborah Small.

Según Bean y Saubel, los cahuilla recolectaban las semillas de *Washingtonia filifera* desde fines del verano hasta principios del otoño, las consumían de inmediato o las secaban, y las almacenaban para su uso posterior. Las palmeras pueden tener más de una docena de racimos de frutas, cada uno de los cuales puede pesar de 2 a 8 kilos. Teodora Cuero Robles recuerda la preparación de las semillas: "Una, con semillas chiquitas, se llama *mui kasira*. La de semilla chiquita no se cuece, se come así nomás. Se pone en el metate. Se quebrajea, para que le salgan los huesos. La cáscara se revuelve en agua, lo colamos y se toma como agua fresca. Yo también la tomaba cuando era chiquita, es rica y dulce" (Cuero Robles 2010b:VR).

Los paipai también preparaban los pequeños dátiles como bebida. Utilizaban el tallo seco de la flor de *Yucca whipplei*, al cual ataban un gancho de madera para cosechar los racimos de frutas. Desde el territorio cochimí, en el centro de Baja California, hasta el territorio de cahuilla, en Palm Springs, California, los nativos utilizaban hojas y tallos de palmas de abanico como paredes o techos para casas y ramadas. En San José de la Zorra, un pueblo relativamente cerca de la costa del Pacífico y lejos de los palmares de palmas nativas, la anciana Celia Silva Espinoza, kumiai, describió una vara especial, hecho de un tallo de palma, para agitar el atole de bellota.

Yucca schidigera (Agavaceae)

Español: Palmilla, datilillo, yuca.
Inglés: *Mohave Yucca, Spanish Dagger or Spanish Bayonet.*
Las variantes kumiai incluyen: *sha'aa* (LH); *sha, shaa* (SC; BN); *sa'a* (Spier); *sa:a* (Hohenthal); *sha'a* (Shipek).

Los nativos de Baja California usan el tronco, las hojas, las flores, los frutos y las semillas de la palmilla (*Yucca schidigera*). Foto por Michael Wilken-Robertson.

Teresa Castro Albáñez hace una falda de fibras de palmilla (*Yucca schidigera*).
Foto por Deborah Small.

La palmilla forma grupos irregulares de hojas duras, como dagas, en troncos leñosos de uno a cinco metros de altura. Las flores de color crema con un tinte púrpura aparecen en las puntas de las ramas frondosas, al final de la primavera, formando cápsulas de semillas oblongas, carnosas y de color verde claro en verano. La palmilla se encuentra a menos de 1,500 metros en laderas secas, en bajadas del desierto y en matorrales costeros, desde el norte de Baja California hasta el sur de California, Nevada y Arizona.

Los kumiai y los pueblos indígenas vecinos han utilizado esta planta multipropósito para alimentos, fibra y jabón. Según Meigs, los kiliwa, que vivían al sur de los kumiai, y los paipai recolectaban la "fruta muy apreciada, dulce y parecida a los dátiles", en julio, mediante un palo en forma de gancho para juntar los grandes racimos de fruta a gran altura, arriba de las hojas puntiagudas. Las vainas pueden prepararse de varias maneras, pero como muchos otros alimentos silvestres, tienen un sabor astringente en su forma cruda; por tanto, generalmente se realiza algún tipo de tratamiento térmico o un proceso de maduración posterior a la cosecha. Los cahuilla las asaban directamente sobre brasas. Los paipai cortaban las vainas de semillas y las extendían para que se secaran; luego las hervían en una olla de barro, las dejaban secar nuevamente, las molían en un metate y las rehidrataban para comerlas. También las colocaban en un hoyo cubierto con ramas, para dejarlas madurar durante aproximadamente tres días, luego las extraían y las secaban al sol durante otro día antes de cortarlas. Las vainas se pueden secar al sol y almacenar durante largos períodos. La hablante de ko'alh, Teresa Castro Albañez, todavía prepara una bebida dulce de las vainas, para su familia.

En un viaje al Parque Estatal de Torrey Pines, en el norte del territorio kumiai, Delfina Cuero recordó varias formas en que se usaban las flores y semillas de palmilla: "Los pétalos de las flores se comían crudos cuando eran jóvenes y tiernos; se hervían dos veces y el agua se tiraba cuando los pétalos eran más viejos. Algunas personas no comían las flores, otras sí. Encordábamos semillas como cuentas; las picábamos para el té, o los molíamos para cocinarlos como atole" (Shipek 1991: 98).

El tronco de la palmilla contiene saponinas que los nativos de la Alta y Baja California han usado para hacer jabón. A los kumiai les gusta especialmente usar este jabón para lavar el cabello y la ropa. Según Jon Meza Cuero, "Mi abuelita lo usaba para lavar mi ropa. Lo machuca primero, lo pone en una olla de barro con agua, lo deja un tiempo. Es como jabón liquido. Es muy fuerte esa cosa. Mi abuela lavaba en una piedra cerca del agua" (Meza Cuero 2011:4).

Cuando una casa, ramada u otra estructura necesitaba amarres, los kumiai rasgaban las hojas de yuca palmilla en tiras y las utilizaban como ataduras. Los artesanos ko'alh aún extraen fibras de las hojas al tatemarlas en un hoyo o dejándolas fermentar durante varias semanas en agua. Estas fibras se pueden tejer para formar redes fuertes, cordeles y otros objetos. Los troncos secos contienen un material fibroso que se puede convertir en sandalias. Para los ceramistas de Santa Catarina que hablan paipai y ko'alh, los troncos secos son su combustible favorito para la cocción de cerámica.

La hablante de ko'alh Margarita Castro usa troncos secos de palmilla (*Yucca schidigera*) para quemar ollas de barro. Foto por Michael Wilken-Robertson.

La cosecha de troncos de yuca palmilla ha alcanzado nueva relevancia económica para los indios kumiai, paipai y kiliwa en las últimas dos décadas, debido a la demanda de saponinas naturales y otras sustancias que se pueden extraer de ella. Si se maneja adecuadamente, la cosecha de este recurso forestal no maderable puede proporcionar una fuente sostenible de ingresos para los pueblos nativos de la región; desgraciadamente, esta planta actualmente se encuentra bajo sobreexplotación debido al saqueo ilegal.

7

Reflexiones

¿Cómo puede el conocimiento etnobotánico kumiai alcanzado en el siglo XXI generar nuevas contribuciones a largo plazo, al conocimiento de las interacciones humano-plantas en las Californias? A través de este libro emergen patrones que sugieren, que el conocimiento actual de los kumiai sobre el uso de las plantas los conecta claramente con los procesos culturales prehistóricos, históricos y presentes, tanto de su región, como más allá de ella.

Una manera en que esto se ha identificado es en la confirmación de patrones más amplios del uso de plantas, reportados por etnógrafos en otras áreas de las Californias con vegetación similar. Esto reitera algunas de las formas en las que los kumiai comparten patrones culturales regionales que cruzan límites lingüísticos mayores, tales como la lengua cahuilla y otras lenguas uto-aztecas del sur de California. En los cahuilla se identifican los usos del agave, guatamote, canutillo, lechuguilla, guata, piñonero y palmas, que coinciden con los de los kumiai. Entre los chumash, los usos mágicos de la yerba del manso difieren de aquellos de los kumiai; pero sugieren que la planta pudo haber estado asociada con usos medicinales, tanto mágicos como prácticos, a través de las Californias. Los chumash, que en algunos casos tienen taxonomías vegetales similares, también usaban las bellotas, la lechuguilla, las bayas de guata, la salvia blanca

(Izquierda) Tatemado de corazones de agave desértico. Foto por Deborah Small.

Semilla de islaya (*Prunus ilicifolia*) en una canasta de junco hecha por Celia Silva Espinoza. Foto por Deborah Small.

y el toyón, de formas muy similares a las descritas por los kumiai. Algunos materiales etnográficos obtenidos entre los diegueños de Santa Ysabel, en 1966, revelaron muchos usos comparables a los del sur de la frontera. Sin embargo, en algunos casos se registró material adicional entre los kumiai de Baja California, 45 años después. El recuerdo de la anciana Celia Silva Espinoza sobre la recolección de lo que probablemente eran "gusanos soldado" de los fresnillos, confirma etnográficamente que los kumiai hacían buen uso de los recursos entomológicos, de la misma manera en que está documentado para grupos de la Alta California y de más al sur en la península. Así, los resultados confirman que muchas interacciones humano-plantas, descritas por los expertos culturales kumiai contemporáneos, encajan en patrones regionales más amplios de uso y conceptualización indígena de las plantas.

Otra confirmación de patrones más amplios es la memoria de los kumiai respecto a plantas nativas específicas, o su uso continuo, los cuales sugieren una continuidad en los usos prehistóricos de plantas, documentados en el registro arqueológico de la región kumiai. La importancia persistente de las bellotas y la proximidad física de las

Teresa Castro Albáñez, hablante de ko'alh de Santa Catarina, hace sandalias de fibra de agave. Hoy en día la antigua tradición de hacer cuerdas y sandalias de agave sobrevive únicamente en Santa Catarina, donde el agave del desierto (*Agave deserti*) está disponible en las tierras de la comunidad. Foto por Michael Wilken-Robertson.

comunidades kumiai actuales a encinales de encino costero, conecta a los kumiai a un uso intensivo del recurso, posiblemente tan antiguo como el Holoceno medio. La recolección, el procesamiento y el consumo continuo de otras semillas, como la salvia, chía, manzanita, palma, guata, tuna, los piñones, la islaya, el lentisco y el mangle; así como el uso de fustes de lechuguilla, semillas de yuca y frutos de sauco, como alimento, y el uso de las hojas de agave, sugieren una continuidad en los patrones de subsistencia que también han sido observados en los documentos históricos y etnográficos.

Ciertas plantas que se usaban prehistórica o históricamente han caído completamente en desuso. Por ejemplo, el agave desértico lo usan a menudo solo algunos hablantes de ko'alh que viven en las áreas desérticas de la sierra, donde crece la planta; sin embargo, otros expertos kumiai recuerdan los nombres indígenas para las variedades de agave costero y desértico, pero ninguno de ellos continúa usando esta planta en el presente. Esto contrasta claramente con las evidencias arqueológicas y los documentos históricos, los cuales enfatizan la importancia de ambos tipos de agave para los pueblos nativos de la región. Hay varias explicaciones posibles para esto: los magueyes nunca fueron

La inflorescencia de la lechuguilla (*Hesperoyucca whipplei*) empieza a emerger, Condado de San Diego, California. Foto por Deborah Small.

tan importante para los ancestros de las comunidades kumiai sobrevivientes, como lo fueron para otros nativos bajacalifornianos; la falta de un acceso sencillo durante un siglo puede haber llevado a la pérdida de conocimientos sobre los agaves; o bien, la sustitución de fibras y alimentos modernos pueden haber borrado el conocimiento del uso del agave. Los dos últimos puntos quizá reflejan una tendencia vista a través de las entrevistas con los kumiai: los expertos generalmente interactuaban más con las plantas que crecen en su región inmediata, particularmente aquellas que continúan teniendo un valor económico o simbólico para ellos; pero sabían muy poco acerca

El canutillo (*Ephedra californica*) es llamado *mii'aaq* (huesos del pie) por los hablantes de kumiai de Nejí. Foto por Deborah Small.

de las que crecían fuera de su región. A pesar de esta limitación, con el conocimiento acumulado de todos los expertos kumiai se proporcionó información sobre todas las áreas principales de uso del suelo en el territorio kumiai, ya que la localización de las comunidades actuales comprende varios ecosistemas, que incluyen matorral costero (San José de la Zorra); matorral y chaparral (San Antonio Necua y Nejí); chaparral de altura (La Huerta); chaparral de altura, bosque y transición desértica (Santa Catarina), y hábitat de vegetación riparia (todas las comunidades). El conocimiento de la vegetación costera y la vegetación del desierto fue limitado generalmente, pero algunos ancianos todavía tenían algún recuerdo de usos indígenas previos en ambas zonas.

Algunos de los usos y las historias de las plantas registrados para este estudio no han sido reportados fuera de la región, y proporcionan información nueva y más detallada de las interacciones entre las plantas y las personas, en particular su significado simbólico y social. Por ejemplo, las descripciones detalladas del significado social de la cosecha de piñones ilustran algunas de las formas en que para los ancianos, como Teodora Cuero Robles, los pinares piñoneros de la sierra y los rasgos asociados, tales como la cueva de los rianos, son paisajes culturales que continúan reforzando su identidad indígena, ya que están repletos de memorias sobre cantos, bailes, y reuniones con amigos y conocidos de la región del desierto, fuera del territorio kumiai. Prohibiciones fuertes sobre la cosecha de ciertas plantas de lechuguilla sugieren que, en algunos casos, el valor simbólico de la planta trasciende su importancia económica.

Muchas plantas tales como la cachanilla (*Pluchea sericea*) crecen a lo largo del territorio kumiai y en otras partes de la región yumana. Una comparación de los nombres de las plantas puede revelar conexiones antiguas entre lenguas y culturas. Foto por Deborah Small.

¿Cómo contribuye la información lingüística generada en esta investigación a la comprensión de las interacciones humano-plantas? Los nombres indígenas de las plantas pueden analizarse de diversas maneras que pueden ser útiles para los investigadores. Los nombres por sí mismos pueden describir la apariencia o la calidad de una planta, por ejemplo, "ojos de la tierra" o "huesos del pie". Algunas veces, partes del nombre nos dicen a qué categoría pertenece una planta, tal como *iiy*, que significa "rama" o "árbol", comúnmente se refiere a plantas grandes; mientras que *samalh* se refiere a plantas herbáceas. Los nombres de las plantas documentadas para este estudio también demuestran diferencias y similitudes: diferencias entre distintos dialectos de kumiai que existen en la región, y similitudes en la región en general. La mayoría de las diferencias son menores. Por ejemplo, una oclusión glotal puede desaparecer o una vocal puede cambiar de "o" a "u"; sin embargo, generalmente es posible detectar un cognado que se emplea en la mayoría de los casos. En pocos casos existen diferentes palabras de una comunidad a la siguiente, por ejemplo, yerba santa: *samalh jlhuy* (LH); *samalh jpilh* (SJ; SC); *muka jepilh* (NE); *pja.a* (Cano Bracamontes); *kujuá* (Cortés Rodríguez); *sa'máll llupnúup* (Hinton). Esta diversidad lingüística podría reflejar diferentes maneras de describir o clasificar distintas especies o subespecies, de las cuales hay varias en la región; también podría resultar de la mala identificación de una planta, o podría reflejar una diversidad dialectal del kumiai.

La clasificación taxonómica indígena identifica más variedades de tunas que la de los biólogos. Foto por Deborah Small.

Muchos de los nombres kumiai de las plantas de Baja California son similares a los registrados por los diegueños (ipai) de Santa Ysabel, en Alta California; sin embargo, en algunos casos sólo Nejí, la comunidad kumiai más al norte, tiene nombres de plantas similares a los de Santa Ysabel. La mayoría de los nombres ko'alh de las plantas eran idénticos o casi los mismos a los de algunos de los dialectos kumiai, lo que sugiere una relación estrecha de estas variantes lingüísticas. Estos datos serán útiles para la investigación lingüística futura, ya que pueden usarse para determinar las relaciones entre diferentes dialectos kumiai, así como para comparar con nombres de plantas de otras partes de la región yumana (y más allá), y analizar las relaciones históricas entre los kumiai y otros pueblos y lenguas de dicha región.

A pesar de que los kumiai pueden haber perdido mucho del conocimiento más detallado del medio ambiente conforme los modos de vida indígena se han transformado profundamente durante los dos últimos siglos, no obstante, persiste una cantidad sorprendente de conocimiento tradicional al respecto. Para ciertas plantas, como nopales y tunas la taxonomía popular kumiai reconoce una mayor diversidad de especies, que la del conocimiento científico actual. Owen y Michelsen se percataron de que sus informantes podían identificar más de 20 variedades diferentes, no obstante, los antropólogos cuestionaban si eran distintas especies o simples variaciones morfológicas basadas en factores ambientales. Una colaboración posterior con expertos kumiai podría enriquecer grandemente los estudios biológicos y antropológicos de la región.

8

Sustentabilidad y conocimiento etnobotánico kumiai

Las interacciones entre plantas y pueblos nativos abren nuestros ojos a una forma de conocer, experimentar y modificar el ambiente, conectándonos con una presencia humana antigua, histórica y contemporánea en las tierras que forman la región kumiai. Estas interacciones dinámicas han evolucionada y han sido transmitidas a lo largo de milenios, y representan un componente irremplazable del patrimonio cultural y natural de las Californias. Aún hoy día, tanto las plantas como los pueblos están en peligro. Su supervivencia y revitalización depende del valor que las poblaciones modernas, nativas y no nativas, otorguen a la conservación de plantas y culturas nativas, y de las acciones que tomen para asegurar su continuidad. En una entrevista en 1997, Teodora Cuero Robles describe el enfoque de sus ancestros sobre el manejo de los recursos naturales:

> Eso sí, a la gente antigua nunca les gustó perjudicar un arbolito, eso nunca. Lo amaban como una cosa muy sagrada. Nos decían que no fuéramos a andar

(Izquierda) Teodora Cuero Robles, autoridad cultural y especialista de plantas de La Huerta. Foto por Deborah Small.

Teodora Cuero Robles quema salvia blanca (*Salvia apiana*) en honor a los espíritus de sus ancestros en la Cueva de los Rianos. Foto por Michael Wilken-Robertson.

quebrando los brazos de los pinos ni que jugáramos, ni que subiéramos a algún arbolito. Dicen ellos que casi son como humanos: "Ellos nos están viendo, ellos nos están manteniendo, nos dan de comida. No anden haciéndole daño, no anden gritando, nada de eso", decían, "ustedes cuídenlos mucho". Por eso nosotros sabemos muy bien que esos árboles tenemos que cuidarlos; también las hierbas medicinales. Eso nos encargaban mucho, que no fuéramos a cortar ahí nomás porque sí, ir a cortar ahí y tirarlas nomás para que se sequen, no. A nosotros nos dijeron muchas cosas, que tratáramos muy bien hasta las piedras, fíjese, las piedras, la arena, el agua que sale, el agua que está corriendo; todo eso decían, que hay que respetar. Es el ahorro principal, que de ahí puede estar tomando y viviendo uno (Wilken-Robertson 2000).

Para los kumiai, el conocimiento ambiental siempre ha sido una cuestión de supervivencia. En tiempos antiguos, saber cómo leer las señales provenientes de la naturaleza, tal como la floración de una planta que puede significar el inicio de la temporada

Flores de la lechuguilla *(Hesperoyucca whipplei)*, una planta usada tanto en la Alta como en la Baja California. Prohibiciones en el uso de la planta pueden ser, en parte, una práctica de manejo ambiental indígena. Foto por Deborah Small.

del piñón, o simplemente conocer con anticipación si habrá una buena cosecha de piñón, podría hacer una diferencia crítica para grupos pequeños que se desplazaban en grandes distancia en busca de diferentes recursos básicos. De igual manera, la habilidad para aumentar la productividad de los recursos vegetales, como se ha visto en prácticas nativas californianas para el cultivo de plantas, como los jacintos del desierto (*Dichelostemma capitatum*), y el uso de técnicas de quemas controladas, representan estrategias importantes para enriquecer el suministro de alimentos. Los expertos mencionaron varias formas de manejar los recursos, como el uso exclusivo de las raíces que crecen al norte de las plantas medicinales; el cuidado especial para evitar dañar los árboles, cuando se cosechan los piñones; la poda de sauces y juncos para motivar el tipo de crecimiento necesario para la cestería, y el uso de rezos y ofrendas para fortalecer las relaciones estrechamente entrelazadas entre personas y plantas.

    Las leyendas de plantas involucran prohibiciones culturales que sugieren la complejidad y el peso simbólico de las ideas sobre las plantas y su relación con el paisaje. Las bayas rojas son comestibles, pero debe evitarse que las niñas las consuman; hay una

Para cesteras como Marisela Torres Carrillo, de San José de la Zorra, el conocimiento y la destreza heredados del pasado son fundamentales para su futuro. Foto por Michael Wilken-Robertson.

colina encantada llena de lechuguilla, a la que no deben acceder los recolectores; las bayas del toyón se deben recoger en silencio; un manchón de islaya se puede comunicar con su dueño, y ciertas plantas se deben cosechar solamente en el tiempo de luna llena, para asegurar su fuerza. Ciertas personas eran reconocidas por su "toque dulce" al preparar los quiotes de lechuguilla; otros eran especialistas "herreros", quienes sabían cómo endurecer los puntas de madera en los carbones. Todas estas ideas sugieren una cultura en la que las cualidades simbólicas y físicas de las plantas, y sus paisajes asociados a ellas son

Marisol Torres Carrillo, una cestera de San José de la Zorra, sigue aplicando creativamente el conocimiento transmitido por sus ancestros kumiai. Foto por Michael Wilken-Robertson.

herencia de siglos de interacciones ambientales, comportamientos simbólicos y sistemas de creencias; como lo evidencia la tradición oral que se refiere a las plantas como si fueran personas, que caminan, hablan y aprovisionan a los kumiai.

Hoy, los kumiai de Baja California han encontrado que el conocimiento tradicional sobre el medio ambiente, transmitido por sus ancestros, puede ayudarlos a enfrentar los desafíos de supervivencia en este mundo cambiante. Las plantas continúan proporcionándoles alimento, medicina, materiales de construcción y recursos rituales; mientras que los hábitats vegetales nativos (tales como los encinares o pinares de piñoneros), que forman parte de sus paisajes culturales, siguen jugando un papel clave en la identidad de los bajacalifornianos nativos contemporáneos, cuyos lazos con los territorios de sus clanes ancestrales están enraizados en nombres de lugares indígenas, tales como *Ja'a* (Cañón del Álamo, Nejí), *Sñaw Ujkwilh* (Cañón de los Encinos, Necua), *Ui jp'elh* (Piedra del Sauco, Peña Blanca) y *Jta* (Cachanilla, La Huerta). El valor de los recursos vegetales es claro para las cesteras kumiai, como Gloria Castañeda de San José de la Zorra:

> Nuestros antepasados no nos dejaron casas grandes ni edificios de piedra; pero sí nos dejaron algo mejor, el conocimiento que nos permite vivir durante todo este tiempo. Nos enseñaron a juntar el sauce y el junco, y cómo hacer canastas. Nos dieron estas costumbres y con ellas ganamos la vida en nuestra tierra (Comunicación personal, 1999).

Si bien las comunidades reutilizan el conocimiento etnobotánico tradicional, en maneras que les permiten usar sus recursos naturales en una economía globalizada, también enfrentan muchos retos, como: las dificultades para obtener permisos gubernamentales para la cosecha de recursos; la falta de asistencia técnica y capital para añadir valor a sus productos; la competencia por recursos escasos, y las dificultades para organizar comunidades que han estado marginadas por mucho tiempo. La recolección de ramas de guata para postes de cerco es un ejemplo de las dificultades para tramitar permisos, como lo explica el experto Eufemio Sandoval:

> Los postes de huata empezaron a explotarse hace alrededor de unos 40 años atrás y actualmente se nos prohibió la explotación de esos recursos, argumentando, la gente de gobierno, que es una especie endémica, y que pues está protegida por ley, y que los indios ya no debemos cortarla; aunque nos muramos de hambre. O sea que, la realidad es que nos quitan una fuente de ingreso y no nos dan nada como alternativa. Podemos decir que nosotros estamos de acuerdo en que la naturaleza debe protegerse, pero protegerse de a de veras. Nosotros los indios sí hemos explotado el poste de huata, podemos decir que a partir de que empezamos a explotarlo teníamos 10 mil hectáreas de huata; seguimos teniéndolas, porque jamás tumbamos la huata de raíz, sino que fue una especie de poda que aprovechamos nada más lo que podría servir como poste y quedaba completa para seguir creciendo y desarrollándose. No es así en los ejidos que hay alrededor de nuestra comunidad, con el pretexto de que les quitaban terrenos para la siembra, pues, tumbaron grandes hectáreas de huata (Wilken-Robertson 2000).

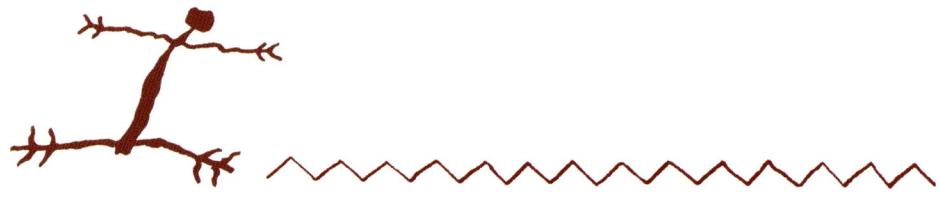

Sustentabilidad y conocimiento etnobotánico kumiai

Ramas de guata cortadas para postes de cerco, Santa Catarina, 1980.
Foto por Michael Wilken-Robertson.

Los programas de desarrollo económico del gobierno mexicano han apoyado el desmonte de la vegetación nativa para proyectos agrícolas, muchos de los cuales han fallado debido a la falta de agua suficiente para la irrigación en esta región árida, lo que ha llevado a tasas alarmantes de desertificación. Afortunadamente, en años recientes, el financiamiento gubernamental para proyectos de desarrollo económico ha cambiado, gracias a que se ha reconocido que la recolección regulada de yuca, guata y materiales de cestería permite a las comunidades nativas usar sus recursos de manera sustentable, y permite que la vegetación natural siga proporcionando beneficios importantes a la región en su conjunto. En muchos casos, los enfoques tradicionales del uso de las plantas pueden proporcionar conocimientos cruciales para el uso sustentable de los recursos.

Las descripciones de los expertos kumiai sobre las plantas y sus usos, presentadas aquí, representan solamente una pequeña porción del conocimiento amplio de su ambiente, su cultura, su lenguaje y la larga historia de interacciones con los paisajes, tanto físicos como simbólicos, que han heredado de sus ancestros kumiai. Limitaciones de tiempo no me permitieron llevar a cabo entrevistas de campo más específicas sobre cada planta, para documentar los detalles de programación, recolección, procesamiento, almacenamiento, dosificación y consumo; no pude obtener la información cultural para cada

Teresa Castro Albáñez enseña el arte de hacer una falda de sauce en las clases anuales de verano, en la reservación indígena Yavapai Prescott, en Arizona. Foto por Michael Wilken-Robertson.

planta. No obstante, encontré un nivel significativo de experiencia etnobotánica entre los consultados, y sé que los expertos kumiai tienen conocimiento de muchas otras plantas y mucha más información etnoecológica adicional, más allá del alcance de este estudio.

Investigaciones futuras sobre la etnoecología de la región se beneficiarían enormemente con la creación de equipos interdisciplinarios que incluyan asesores culturales kumiai, antropólogos, biólogos y lingüistas, colaborando en proyectos diseñados tanto para la documentación científica, como para la aplicación de resultados; de manera que ayuden y empoderen a las comunidades locales, y promuevan la conservación. El conocimiento kumiai de cada una de las plantas descritas aquí (y muchas otras que no están incluidas debido al alcance limitado de este estudio), puede

Un camión transporta troncos de palmilla (*Yucca schidigera*) para la comunidad indígena kiliwa vecina. Este uso contemporáneo de la planta, bajo la supervisión de biólogos, se había convertido en una fuente importante de ingreso para las comunidades indígenas de Baja California. Sin embargo, el saqueo descontrolado reciente provoca impactos negativos en la población de palmilla, reduciendo la posibilidad de un ingreso sostenible a largo plazo. Foto por Michael Wilken-Robertson.

investigarse más a fondo mediante trabajo de campo que documente su identificación, selección, recolección, procesamiento y consumo. Una investigación interdisciplinaria que indague el impacto sobre la población vegetal, por las plantas que obtienen los kumiai, y que incluya mediciones del cambio energético, podría generar datos útiles para futuros estudios arqueológicos, bioculturales y biológicos.

Los informantes o expertos kumiai, muchos de ellos adultos mayores, siguen poseyendo una riqueza de conocimiento a través de la experiencia y la tradición oral, que incluye mitos, leyendas, cuentos, historias y canciones, susceptibles a perderse si no se documentan. El entrenamiento de miembros jóvenes de las comunidades indígenas en el registro del significado cultural asociado a las plantas y los paisajes, los nombres kumiai para plantas y lugares; así como las clasificaciones taxonómicas indígenas, la etnozoología y otros conceptos etnocientíficos, podrían generar datos útiles para estudios futuros y representan una oportunidad para construir una capacidad de investigación continua, mientras se generan ingresos para los miembros de la comunidad. La aplicación de los datos generados en estos estudios puede enriquecer la revitalización lingüística y cultural kumiai, a través de su uso en museos comunitarios locales, en manuales o guías para los pueblos rurales, en esfuerzos regionales de conservación; así como para fomentar el desarrollo comunitario sustentable y el desarrollo de planes de estudio.

Poniendo el conocimiento a trabajar

¿Cómo la información y los materiales resultantes de esta investigación pueden aplicarse de manera que se apoyen los esfuerzos indígenas encaminados a la revitalización lingüística y cultural en el norte de Baja California, y en toda la región binacional? Esto es parte de la pregunta más amplia de cómo la antropología aplicada y la etnobotánica aplicada pueden servir para motivar el desarrollo económico sustentable y otras iniciativas basadas en la comunidad. Este capítulo presenta algunos ejemplos creados en colaboración con los miembros de la comunidad kumiai.

La antropología aplicada busca usar "el conocimiento, la metodología y los enfoques teóricos antropológicos para abordar asuntos y problemas de la sociedad" (Kedia y van Willigen 2005:1). Crea una "antropología en uso", mediante un compromiso pragmático, que aborda los problemas sociales y las estructuras culturales a través de las cuales se producen y mantienen. La tensión entre la antropología académica que genera teoría y la antropología aplicada que genera práctica, ha llevado al desarrollo del concepto de *praxis*, que involucra una constante retroalimentación entre la teoría

(Izquierda) Una casa tradicional construida como parte del museo comunitario de Tecate diseñada y construida por miembros de la comunidad kumiai de Nejí. Fila de arriba, izquierda a derecha: Julián García Cuero, Gerardo León; fila de en medio, izquierda a derecha: Norma Meza Calles, Guadalupe Cota Mata; abajo: Emmanuel Leal Meza. Foto por Michael Wilken-Robertson.

Primera fase del Museo Comunitario de Tecate y de los jardines etnobotánicos que forman parte de un proyecto comunitario. Foto por Deborah Small.

y la práctica, en la cual el compromiso en procesos sociales puede llevar al empoderamiento de los pueblos y comunidades con los que trabajan los antropólogos.

La etnobotánica aplicada usa los conocimientos, métodos y teorías desarrollados a través de la disciplina, para beneficiar a los pueblos locales y motivar la conservación de los recursos estudiados. De acuerdo con un artículo de la UNESCO sobre el tema, la etnobotánica aplicada se beneficia de:

> El conocimiento tanto personal (incluyendo el tradicional) y el científico, que permite comparaciones e integración para beneficiar la conservación y el desarrollo sustentable. En el pasado, frecuentemente los estudios etnobotánicos solo han sido ejercicios académicos o solo han servido a intereses externos, con resultados que no benefician ni a los pueblos locales, ni a la conservación. Nuestro enfoque es transdisciplinario, participativo y está encaminado a la resolución de problemas locales (Hamilton et al. 2003:3).

En el transcurso de la redacción de este libro busqué aplicar estos conceptos a través de una pasantía en el Museo Comunitario de Tecate. Esto significó integrarse en los procesos sociales que incluyeron interacciones continuas con: miembros de las comunidades kumiai, miembros de organizaciones comunitarias locales, diseñadores gráficos, trabajadores de la construcción, lingüistas y financiadores. Una de las primeras actividades de este proceso, considerando los conceptos de investigación participativa, fue la organización de un taller especial con miembros de la comunidad kumiai del área de Tecate, para discutir sus perspectivas y prioridades en cuanto al diseño y contenido de la fase kumiai del Museo.

La participación de la comunidad en el proceso de toma de decisiones relacionadas con el desarrollo del patrimonio es un elemento clave para garantizar la inclusión de visiones subordinadas de grupos minoritarios en arenas que de otra manera son controladas por grupos dominantes que tienen el poder. Esto es particularmente importante para grupos indígenas como los kumiai, cuya cultura ha estado contrayéndose bajo la presión de la cultura dominante mexicana, ya que "el patrimonio es necesario para sustentar la identidad local y el sentido de pertenencia (lugar), especialmente por aquellas comunidades y nativos que son amenazados por transformaciones en la economía global" (Shackel y Chambers 2004:10).

Vista interior del Museo Comunitario de Tecate. La prioridad principal para los miembros de la comunidad kumiai es que el museo "imparta respeto por el territorio –sitios sagrados, ambiente, cultura y costumbres". Foto por Deborah Small.

EN GENERAL, ¿CÓMO DEBERÍA SER UN MUSEO SOBRE LA CULTURA INDÍGENA Y LA HISTORIA DE LA REGIÓN DE TECATE? ¿CUÁLES SON ALGUNAS DE LAS COSAS ESPECÍFICAS QUE DEBERÍAN SER INCLUIDAS?	VOTOS
Impartir respeto por el territorio –sitios sagrados, ambiente, cultura y costumbres.	12
Proporcionar información precisa.	7
Toda la historia de la región nativa de Baja California.	6
Los kumiai deberían participar en el diseño y la implementación.	6
Biografías de los ancestros que fallecieron.	4
Tener en cuenta las artesanías y las historias culturales de la región.	3
Viajes a las comunidades para que las personas puedan saber cómo son realmente.	3
Un programa especial para jóvenes indígenas.	2
Preservar historias, canciones y lengua kumiai.	2
Debería ser un museo vivo con personas que pertenezcan a la cultura.	1
Recopilación de historias, objetos y fotos de nuestros antepasados, en un buen lugar que es apropiado para un museo.	0
Historia, fotografía y objetos que muestren la realidad de los tiempos.	0

Tabla 4. Prioridades kumiai para el Museo Comunitario de Tecate

El grupo participante de las comunidades kumiai del área de Tecate acordó una lista de prioridades específicas y las votó (ver Tabla 4). La prioridad que recibió la mayoría de los votos fue: garantizar que el museo servirá para impartir respeto hacia el patrimonio natural y cultural kumiai. La anciana Josefina López Meza, quien propuso el tema, explicó que es importante como una manera de reducir la discriminación contra los indígenas, informando al público acerca de la existencia y las contribuciones del territorio y cultura kumiai.

Los kumiai continuaron participando en el Museo hasta que se concluyó, en junio de 2011. Parte del proyecto de colaboración implicó crear jardines de plantas nativas alrededor del Museo, integrando en los terrenos dos estructuras kumiai tradicionales: una casa del estilo periodo histórico y una ramada. También incluyó la creación de señalética para el Museo.

Los jardines etnobotánicos del Museo presentan plantas nativas usadas por los kumiai como alimento, medicina, herramientas y construcción. La señalética, basada en información que ha sido generada a través de este proyecto, fue colocada cerca de cada planta e incluye los nombres botánicos en kumiai, español e inglés, junto con los usos tradicionales.

Los espacios incluidos en el Museo fueron diseñados para facilitar actividades como talleres en cultura tradicional. Aquí Norma Meza Calles enseña cómo preparar una bebida de chía (*Salvia columbariae*). Foto por Michael Wilken-Robertson.

El kumiai Julián García Cuero supervisó la construcción de la ramada tradicional kumiai y una casa construida en el estilo del periodo histórico; ambas estructuras fueron incorporadas a los jardines etnobotánicos. García Cuero y su equipo construyeron las estructuras completamente de plantas nativas. Están diseñadas para ser usadas en talleres sobre cultura nativa (cestería, procesamiento de bellotas, cantos, etc.), impartidos por los kumiai.

La señalética interactiva del Museo incluye información etnobotánica de este estudio, disponible en inglés y español. Parte de la exhibición explora las interacciones kumiai con el ambiente en tres zonas de vida del territorio –costa, lomeríos y montañas–. La señalética interactiva permite a los visitantes explorar cada una de las zonas de vida, incluyendo hábitats y plantas selectas representativas de ellas. También se pueden activar videos narrados por los kumiai en lengua nativa (con subtítulos en español e inglés), con información sobre etnobotánica, artes tradicionales y mitología.

La señalética interactiva en el museo incluye versiones en español e inglés, así como los videos en kumiai. Foto por Michael Wilken-Robertson.

Otra manera importante de que el conocimiento etnobotánico pueda ser puesto a trabajar en beneficio de las comunidades nativas, es a través de la participación de especialistas en plantas nativas y artesanos tradicionales, como maestros en sus propias comunidades en México y Estados Unidos. Durante las dos últimas décadas, muchas reservaciones indígenas de Estados Unidos, museos, universidades, parques estatales y federales, y asociaciones civiles han invitado a los cesteros, artesanos de arcos y flechas, ceramistas y otros especialistas culturales indígenas de Baja California, a compartir sus conocimientos enseñando en talleres y haciendo demostraciones de sus habilidades en eventos especiales. Estas actividades no solo sirven para educar y entrenar a los miembros más jóvenes de las comunidades indígenas, en actividades que una vez fueron comunes a lo largo de la región binacional, también honran el conocimiento de los artistas que han mantenido las tradiciones vivas; ayudan a fortalecer la identidad indígena y a educar al público respecto al patrimonio de conocimiento tradicional ambiental y cultural, que aún existe en la región.

Poniendo el conocimiento a trabajar

Norma Meza Calles muestra la preparación del atole de bellota, usando un mortero de roca madre en el parque estatal de Rancho Cuyamaca. Foto por Deborah Small.

Etnobotánica kumiai

Marc Macarro (izquierda) y Daniel McCarthy (derecha) luchan con el agave del desierto para sacarlo. El rostizado anual de agave y otros eventos tradicionales llevados a cabo a través de tribus y museos, juega un papel crítico en la transmisión y revitalización del conocimiento tradicional ambiental.
Foto por Deborah Small.

Para los artistas nativos esto significa que no solo sus canastas, redes, arcos y flechas, y otros productos son valiosos como objetos de comercio, sino que también el amplio conocimiento requerido para crear sus obras de arte y para preparar un alimento o medicamento tradicional, son altamente valorados; a menudo dándoles la oportunidad de ser recibidos como invitados de honor, o incluso como parientes perdidos hace mucho tiempo. A medida que la identidad indígena se refuerza como un bien positivo, los miembros más jóvenes de las comunidades indígenas encuentran una mayor motivación para aprender y transmitir estos componentes clave de su patrimonio cultural.

El conocimiento etnobotánico kumiai continua siendo un recurso valioso, que juega un papel crucial en el proceso actual de revitalización indígena cultural y lingüística. Es un cuerpo de conocimientos que se extiende más allá de las fronteras, creado colectivamente por innumerables generaciones, que emerge de la profundidad del pasado antiguo de nuestra región y que evoluciona en su futuro incierto, para representar un legado que debe ser apreciado, como un elemento vibrante del patrimonio compartido de las Californias.

Aurelia Ojeda Meléndrez, cestera kumiai ganadora de varios premios nacionales.
Foto por Michael Wilken.

Bibliografía

Ahumada Cervantes, R., S. Avila, J. Castro, E. Galindo, A. Piñeda, and E. Rivera
    1999 Propuesta de manejo de ecosistemas de la comunidad indígena de Santa Catarina. Ensenada, Baja California: Universidad Autónoma de Baja California.

Almstedt, Ruth Farrell
    1977 Diegueño Curing Practices. San Diego: San Diego Museum of Man.

Alvarez de Williams, Anita
    1993 Bark Skirts of the Californias. Pacific Coast Archaeological Society Quarterly 31 (1 & 2):56–78.

    2004 Primeros pobladores de la Baja California: Introducción a la antropología de la península. Mexicali, Baja California, México: CONACULTA.

Anderson, Kat
    1993 Native Californians as Ancient and Contemporary Cultivators. *En* Before the Wilderness: Environmental Management by Native Californians. Thomas Blackburn and Kat Anderson, eds. Pp. 151–174. Menlo Park, CA: Ballena Press.

    2005 Tending the Wild: Native American Knowledge and the Management of California's Natural Resources. Berkeley: University of California Press.

Arrillaga, José Joaquín
    1969 Diary of His Surveys of the Frontier, 1796. John W. Robinson, ed. Los Angeles: Dawson's Bookshop.

Aschmann, Homer
    1952 Primitive Food Preparation Technique in Baja California. Southwestern Journal of Anthropology 8:36–39.

    1959 The Central Desert of Baja California: Demography and Ecology. Berkeley: University of California Press.

    1986 Learning about Baja California Indians: Sources and Problems. Journal of California and Great Basin Anthropology 8(2):238–245.

Baeza Catalán, José Humberto
    2005 Estudio antropológico sobre los restos humanos del sitio Costa Azul, Baja California, México. Mexicali, Baja California: Instituto Nacional de Antropología e Historia.

Barco, P. Miguel del
    1973 Historia natural y crónica de la Antigua California. México: Universidad Nacional Autónoma de México.

Barrett, Samuel A.
    1936 The Army Worm: A Food of the Pomo Indians. *En* Essays in Anthropology in Honor of A. L. Kroeber. R. H. Lowie, ed. Pp. 1–5. Berkeley: University of California Press.

Bean, Lowell John, and Katherine Siva Saubel
    1987 Temalpakh: Cahuilla Indian Knowledge and Usage of Plants. Morongo Indian Reservation: Malki Museum Press.

Bendímez Patterson, Julia
    1987 Antecedentes históricos de los indígenas de Baja California. Estudios Fronterizos 5(14):11–46.

Binford, Lewis R.
    1962 Archaeology as Anthropology. American Antiquity 28:217–225.

Bolton, Herbert Eugene, ed.
    1959 Spanish Exploration in the Southwest: 1542–1706. New York: Barnes and Noble, Inc.

Campbell, Paul Douglas
    1999 Survival Skills of Native California. Salt Lake City, Utah: Gibbs Smith.

Cano Bracamontes, Carlos Alberto
    1990 Estudio etnobotánico comparativo en la región del valle de Guadalupe, Municipio de Ensenada, Baja California. Ensenada, México: Universidad Autónoma de Baja California.

Carrico, Richard
    2008 Strangers in a Stolen Land: Indians of San Diego County from Prehistory to the New Deal. San Diego: Sunbelt Publications, Inc.

Casteel, R. W.
    1979 Human Population Estimates for Hunting and Gathering Groups Based upon Net Primary Production Data: Examples from the Central Desert of Baja California. Journal of Anthropological Research V 35(1):85–92.

Chaput, Donald, William Mason, and David Zarate Loperena
    1992 Modest Fortunes: Mining in Northern Baja California, vol. 51. Los Angeles: Natural History Museum of Los Angeles.

Clavijero, Francisco Javier, S.I.
    2010 Historia de la Antigua o Baja California [1852] obra póstuma del Padre Francisco Javier Clavijero, de la Compañía de Jesús; traducida del italiano por el presbítero don Nicolás García de San Vicente. Alicante: Biblioteca Virtual Miguel de Cervantes. http://www.cervantesvirtual.com/nd/ark:/59851/bmcks6v5

Cline, Laura
    2008 Just Before Sunset. San Diego: Sunbelt Publications, Inc.

Connolly Miskwish, Michael
    2007 Kumeyaay: A History Textbook, vol. 1. El Cajon, CA: Sycuan Press.

Cortés Rodríguez, Edna

 1988 Estudio etnobotánico comparativo de los grupos indígenas kumiai y paipai del norte de Baja California. Ensenada, Baja California: Universidad Autónoma de Baja California.

 1994 Análisis del conocimiento tradicional de la flora medicinal de la comunidad de Santa Catarina. Tesis de maestría, Facultad de Ciencias, Universidad Autónoma de Baja California.

Costello, Robert B., ed.

 1991 Random House Webster's College Dictionary. New York: Random House.

Crespí, Juan

 2001 A Description of Distant Roads: Original Journals of the First Expedition into California, 1769–1770. San Diego: San Diego State University Press.

Crosby, Harry

 2003 Gateway to Alta California: The Expedition to San Diego, 1769. San Diego: Sunbelt Publications, Inc.

Crystal, David

 2000 Language Death. Cambridge, UK: Cambridge University Press.

Cunningham, A.

 2002 Applied Ethnobotany: People, Wild Plant Use, and Conservation. London: Earthscan Publications.

Cunningham, Richard W.

 1989 California Indian Watercraft. San Luis Obispo, CA: EZ Nature Books.

Cuero Robles, Teodora

 2011 Notas de campo de una entrevista realizada por Michael Wilken.

Dale, Nancy

 2000 Flowering Plants of the Santa Monica Mountains, Coastal and Chaparral Regions of Southern California. Sacramento: California Native Plant Society.

Davidson, Iain J., and Fikret Berkes

 2003 Nature and Society through the Lens of Resilience: Toward a Human-in-Ecosystem Perspective. *En* Navigating Social–Ecological Systems: Building Resilience for Complexity and Change. Fikret Berkes, J. Colding and C. Folke, eds. Pp. 53–82. Cambridge, UK: Cambridge University Press.

Davis, Loren

 2006 Baja California's Paleoenvironmental Context. *En* The Prehistory of Baja California: Advances in the Archaeology of the Forgotten Peninsula. Don Laylander and Jerry D. Moore, eds. Pp. 254–23. Gainesville, FL: University Press of Florida.

Delgadillo Rodríguez, José

 2002 A General Vision of the Ecosystem, Vegetation, and Flora of the Municipality of Tecate. *En* Tecate, Baja California: Realities and Challenges in a Mexican Border Community. Paul Ganster, Felipe Cuamea Velazquez, José Luis Castro Ruiz, and Angelica Villegas, eds. Pp. 155–162. San Diego: San Diego State University Press.

Des Lauriers, Matthew

 2006 Isla Cedros. *En* The Prehistory of Baja California: Advances in the Archaeology of the Forgotten Peninsula. Don Laylander and Jerry D. Moore, eds. Pp. 153–166. Gainesville, FL: University Press of Florida.

Dorian, Nancy C., ed.
   1992 Investigating Obsolescence: Studies in Language Contraction and Death, vol. 7. Cambridge, UK: Cambridge University Press.

Drakic Ballivian, Danilo A.
   2007 Salvamento arqueológico Cañada del Águila, sitio La Punta, Conchero 40: Informe final de la primera etapa de excavación y análisis, mayo–noviembre 2007. Ensenada, Baja California: Instituto Nacional de Antropología e Historia.

Drucker, Philip
   1937 Culture Element Distirbutions V; Southern California. Anthropological Records 1:1–52.
   1941 Culture Element Distirbutions XVII; Yuman–Piman. Anthropological Records 6:91–230.

DuBois, Constance Goddard
   1901 The Mythology of the Diegueños. Journal of American Folklore 14(54):181–185.

Dufour, Darna L.
   2006 Biocultural Approaches in Human Biology. American Journal of Human Biology 18:1–9.

Duranti, Alessandro
   1997 Linguistic Anthropology. Cambridge, UK: Cambridge University Press.

Erlandson, Jon M., Madonna L. Moss, and Matthew Des Lauriers
   2008 Life on the Edge: Early Maritime Cultures of the Pacific Coast of North America. Quaternary Science Reviews 27:2232–2245.

Erlandson, Jon M., Torben C. Rick, Terry L. Jones, and Judith F. Porcasi
   2007 One if by Land, Two if by Sea: Who were the First Californians? *En* California Prehistory: Colonization, Culture, and Complexity. Terry L. Jones and Kathryn A. Klar, eds. Pp. 53–69. Lanham, MD: AltaMira Press.

Ervin, Alexander M.
   2005 Applied Anthropology: Tools and Perspectives for Contemporary Practice. Boston: Pearson Education, Inc.

Farmer, Justin
   2010 Basketry Plants Used by Western American Indians. Fullerton, CA: The Justin Farmer Foundation.

Felger, Richard Stephen, and Mary Beck Moser
   1991 People of the Desert and Sea: Ethnobotany of the Seri Indians. Tucson, AZ: The University of Arizona Press.

Field, Margaret
   n.d. Survey of Baja California Kumiai Speakers. Unpublished MS, Department of American Indian Studies, San Diego State University.

Fishman, Joshua
   1991 Reversing Language Shift: Theoretical and Empirical Foundations of Assistance to Threatened Languages. Philadelphia: Clevedon.

Fleuriet, K. Jill
   2007 Articulating Distress on Multiple Levels: Illness, History, and Culture among the Kumiai of Baja California, Mexico. Mexican Studies V 23(1):15580.

Fonseca Ibarra, Enah Montserrat
   2012 Estudio de campamentos en la línea costera y valles intermontanos de Baja California; Informe temporada 2011 y propuesta de trabajo 2012. Ensenada, Baja California: Instituto Nacional de Antropología e Historia.

   2013 Estudio de campamentos en la línea costera y valles intermontanos de Baja California; Informe de excavación temporada 2012, Análisis de materiales arqueológicos 2012 y Propuesta de trabajo 2013. Ensenada, Baja California: Instituto Nacional de Antropología e Historia.

Franco Vizcaíno, Ernesto
   2009 Los oasis de palma de abanico en las Californias. La Jornada. http://www.jornada.unam.mx/ 2009/03/30/eco-f.html, accessed August 29, 2011.

Gabb, William More
   1867 Cochimi and Kiliwi Comparative Vocabulary. MS 1147. Washington D.C.: National Anthropological Archives, Smithsonian Institution.

Gallegos, Dennis R., Monica Guerrero, Steve Bouscaren, and Susan Bugbee
   2002 Otay/Kuchamaa Cultural Resource Background Study, San Diego County, California. Carlsbad, CA: Gallegos and Associates.

Gamble, Lynn H.
   2005 Culture and Climate: Reconsidering the Effect of Palaeoclimatic Variability among Southern California Hunter-Gatherer Societies. World Archaeology 37(1):92–108.

   2008 The Chumash World at European Contact: Power, Trade, and Feasting among Complex Hunter-Gatherers. Berkeley: University of California Press.

Gamble, Lynn H., and Michael Wilken-Robertson
   2008 Kumeyaay Cultural Landscapes of Baja California's Tijuana River Watershed. Journal of California and Great Basin Anthropology 28(2):127–151.

Gamble, Lynn H., Michael Wilken-Robertson, Kara Johnson, Heather Kwiatkowski, Gerardo Chavez, and Oswaldo Cuadra.
   2004 Cultural Ecology and the Indigenous Landscape of the Tijuana River Watershed NR-04-04. San Diego: Southwest Consortium for Environmental Research and Policy.

Garduño, Everardo
   1994 En donde se mete el sol: Historia y situación actual de los indígenas montañeses de Baja California. México: Consejo Nacional para la Cultura y las Artes.

Gifford, Edward Winslow
   1918 Clans and Moieties in Southern California. University of California Publications in American Ethnology and Archaeology 14:155–219.

Goldbaum, David
   1984 Noticia respecto a las comunidades de indígenas que pueblan el Distrito Norte de Baja California. Calafia 5(3):19–26.

Golla, Victor
   2007 Linguistic Prehistory. En California Prehistory: Colonization, Culture, and Complexity. Terry L. Jones and Kathryn A. Klar, eds. Pp. 71–82. Lanham, MD: AltaMira Press.

Gómez Canedo, Lino
   1969 De México a la Alta California: Una gran epopeya misional. México: Editorial Jus, S.A.

Gruhn, R., and A. Bryan
   2002 An Interim Report on Two Rockshelter Sites with Early Holocene Occupation in the Northern Baja California Peninsula. *En* Balances and Perspectives on the Anthropology and History of Baja California. M. Wilken-Robertson, M. Santos Mena, M. Castillo Sarabia and D. Laylander, eds. Compact disc. Ensenada, Baja California: Instituto de Culturas Nativas de Baja California, A. C.

Hale, Ken
   1992 Language Endangerment and the Human Value of Linguistic Diversity. Language 68(1):1.

Hamilton, A. C., Pei Shengji, J. Kessy, Ashiq A. Khan, S. Lagos-Witte, and Z. K. Shinwari
   2003 The Purposes and Teaching of Applied Ethnobotany. People and Plants Working Paper. London: World Wildlife Fund.

Hedges, Ken
   1986 Santa Ysabel Ethnobotany. San Diego: San Diego Museum of Man.

Heizer, Robert F., and Albert B. Elsasser
   1980 The Natural World of the California Indians. Berkeley: University of California Press.

Hickman, James C.
   1993 Treatment from the Jepson Manual: Polygonaceae, Buckwheat Family. The University and Jepson Herbaria. http://ucjeps.berkeley.edu/interchange/ I_treat_indexes.html, accessed September 15, 2011.

Hicks, Frederic Noble
   1963 Ecological Aspects of Aboriginal Culture in the Western Yuman Area. Ph.D. dissertation, Department of Anthropology, University of California, Los Angeles.

Hinshaw, Jay M.
   2000 Ethnobotanical and Archaeobotanical Relationships: A Yuman Case Study. Salinas, CA: Coyote Press.

Hinton, Leanne
   1975 Notes on La Huerta Diegueño Ethnobotany. Journal of California Anthropology 2:214–222.

Hinton, Leanne, and Ken Hale, eds.
   1994 Flutes of Fire: Essays on California Indian Languages. Berkeley: Heyday Books.

Hinton, Leanne, and Lucille J. Watahomigie
   1984 Spirit Mountain: An Anthology of Yuman Story and Song. Tucson, AZ: University of Arizona Press.
   2001 The Green Book of Language Revitalization in Practice. San Diego: Academic Press.

Hoffman, David
   1990 The New Holistic Herbal: A Herbal Celebrating the Wholeness of Life. Dorset, UK: Element Books Limited.

Hohenthal, William D., Jr.
   2001 Tipai Ethnographic Notes: A Baja California Indian Community at Mid-Century. Menlo Park, CA: Ballena Press and the Institute for Regional Studies of the Californias.

Jackson, Robert H.
   1981 The 1781–1782 Smallpox Epidemic in Baja California. Journal of California and Great Basin Anthropology 3:138–143.
   1983 Demographic Patterns in the Missions of Northern Baja California. Journal of California and Great Basin Anthropology 5(2):130–139.

Kedia, Satish, and John van Willigen, eds.
   2005 Applied Anthropology: Context for Domains of Application. En Applied Anthropology: Domains of Application. Pp. 1–32. Westport, CT: Praeger.

Kelly, William
   1977 Cocopa Ethnography. Tucson, AZ: University of Arizona.

Kilpatrick, Alan, Michael Wilken, and Mike Connolly
   1997 Indian Groups of the California–Baja California Border Region: Environmental Issues. Southwest Consortium for Environmental Research and Policy Report IT-971f. San Diego: San Diego State University.

Kornylo, Krista
   2005 Type 2 Diabetes, Dietary and Physical Activity Patterns in Eight Indigenous Tribes in Baja California, Mexico. Master's thesis, Graduate School of Public Health, San Diego State University.

Krauss, Michael
   1992 The World's Languages in Crisis. Language 68(1):4.

Kwiatkowski, Heather
   2008 An Ethnoarchaeological Examination of Peña Blanca: A Kumeyaay Community in Baja California Norte. Master's thesis, Department of Anthropology, San Diego State University.

Lambert, Patricia M., and Phillip L. Walker
   1991 Physical Anthropological Evidence for the Evolution of Social Complexity in Coastal Southern California. American Antiquity 65(249):963–973.

Langdon, Margaret H.
   1970 A Grammar of Diegueño: The Mesa Grande Dialect. Berkeley: University of California Press.
   1990 Diegueño: How Many Languages? En Proceedings of the 1990 Hokan-Penutian Languages Workshop. James E. Redden, ed. Pp. 184–190. Carbondale, IL: University of Southern Illinois.

Laylander, Don
   1987 Sources and Strategies for the Prehistory of Baja California. Master's thesis, Department of Anthropology, San Diego State University.
   1992. The Development of Baja California Prehistoric Archaeology. En Essays on the Prehistory of Maritime California. Terry L. Jones, ed. Pp. 231–250. Davis, CA: Center for Archaeological Research at Davis.
   1997 The Linguistic Prehistory of Baja California. En Contributions to the Linguistic Prehistory of Central and Baja California. Gary S. Breschini and Trudy Haversat, eds. Pp. 1-94. Salinas, CA: Coyote Press.
   2001 The Creation and Flute Lure Myths: Regional Patterns in Southern California Traditions. Journal of California and Great Basin Anthropology 23(2):155–178.
   2004 Listening to the Raven: The Southern California Ethnography of Constance Goddard DuBois. Salinas, CA: Coyote Press.

Laylander, Don; Jerry D. Moore; y Julia Bendímez Patterson
  2010 La prehistoria de Baja California: Avances en la arqueología de la península olvidada. Centro INAH Baja California, Mexicali.

Lightfoot, Kent G., and Otis Parrish
  2009 California Indians and their Environment: An Introduction. Berkeley: University of California Press.

Lightner, James
  2011 San Diego County Native Plants. San Diego: San Diego Flora.

Little, Barbara J.
  2007 Historical Archaeology: Why the Past Matters. Walnut Creek, CA: Left Coast Press, Inc.

Longstreth, George
  2006 Baja California Indian Women's Concepts of Illness and Healing. Master's thesis, Department of Anthropology, San Diego State University.

López Meza, Josefina
  2004 Notas de campo de una entrevista realizada por Michael Wilken.

Magaña Mancillas, Mario Alberto Gerardo
  1997 Nomadismo estacional indígena en Baja California: Siglos XVIII–XIX. *En* Memoria de la Baja California indígena. Simposio IV, el impacto de la época misional en las comunidades indígenas de Baja California. M. E. Castillo Sarabia, M. Wilken-Robertson, and L. Martínez Ríos, eds. Pp. 31–42. Ensenada, Baja California, México: Instituto de Culturas Nativas de Baja California, A. C.

  1997 Indios, soldados y rancheros: Poblamiento, memoria e identidades en el área central de las Californias (1769-1870). La Paz, Baja California Sur, México: Gobierno del Estado de Baja California Sur.

Martin, Gary J.
  1995 Ethnobotany: A Methods Manual. London: Chapman and Hall.

Massey, William C.
  1966 Archaeology and Ethnohistory of Lower California. *En* Handbook of Middle American Indians: Archaeological Frontiers and External Connections. Gordon F. Ekholm and Gordon R. Willey, eds. Pp. 38–58. Austin: University of Texas Press.

Mathes, W. Michael
  1992 Ethnology of the Baja California Indians. New York: Garland Publishing.

  2006 Ethnohistoric Evidence. *En* The Prehistory of Baja California: Advances in the Archaeology of the Forgotten Peninsula. Don Laylander and Jerry D. Moore, eds. Pp. 42–66. Gainesville, FL: University Press of Florida.

McGuire, Kelly R., and William R. Hildebrandt
  2005 Re-Thinking Great Basin Foragers: Prestige Hunting and Costly Signaling during the Middle Archaic Period. American Antiquity 70:695-712.

Meigs, Peveril, III
 1935 The Dominican Mission Frontier of Lower California. Berkeley: University of California Press.
 1939 The Kiliwa Indians of Lower California. Ibero-Americana 15:1–113.
 1971 Creation Myth and Other Reflections of the Nijí Mishkwish. Pacific Coast Archaeological Society Quarterly 7(1):9–13.
 1972 Notes on the La Huerta Jat'Am, Baja California: Place Names, Hunting and Shamans. Pacific Coast Archaeological Society Quarterly 8(1):35–40.
 1974 Field Notes on the Sh'Un and Jat'Am, Manteca, Baja California. Pacific Coast Archaeological Society Quarterly 10(1):19–28.

Meza Cuero, Jon
 2011 Notas de campo de una entrevista realizada por Michael Wilken.

Michelsen, Ralph
 1968 A Tipai A-Frame House Built in 1963. Pacific Coast Archaeological Society Quarterly 4(1):1.
 1970a Ethnographic Notes on Agave Fiber Cordage. Pacific Coast Archaeological Society Quarterly 10(1):39–47.
 1970b "Making it" in a Technologically Simple Society. Pacific Coast Archaeological Society Quarterly 6(1):41–46.
 1977 The Territoriality of the Native Americans in the Northern Highlands of Baja California. Baja California Symposium 15.

Michelsen, Ralph, and Mary-Kay Michelsen
 1979 A Piñon Harvest by Paipai Indians. Pacific Coast Archaeological Society Quarterly 15(1):27–31.

Miller, Amy
 2001 Grammar of Jamul Tiipay. Berlin: Mouton de Gruyter.
 2010 Preliminary Report on Ko'alh. Unpublished MS.

Miller, Amy, and Margaret H. Langdon
 2008 Barona Inter-Tribal Dictionary: 'Iipay Aa Tiipay Aa Uumall. Lakeside, CA: Barona Museum Press.

Minnich, Richard, and Ernesto Franco Vizcaino
 1998 Land of Chamise and Pines: Historical Accounts of Northern Baja California's Vegetation, vol. 80. Berkeley: University of California Press.

Mithun, Marianne
 1999 The Languages of Native North America. Cambridge: Cambridge University Press.

Mixco, Mauricio
 2006 The Indigenous Languages. *En* The Prehistory of Baja California: Advances in the Archaeology of the Forgotten Peninsula. Don Laylander and Jerry D. Moore, eds. Pp. 24–41. Gainesville, FL: University Press of Florida.

Moore, Jerry D.
2010 La región San Quintín-El Rosario. *En* La prehistoria de Baja California: Avances en la arqueología de la península olvidada, editado por Don Laylander, Jerry D. Moore, y Julia Bendímez Patterson, pp. 224-243. Centro INAH Baja California, Mexicali.

Moran, Emilio F.
1984 The Ecosystem Concept in Anthropology. Boulder, CO: Westview Press.

2006 People and Nature: An Introduction to Human Ecological Relations. Malden, MA: Blackwell.

Moran, Reid
1995 Common Names of Plants in Baja California. Fremontia 23(3):26-28.

Moriarty, James Robert
1968 Climatologic, Ecologic and Temporal Inferences from Radiocarbon Dates on Archaeological Sites, Baja California, Mexico. Pacific Coast Archaeological Society Quarterly 4(1):11-38.

Mufwene, Salikoko S.
2004 Language Birth and Death. Annual Review of Anthropology 33(1):201-222.

Muñoz Aldama, Ofelia
2001 Así me contaron los abuelos: Mitos, leyendas y cuentos kumiai. *En* Cantos, cuentos y juegos indígenas de Baja California. Norma Alicia Carvajal Acosta, ed. Pp. 21-36. Mexicali, Baja California, México: Instituto de Cultura de Baja California.

Noble, Rose Adele
1973 Physical Anthropology of Baja California. Master's thesis, Department of Anthropology, San Diego State University.

Ochoa Zazueta, Jesús Ángel
1982 Sociolingüística de Baja California. Los Mochis, Sinaloa, México: Universidad de Occidente.

Oviedo García, Fernando
2008 Proyecto arqueológico El Vallecito y La Rumorosa, Baja California: Investigaciones recientes, temporada 2001. *En* Memorias de Balances y Perspectivas de la antropología e historia de Baja California 2002-2004. Mario Acevedo, ed. Pp. 140-148. Mexicali, Baja California, México: Instituto Nacional de Antropología e Historia.

Oviedo García, Fernando, and Andrea Guía Ramírez
2008a El Vallecito: Los kumiai y su alimentación. *En* Memorias de Balances y Perspectivas de la antropología e historia de Baja California 2002-2004. Mario Acevedo, ed. Pp. 169-174. Mexicali, Baja California, México: Instituto Nacional de Antropología.

2008b Primeras interpretaciones del rescate arqueológico en el conchero El Morro, Rosarito, Baja California. *En* Memorias De Balances y Perspectivas de la antropología e historia de Baja California 2002-2004. Mario Acevedo, ed. Pp. 347-352. Mexicali, Baja California, México: Instituto Nacional de Antropología e Historia.

Owen, Roger C.

1962 The Indians of Santa Catarina, Baja California, Mexico: Concepts of Disease and Curing. Ph.D. dissertation, Department of Anthropology, University of California, Los Angeles.

1963 Indians and Revolution: The 1911 Invasion of Baja California, Mexico. Ethnohistory 10:373–395.

1965 The Patrilineal Band: A Linguistically and Culturally Hybrid Social Unit. American Anthropologist 67:675–690.

Owen, Roger, and Ralph Michelsen

1994 Santa Catarina's People: Surviving Yuman-Speaking Native Americans in Baja California, Mexico, an Anthropological Investigation. Unpublished MS.

Páez, Juan

2004 Relación del descubrimiento que hizo Juan Rodríguez, navegando por la contracosta del Mar del Sur al Norte, hecha por Juan Páez (julio de 1542). Alicante: Biblioteca Virtual Miguel de Cervantes. http://www.cervantesvirtual.com/nd/ark:/59851/bmchm549

Phillips, Susan U.

2006 Language and Social Inequality. *En* A Companion to Linguistic Anthropology. Alessandro Duranti, ed. Pp. 474-495. Victoria, Australia: Blackwell Publishing Ltd.

Pilloud, Marin A.

2006 The Impact of the Medieval Climatic Anomaly in Prehistoric California: A Case Study from Canyon Oaks, CA-ALA-613/H. Journal of California and Great Basin Anthropology 26(2):179–191.

Porcayo Michelini, Antonio

2008 La prehistoria del Estado de Baja California en su porción noroccidental. *En* Memorias de Balances y Perspectivas de la antropología e historia de Baja California 2002–2004. Mario Acevedo, ed. Pp. 324-328. Mexicali, Baja California, México: Instituto Nacional de Antropología e Historia.

Preston, William

1998 Serpent in the Garden: Environmental Change in Colonial California. *En* Contested Eden: California Before the Gold Rush. Ramon Gutierrez and Richard Orsi, eds. Pp. 260-298. Berkeley: University of California Press.

Raab, L. M.

1996 Debating Prehistory in Coastal Southern California: Resource Intensification Versus Political Economy. Journal of California and Great Basin Anthropology 18(1):64–80.

Rawls, James J.

1984 Indians of California: The Changing Image. Norman, OK: University of Oklahoma Press.

Rebman, Jon P., and Norman C. Roberts

2012 Baja California Plant Field Guide, 3rd Edition. San Diego: Sunbelt Publications, Inc.

Rebman, Jon P., and Michael G. Simpson

2014 Checklist of the Vascular Plants of San Diego County, 5th Edition. San Diego: San Diego Natural History Museum.

Ritter, Eric W.
1991 Baja California Rock Art: Problems, Progress, and Prospects. San Diego Museum Papers 8(27):21–36.

2006 South-Central Baja California. *En* The Prehistory of Baja California: Advances in the Archaeology of the Forgotten Peninsula. Don Laylander and Jerry D. Moore, eds. Pp. 99–116. Gainesville, FL: University Press of Florida.

Rivera Medina, Erika
2000 Explotación artesanal de especies vegetales en la comunidad indígena de San José de la Zorra, B.C., México: Estado actual, perspectivas y alternativas de manejo. Tesis de maestría, Facultad de Ciencias, Universidad Autónoma de Baja California.

Roberts, Norman C.
1989 Baja California Plant Field Guide. La Jolla, CA: Natural History Publishing Company.

Robertson, Tomás
1978 Baja California and its Missions. Glendale, CA: La Siesta Press.

Robles Uribe, Carlos
1965 Investigación lingüística sobre los grupos indígenas del Estado de Baja California, México. Anales del Instituto Nacional de Antropología e Historia 17:275–301.

Rogers, Malcolm J
1939 Early Lithic Industries of the Lower Basin of the Colorado River and Adjacent Desert Areas. San Diego: San Diego Museum of Man.

1945 An Outline of Yuman Prehistory. Southwestern Journal of Anthropology 1(2):167–198.

1966 Ancient Hunters of the Far West. San Diego: Union Tribune Publishing Company.

Rojo, Manuel Clemente
1987 Apuntes históricos de la Baja California, vol. 4. Tijuana, Baja California, México: Universidad Autónoma de Baja California.

Rylko-Bauer, Barbara, Merrill Singer, and John van Willigen
2006 Reclaiming Applied Anthropology: Its Past, Present, and Future. American Anthropologist 108(1):178–190.

Sales, Fray Luis
1956 Observations on California, 1772–1790. Los Angeles: Dawson's Book Shop.

2003 Noticias de la provincia de California: Colección de documentos sobre la historia y la geografía del municipio de Ensenada, estudio introductorio y notas de Salvador Bernabéu Albert. Ensenada, Baja California, México: Fundación Barca, Restaurant La Finca, Lecturas Californianas.

Sánchez García, Leticia C., and Alfonso Rosales-López
2008a La nutrición en una población cazadora-recolectora: Sitio El Centenario de Baja California Sur. *En* Memorias de Balances y Perspectivas de la antropología e historia de Baja California 2000–2001. Mario Acevedo, ed. Pp. 112-124. Mexicali, Baja California, México: Instituto Nacional de Antropología e Historia.

2008b Salud dental en los antiguos californios: El Conchalito. *En* Memorias de Balances y Perspectivas de la antropología e historia de Baja California 2000–2001. Mario Acevedo, ed. Pp. 266–269. Mexicali, Baja California, México: Instituto Nacional de Antropología e Historia.

Santiago Guerrero, L. Bibiana
    2005 La gente al pie del Cuchumá: Memoria histórica de Tecate. México: Universidad Autónoma de Baja California, Instituto de Investigaciones Históricas.

Serrano González, Jorge
    2008 Sitios arqueológicos en Mexicali y zonas adyacentes. *En* Memorias de Balances y Perspectivas de la antropología e historia de Baja California 2002–2004. Mario Acevedo, ed. Pp. 35–40. Mexicali, Baja California, México: Instituto Nacional de Antropología.

Shackley, Steven, ed.
    2004 The Early Ethnography of the Kumeyaay. Berkeley: Phoebe Hearst Museum of Anthropology.

Shipek, Florence C.
    1986 The Impact of Europeans on Kumeyaay Culture. *En* The Impact of European Exploration and Settlement on Local Native Americans. Raymond Starr, ed. Pp. 13–25. San Diego: Cabrillo Historical Association.
    1987 Pushed into the Rocks. Alpine, CA: Viejas Band of Kumeyaay Indians.
    1991 Delfina Cuero: Her Autobiography, An Account of her Last Years, and Her Ethnobotanic Contributions. Menlo Park, CA: Ballena Press.
    1993 Kumeyaay Plant Husbandry: Fire, Water and Erosion Control. *En* Before the Wilderness: Environmental Management by Native Californians. Thomas Blackburn and Kat Anderson, eds. Pp. 379–388. Menlo Park, CA: Ballena Press.

Spier, Leslie
    1923 Southern Diegueño Customs. University of California Publications in American Archaeology and Ethnology 20:294–358.

Sparkman, Philip S.
    1908 The Culture of the Luiseño Indians. University of California Publications in American Archaeology and Ethnology 8(4):187-234. Berkeley & Los Angeles.

Steward, J.H.
    1955 Theory of Culture Change: The Methodology of Multilinear Evolution. Urbana: University of Illinois Press.

Sutton, Mark Q.
    1988 Insects as Food: Aboriginal Entomophagy in the Great Basin. Menlo Park, CA: Ballena Press.

Timbrook, Jan
    2007 Chumash Ethnobotany: Plant Knowledge among the Chumash People of Southern California. Berkeley: Santa Barbara Museum of Natural History and Heyday Books.

Timbrook, Jan, John R. Johnson, and David D. Earle
    1993 Vegetation Burning by the Chumash. *En* Before the Wilderness: Environmental Management by Native Californians. Thomas Blackburn and Kat Anderson, eds. Pp. 117–149. Menlo Park, CA: Ballena Press.

Treganza, Adan
    1947 Notes on the San Dieguito Lithic Industry of Southern California and Northern Baja California. University of California Publication in American Archaeology and Ethnology 44:255–255.

Trujillo R., Héctor Benjamín
  1983 Lenguas en extinción: Las hokanas de Baja California. Meyibó 1(3):63–88.

UNESCO
  2003 Language Vitality and Endangerment. UNESCO. http://www.unesco.org/culture/ ich/doc/src/00120-EN.pdf, accessed December 11 2011.

Vernon, Edward W.
  2002 Las Misiones Antiguas: The Spanish Missions of Baja California. Santa Barbara: Viejo Press.

Wagner, Henry R.
  1929 Spanish Voyages to the Northwest Coast of America in the Sixteenth Century. San Francisco: California Historical Society.

Waguespack, Nicole M.
  2007 Why We're Still Arguing about the Pleistocene Occupation of the Americas. Evolutionary Anthropology 16:63–74.

Walsh, Michael
  2005 Will Indigenous Languages Survive? Annual Review of Anthropology 34(1):293–315.

Warren, Claude N.
  1968 Cultural Tradition and Ecological Adaptation on the Southern California Coast. *En* Archaic Prehistory in the Western United States. Cynthia Irwin-Williams, ed. Pp. 1–14. Portales, NM: Unknown.

Waterman, Thomas T.
  1910 The Religious Practices of the Diegueño Indians. Berkeley: University of California.

West, G. James, Wallace Woolfenden, James A. Wanket, and R. Scott Anderson
  2007 Late Pleistocene and Holocene Environments. *En* California Prehistory: Colonization, Culture, and Complexity. Terry L. Jones and Kathryn A. Klar, eds. Pp. 11–34. Lanham, MD: AltaMira Press.

Wilken Robertson, Miguel
  1993 Una Separación Artificial: Grupos Yumanos de México y Estados Unidos. Estudios Fronterizos 31–32:135–159.

Wilken, Michael
  1981. Facing New Frontiers: Native People of Baja California. B.A. thesis, Department of Anthropology, University of Californa, Santa Cruz.

  2007 La generala de La Huerta. *Memorias: Balances y Perspectivas de la antropología e historia de Baja California.* 8:242-248. https://media.wix.com/ugd/488b16_875e8fa80d014389b0cfd19eee11626e.pdf

  2008 News from Baja California: A Resurgence of Traditional Arts. News from Native California 21(3):4–7.

  2009 Baja Languages Face an Uncertain Future. News from Native California 22 (3):5–7, 30–31.

  2012 An Ethnobotany of Baja California's Kumeyaay Indians. M.A. thesis, Department of Anthropology, San Diego State University.

Wilken-Robertson, Michael

    1987 The Paipai Potters of Baja California: A Living Tradition. The Masterkey 60:18–26.

    2000 Grupos indígenas de Baja California y el medio ambiente: manejo tradicional y perspectivas actuales. *Memorias: Balances y Perspectivas de la Antropología e Historia de Baja California*, Tomo 1. Instituto Nacional de Antropología e Historia, Mexicali, Baja California. https://media.wix.com/ugd/488b16_6ff583d40c0f4ffcb7dc74ef45e1453b.pdf

    2004a Indigenous Groups of Baja California and the Environment. *En* The U.S.–Mexican Border Environment: Tribal Environmental Issues of the Border Region. M. Wilken-Robertson, ed. Pp. 49–70. San Diego: Southwest Consortium for Environmental Research and Policy, San Diego State University Press.

    2004b Indigenous Groups of Mexico's Northern Border Region. *En* The U.S.–Mexican Border Environment: Tribal Environmental Issues of the Border Region. Michael Wilken-Robertson, ed. Pp. 31–48. San Diego: San Diego State University Press.

    2004c Strategies for Sustainable Development of Natural and Cultural Resources in the Paipai Indian Community of Santa Catarina, Baja California, Mexico. *En* The U.S.–Mexican Border Environment: Tribal Environmental Issues of the Border Region. Michael Wilken-Robertson, ed. Pp. 71–99. San Diego: Southwest Consortium for Environmental Research and Policy, San Diego State University Press.

Wilken-Robertson, Michael, and Don Laylander

    2006 Ethnography. *En* The Prehistory of Baja California: Advances in the Archaeology of the Forgotten Peninsula. Don Laylander and Jerry D. Moore, eds. Pp. 67–81. Gainesville, FL: University Press of Florida.

Wyckoff, Lydia L.

    2001 Woven Worlds: Basketry from the Clark Fields collection. Tulsa, OK: Philbrook Museum of Art.

Apéndice: Grabaciones de campo en audio y video

Los registros de cada grabación incluyen los nombres completos de los entrevistados, el año de la entrevista, el nombre del entrevistador, la fecha y el lugar de la entrevista. Todas las entrevistas y notas de campo se encuentran archivados en los registros de la Biblioteca Cuchumá del Corredor Histórico Carem A. C. en Tecate, Baja California. El nombre del archivo de grabación, basado en un código de archivo de registro, también está incluido para facilitar la identificación de una grabación específica a la cual la cita se refiere. El formato del código del archivo de grabación incluye la siguiente información: Año/mes/día_Comunidad (iniciales)_Orden cronológico de las grabaciones del día_Iniciales de la(s) entrevistada(s)_Medio de grabación.

Aldama Machado, Jovita, Zeferina Aldama Cuero, y Josefina Muñoz Aldama
    2010a. Entrevista por Josefina Muñoz Aldama. Audio-grabación. Julio 27. La Huerta, Baja California. Código de archivo de grabación: 2010/07/27_LAH_00_JAM,ZAC,JMA_VIDEO.
    2010b. Entrevista por Josefina Muñoz Aldama. Audio-grabación. Agosto 27. La Huerta, Baja California. Código de archivo de grabación: 2010/08/27_LAH_00_JAM,ZAC,JMA_AUD.

Carrillo Vega, Beatriz
    2011. Entrevista por Michael Wilken. Video-grabación. Agosto 16. San José de la Zorra, Baja California. Código de archivo de grabación: 2011/08/16_SJZ_00_BCV_VIDEO.

Castro Albañez, Margarita, Teresa Castro Albáñez, y Tirsa Flores Castro
    2010a. Entrevista por Michael Wilken. Audio-grabación. Agosto 22. Santa Catarina, Baja California. Código de archivo de grabación: 2010/08/22_SCK_03_MCA,TCA,TFC_AUD.
    2010b. Entrevista por Michael Wilken. Audio-grabación. Agosto 22. Santa Catarina, Baja California. Código de archivo de grabación: 2010/08/22_SCK_04_MCA,TCA,TFC_AUD.

Cuero Robles, Teodora
　2010a. Entrevista por Michael Wilken. Video-grabación. Junio 28. La Huerta, Baja California. Código de archivo de grabación: 2010/06/28_LAH_TCR_VIDEO.

　2010b. Entrevista por Michael Wilken. Video-grabación. Octubre 2. La Huerta, Baja California. Código de archivo de grabación: 2010/10/02_LAH_00_TCR_VIDEO.

Cuero Robles, Teodora, y Mario Aldama Cuero
　2010. Entrevista por Michael Wilken. Video-grabación. Abril 11. La Huerta, Baja California. Código de archivo de grabación: 2010/04/11_LAH_01_TCR, MAC_VIDEO.

Cuero Robles, Teodora, y Josefina Muñoz
　2010. Entrevista por Michael Wilken y Josefina Muñoz. Video-grabación. Julio 24. La Huerta, Baja California. Código de archivo de grabación: 2010/07/24_LAH_00_TCR,JMA_VIDEO.

Meléndrez Silva, Virginia
　2010. Entrevista por Michael Wilken. Video-grabación. Julio 26. San José de la Zorra, Baja California. Código de archivo de grabación: 2010/07/26_SJZ_01_VMS_VIDEO.

Meléndrez Silva, Virginia, y Celia Silva Espinoza
　2010a. Entrevista por Michael Wilken. Audio-grabación. Agosto 24. San José de la Zorra, Baja California. Código de archivo de grabación: 2010/08/24_SJZ_06_VMS,CSE_AUD.

　2010b. Entrevista por Michael Wilken. Audio-grabación. Agosto 24. San José de la Zorra, Baja California. Código de archivo de grabación: 2010/08/24_SJZ_07_VMS,CSE_AUD.

　2010c. Entrevista por Michael Wilken. Audio-grabación. Agosto 24. San José de la Zorra, Baja California. Código de archivo de grabación: 2010/08/24_SJZ_10_VMS,CSE_AUD.

　2010d. Entrevista por Michael Wilken. Video-grabación. Agosto 24. San José de la Zorra, Baja California. Código de archivo de grabación: 2010/08/24_SJZ_VMS,CSE_VIDEO.

Meza Calles, Aurora
　2011. Entrevista por Michael Wilken. Video-grabación. Cañón de Manteca, Baja California. Código de archivo de grabación: 2011/08/25_NEJ_01_AMC, EMC_VIDEO.

Meza Calles, Aurora, y Emilia Meza Calles
　2011. Entrevista por Michael Wilken. Video-grabación. Agosto 25. Tecate, Baja California. Código de archivo de grabación: 2011/08/25_NEJ_01_AMC, EMC_VIDEO.

Meza Calles, Norma, y Petra Mata
　2010. Entrevista por Michael Wilken. Audio-grabación. Septiembre 7. Tecate, Baja California. Código de archivo de grabación: 2010/09/07_NEJ_04_NMC,PMX_AUD.

Meza Calles, Norma, Petra Mata, y Aurora Meza Calles
　2010. Entrevista por Michael Wilken. Audio-grabación. Julio 21. Valle de las Palmas, Baja California. Código de archivo de grabación: 2010/07/21_NEJ_03_NMC,PMX,AMC_AUDIO.

Silva Espinoza, Celia, y Virginia Meléndrez Silva
　2010a. Entrevista por Michael Wilken. Video-grabación. Julio 26. San José de la Zorra, Baja California. Código de archivo de grabación: 2010/07/26_SJZ_01_CSE,VMS_VIDEO.

　2010b. Entrevista por Michael Wilken. Video-grabación. Julio 26. San José de la Zorra, Baja California. Código de archivo de grabación: 2010/07/26_SJZ_02_CSE,VMS_VIDEO.

Índice

A
Abrigo de los Escorpiones, 7, 9
Adenostoma fasciculatum (Rosaceae), 4, **88**–89
Adenostoma sparsifolium (Rosaceae), 5, **90**–91
Agallas de avispas, 193
Agave (*Agave deserti*), 43, **92**–101, 177, **186**, 225, 2**4**8
Agave costero (*Agave shawii*), **93**–101, **98**
Agave desértico Pringle (*Agave deserti* spp. *pringlei*), **94**
Agave deserti (Agavaceae), **92**–101
Agave *shawii* var. *shawii* (Agavaceae), 4–5, 49, **93**–101
Agua de uso, 53, 106, 109, 125, 144
Agua Hechicera (*Ha 'kusiyai*), 168
Aguaje de la Tuna, comunidad kumiai, 54
Albáñez, Andrés, **89**, 96–**98**
Aldama Cuero, Mario, 83
Aldama Cuero, Zeferina, 83, 141–142
Aldama Machado, Jobita, 83, 102, 141–142
Álamo (*Populus fremontii*), 4, **176**–**177**, 201
Alforfón común (*Fagopyrum esculentum*), 130
Alimentos
    biznaga, **42**, 45, 59
    cachanilla, 175
    chamizo blanco, 113
    chía, 206–**208**, 225, **245**
    corazones de agave, 49, 94–**99**, **101**
    ejotillo, 162–163
    encino costero, 39, 48, 135, **182**–192, 247
    encino roble (bellota dulce), 42, 59, 190–192, **191**
fresno, 134
guata, 49, 155
islaya (*Prunus ilicifolia*), **178**–181
jacintos silvestres, 120–121
jojoba, polémica fuente de alimento, 213
lechuguilla, 138–142
lentisco, 158
mangle, 195–196
manzanita, 42, 45–46, 49, 107, **109**, 225
palma azul, 117
palma de abanico, 217
palmilla, 217, 220–221
piñones (dos variedades), 164–170
salvia blanca, 203–205
sauce, 199, 202
sauco, 211
toyón, 143
tuna, 160–161
yerba del oso, 194
Aliso o sicomoro (*Platanus racemosa*), 4, **85**, 171–172
Alivio al dolor
    álamo, 177
    chamizo colorado, 91
    parto, 196
    reumatismo, 91
    romerillo, 111
    salvia blanca, 204
    sauce, 202–203
    yerba del manso, 104
    yerba santa, 128
Almstedt, Ruth Farrell, 74

Los números de página en **negrita** en el índice indican una foto en esa página.

Ambrosia monogyra (Asteraceae), **102**
Anderson, Kat, 32, 120–121
Anemopsis californica (Saururaceae), 5, **74**, **103–106**
Arcos y flechas
   cachanilla, 173–175
   ciprés de Tecate, 136
   lechuguilla, **142**, **198**
   huatamote, 115, **198**
   vara prieta, **89**
Arctostaphylos glauca (manzanita coyote), 108
Arctostaphylos spp. (Ericaceae), 4, **46**, **107–109**
Arenivar Salgado, Adan, **115**
Arqueología y prehistoria de la región kumiai, 1, 6–13, 34, 75, 161
Arrillaga, Joaquín, 17, 23
Artemisia californica (Asteraceae), 4, **110–111**
Artemisia tridentata (Asteraceae), 5, **112–113**, 167
Ascensión, Padre Antonio de la, 18–20, 94
Aschmann, Homer, 31, 96, 213
Atole de bellota, 39, 48, 135, 163, **180**, 181, 185, 187–189, 191, 217, 247
Atole (de otras semillas), 48, **49**, 113, 125, 155, 160, 167, 179, 208, 220
"Autobiografía de Delfina Cuero: una indígena diegueña" 74
Awi mielh "tortilla de víbora" (Siemprevivas), 123
Ayau (sauce), 199
Ayulh (cola, de canasta), 151

B

Baccharis salicifolia (Asteraceae), 89, **114–115**, 198, 201, 223
Baeza Catalán, José Humberto, 7
Bahía de San Quintín, 100
Bahía de Todos Santos, **134**
Barco, Padre Miguel del, 135, 213
Barrilitos (mieleras), 142
Batea (bandeja), 20, 152
Bean, Lowell John, 32, 74, 130, 138–139, 175, 217
Bebidas
   aliso, 172
   canutillo, 124
   chía, **208**
   fresno, 134
   mangle, 160, 195–196
   manzanita, 107
   palma de abanico, 217

   palmilla, 220
   sauco, 211
   siemprevivas, 123
   tuna, 160
Bellota dulce (*Quercus peninsularis*), 42, 59, **190–191**
Bellotas como alimento, 12, 39, 42, 48, 49, 55, 58, 182–193
Bendímez Patterson, Julia, 17–18
Biblioteca Cuchumá del Corredor Histórico CAREM, 82
Botones de biznaga, **42**, 45, 59
Bouscaren, Steve, 97–98
Brahea armata (Arecaceae), 5, **116–117**
Brickellia californica (Asteraceae), **118–119**
Bryan, Alan, 6–7

C

Cabello
   huatamote, 115
   romerillón, 102
   teñido, jojoba, 214
Cabrillo, Juan. *Véase*: Rodríguez Cabrillo, Juan
Cachanilla (*Pluchea sericea*), 89, **173–175**, 201, **228**, 236
Cahuilla
   canutillo, 125
   chamizo blanco como alimento, 113
   comparten limites culturales con los kumiai, 223–224
   ejotillo como alimento, 162
   etnobotánica, 74
   huatamote para prevenir la calvicie, 115
   guata, 155
   lechuguilla, 139
   palmilla como alimento, 217, 220
   valeriana como alimento, 130
   yerba mansa, 223
Campbell, Paul, 199–200
Campo Nacional, 166–167
Cano Bracamontes, Carlos Alberto, 75
Canutillo (*Ephedra californica*), 51, **124–125**, 223, **227**
Cañuelas, **158**
Carrillo, Beatriz, **28**, **75**, **80**, **146**–148
Carrizo, 185
Castañeda Silva, Gloria, 201, 204, 236
Castro Albáñez, Margarita, **64**, 83, 104–105, 166–167, **220–221**

Índice

Castro Albáñez, Teresa, **96**
   como asesor kumiai, 83
   bellota dulce, 191
   enseña a hacer falda, **238**
   escobilla para metate, fibras de agave, **186**
   falda de fibra de palmilla, **219**
   fibras de agave, **99**
   foto de, **64**, **76**
   palmilla, 220
   sandalias de agave, **94**
   sobre los piñones, 166–167, 169
Cazador kiliwa pica la madriguera de una rata, **10**
Centro de Investigaciones Culturales-Museo (CIC-Museo), Universidad Autónoma de Baja California (UABC), 18
Cenzontle (sinsonte), 194
Cerámica
   aparición en sitios arqueológicos, **11**–13
   arcilla, 45–47, 59
   uso de, 18, 21, 34
   yuca palmilla usada para cocer cerámica, 59, 220–**221**
Cereza silvestre (*Prunus ilicifolia*), **178**–181
Cerro cuchumá/Tecate Peak, **6**
Cestería, 45–**47**, 145–153, 199, 236
Chamizo blanco (*Artemisia tridentata*), 5, **112**–**113**, 167
Chamizo colorado (*Adenostoma sparsifolium*), 4, **90**–91
Chamizo prieto (*Adenostoma fasciculatum*), 4, **88**–89, 115, 140
Chía (*Salvia columbariae*), 21, 42–43, 207–208, 224, **245**
Chía (*Salvia carduacea*), **xxiii**, **206**
Chukwa (red de agave para juntar tunas), 160
Chumash
   canutillo, 125
   cesteros, junco, 149
   etnobotánica, 75
   fresno, 135
   guata, 155
   lechuguilla, 168
   lengua, 64–65
   lentisco, 158
   yerba mansa, 106
Churupu (*Deinandra fasciculata*), 160
Ciprés de Tecate (*Hesperocyparis forbesii*), **136**
"Clanes y grupos sociales en el sur de California", 30

Clavijero, Padre Francisco Xavier, 152
Cline, Laura, 70
Concheros costeros, **8**–**9**, 22
Cochimí, 63, 152, 217
Cola de gato (*Typha* spp.), 201
Complejo arqueológico Comundú, 100
Complejo arqueológico La Jolla, 9
Complejo arqueológico Las Palmas, 100
Complejo arqueológico yumano, 10–11
Comunidades vegetales del chaparral, 5
Comunidades ripárias, 4, 172
Conocimiento etnográfico, importancia de, xxv–xxvi
Conocimiento, poner a trabajar el, 241–249
Consag, Padre Fernando, 213
Corazones de agave cocido (mescal), 95–99, **101**, **223**
Corredor Histórico-Camino Real de las Misiones (CAREM), xxvii
Cortés Rodríguez, Edna, 75, 82, 106, 124–125, 134, 181, 213
"Costumbres de los diegueños del sur", 30
Cota, Andrea, **xxviii**
Cota Mata, Guadalupe, **240**
"Creando una canasta tejida en estilo indígena", 75
Crespí, Padre Juan, 17, 20–22, 94–95, 100–101, 172
Cucapá
   lengua, 63–64
   piñones, 165
   rianos, 170
   práctica de canto en los pinos bailadores, 39
   comercio con los kumiai, 41, 58–59
Cuenca del rio Tijuana, 34
Cueva de los rianos, **170**, 227
Cuero, Delfina
   autobiografía, 33, 74
   bellotas, 188–189
   biografía de, 32–33
   como autoridad cultural, 30
   golondrina, 132
   jojoba, 214
   manzanita, 108
   palmilla, 220
   piñones 166, 168–**170**
   salvia blanca, 204
   toyón, 144
   vivió en *Ja'a*, 177
   yerba del oso, 194

Cuero Robles, Teodora
   cestas granero de sauce, 201
   chamizo blanco para dolor de oído, 113
   chamizo colorado para dolor de muelas, 91
   chía, 208
   como asesor kumiai, 83
   entrevista, **69**
   foto de, **41**, **60**, **107**, **170**, **230**, **232**
   frutas de la Palma azul, 117
   frutas de la Palma de abanico, 217
   huatamote como jabón, 115
   jacintos silvestres como alimento, 121
   jusilh vs. *jumsur* (tipos de manzanita), 108
   "los árboles bailadores," 40
   manejo de los recursos ambientales, 231–232
   recoge frutas de manzanita, **107**
   significado social de la cosecha de piñón, 227
   siemprevivas, *awi mielh*, 123
   sobre la desaparición de plantas nativas, 80
   sobre los patrones migratorios de las bandas, 42
   valeriana, 130–**131**
   yerba santa para problemas respiratorios, 127–128
Cuidado de las heridas
   agallas de avispa, encinillo, 193
   encino costero, 189
   romerillo, 111
   moronel, 156
   jojoba, 213–214
   tuna, 160
   yerba Mansa, 104
Cuidado de las plantas, 32–33
Cultura Material asociada con el uso de plantas, 45–49
"Cunas indígenas de California", 75

D

Deinandra fasciculata (*churupu* en kumiai), 160
Desgaste dental, 98–99
Descubrimiento del oro, 26–27
Desierto del Colorado, xix, **xxx**, 4, 39, 41, 43, **66**, 165, 168
Desordenes respiratorios
   siemprevivas, *awi mielh*, 123
   yerba santa, 126–127
Desordenes digestivos
   ciprés de Tecate, 136
   chía, 208
   chamizo blanco, 113

   encino costero, 189
   romerillo, 111
   sauco, 211
   yerba de la vaca, 118–119
   yerba mansa, 106
   valeriana, 130
Dichelostmma capitatum (Themidaceae), **120–121**
Diegueño (nombre colonial usado anteriormente para los kumiai)
   Uno de varios nombres aplicado a los kumiai, xix
   Usos etnobotánicos atribuidos a los diegucños (kumiai), 101, 123, **139**, 181, 186, 199–200, 201
"Distribución de Elementos Culturales," 31
"Documentación de lenguas kumiai hablados in Baja California, México," 76
Documentación de lenguas amenazadas, 76
Dolor de cabeza
   islaya, 181
   sauce, 202
   yerba de la vaca, 119
   yerba mansa, 104
Drakic Ballivian, Danilo A., 7
Drucker, Philip, 30
DuBois, Constance, 30
Dudleya spp. (Crassulaceae), 4
Dudleya spp. (Crassulaceae), **122–123**
Dufour, Darna, xxvii

E

'*Ehwiiw* (pine nuts), 82
Ejidos, 27, 53
Ejotillo (*Peritoma arborea*), **xxiv–xxv**, **81**, **162–163**
Encinillo (*Quercus* spp.), **193**
Encino costero (*Quercus agrifolia*), 4, **40**, 43, **183–189**, 224
Encino roble (*Quercus peninsularis*), 5, **191–192**
El Rosario Viñadaco, 22
"El viaje de los árboles sagrados", 38–39
Emes Boronda, María, 213
Ensenada, 2, 18, 42
Etnobotánica aplicada, artículo de la UNESCO sobre la, 242
Etnobotánica cahuilla, 74
Etnografía
   comunidades contemporáneas, 53–59
   economía kumiai de caza, pesca y recolección, 41–45

fuentes, 30–34
origen de los kumiai en su tradición
    oral 34–40
Etnohistoria
    fuentes históricas, 16–17
    importancia de los relatos misionales
        y otros periodos, 15–17
    paisajes del siglo XVI–XIX, 18–27
Ephedra californica (Ephedraceae),
    5, 51, **124–125**, **227**
Epidemias, colonos españoles, 18
Eriodictyon spp. (Boraginaceae),
    4, **78**, **126–128**, 204
Eriogonum fasciculatum (Polygonaceae),
    4, **129–131**, 158
"Etnobotánica: un manual de métodos", xxii
Euphorbia polycarpa (Euphorbiaceae), **132**

F

Faldas de fibras
    de álamo, 177, 201
    de agave, 95
    de palmilla, **219**
    de sauce, 177, **200**, 201, 238
Falla de Agua Blanca, 2
Familia de lenguas yumanas, 63–65
Farlow, Leonor, 142, 181
Farmer, Justin, 75
Ferris, Mark, **248**
Fibras
    agave, **94**, 99–101
    álamo, 177, 201
    guata, 201
    lechuguilla, 139
    palmilla, **219**–221
    redes, fibras de agave, **47**
    sauce, 199
    sauco, 201
Field, Margaret, 63–66, 70
Flores Castro, Tirsa, **64**, 83, 211
Fondo Nacional para las
    Humanidades de EUA, 77
Fonseca Ibarra, Enah Montserrat, 7
Fresno o fresnillo (*Fraxinus parryi*), 4,
    133–135, 224
Fraxinus dipetala, 135
Fraxinus parryi (Oleaceae), 4, **133**–135
Fuentes y métodos etnobotánicos
    fuentes etnobotánicas, 73–76

grabaciones y notas de campo, 84–85
métodos de campo, 75–82
presentación de los datos, 82–84
Fundación Diversidad Global, xxvii
Fundación Nacional para la Ciencia
    de los EUA (NSF), 63, 70, 76
Fusique/toyón (*Heteromeles arbutifolia*),
    4, **79**, **143–144**, 234

G

Gabb, William More, 63
Gamble, Lynn H., 33
García Cuero, Julián, 173–174, **240**, 244
Garduño, Dr. Everardo, 17–18
Gente formada de barro, **37**
Gifford, Edward Winslow, 30–31
Girasol de California (*Helianthus californica*), 89
Golondrina (*Euphorbia polycarpa*), **132**
Granero de hojas de sauce, **200**, **202**
Gruhn, Ruth, 6–7
Guata (*Juniperus californica*), 5, 136,
    154–155, 201, 223–224
Guatamote (*Baccharis salicifolia*), **114–115**
"Guía de campo de plantas de Baja California", 82
Guía Ramírez, Andrea, 7

H

"Habilidades de supervivencia de la
    California nativa" 33, 199–200
Hablantes pasivos de lengua kumiai, 68–69
halasi/halasii (sauce de arroyo), 199, 201
Harrington, John Peabody, 63, 75
Hataam o Tomaseño, Santo Tomas, 63
Hedges, Ken, 74–75, 201, 213
Herbolaria para mujeres
    jojoba, 214
    lentisco, 158
    mangle, 196
    yerba mansa, 104
Herramientas de piedra, 47
Hervor de sangre, 119
Hesperocyparis forbesii (Cupressaceae), **136**
Hesperoyucca whipplei (Agavaceae), 4, 43, 48,
    69, **137–142**, 223, **225–226**, **233**–234
Heteromeles arbutifolia (Rosaceae), 4, **79**,
    143–144, 223, 234
Hicks, Frederic Noble, 31, 43, 95–97, 184
Hierba del borrego (*Artemisia
    tridentata*), **112–113**

Hierba del manso (*Anemopsis californica*), **103–106**
Higuera, Petra, 101
Hinshaw, Jay M., 75
Hinton, Leanne, 63, 70, 126
Hohenthal, William D.
　descripción de graneros en plataformas, 186
　historia de *Agua Hechicera* (*Ha 'kusiyai*), 168
　lechuguilla, 139–140
　lengua kumiai, 70–71
　lista de palabras sugerida, 70
　no menciona la jojoba como alimento, 213
　ortografía Kumiai, 84
　sobre cesteras kumiai, 145
　trabajo de campo etnográfico, 31
Huatamote (*Baccharis salicifolia*), 89, **114**–115, 173, **198**, 201, 223
Hubbs, Dr. Carl L., 6
Hwíiw (piñones), 84

I
Iiy (rama o palo), 229
Incienso, 113. *Ver también* purificación ritual
Indígenas como vaqueros en un mundo cambiante, **14**, **27**
"Indios de California y su ambiente", 32
Infecciones
　romerillo, 111
　yerba mansa, **104**–105
Insectos como alimento, 135
Islaya (*Prunus ilicifolia*), **xx**, 4, **38**, 45, 48–**49**, 158, **178–181**, **224**–225, 234
Instituto de Investigaciones Históricas, UABC, 26
Instituto Nacional de Antropología e Historia (INAH), 6
Instituto Nacional de Lenguas Indígenas (INALI), 63

J
Ja shukat (agua fresca), 48, 211
Ja'a (Álamo o Cañón del Álamo, Nejí), **25**, **54**, 236
Jabón, saponinas de la palmilla, 220–221
Jacintos silvestres o coquitos (*Dichelostemma capitatum*), **120–121**, 233
Jalasí (Sauce de arroyo), 199, 201
Jam'soor (tipo de manzanita), 108
Jatiñil, 25
Jattpa jusilh (manzanita del coyote), 108
Jiguata/jihuata (*Acmispon glaber*), 141, 185, 201

Jilu (cesta para almacenar), 45
Jiub (piñones), 84
Jlhuy (perfume), 126
Jmuu (mortero), 187
Jojoba (*Simmondsia chinensis*), 5, **212–214**
Josilh o jusilh (manzanita), 109
Jpi (roca de molienda), 186
Jpilh (hoja pegajosa), 126
Jta (Cachanilla, La Huerta), 39–40, 236
Jtut (bayas rojas), 194
Juaalh kumiai (Lentisco), 158
Juaalh nyak (mangle), 158
Juiu (piñones), 84
Juiyu (piñones), 84
Jumete/algodoncillo (*Asclepias* spp.), 100
Jumsur vs *jusilh* (tipos de manzanita), 108
Junco (*Juncus textilis*), **146–153**
Junco espinoso (*Juncus acutus*), **145**
Juncos (*Juncus acutus* and *J. textilis*), 4
Juncus acutus (Juncaceae), 4, **145**
Juncus textilis (Juncaceae), 4, **28**, **146–153**
Juniperus californica (Cupressaceae), 5, **154–155**
Juntas de Nejí *véase* Nejí
Jushik (toyón), 143
jusilh tr'aar (manzanita), 109
Jusilh vs. *jumsur* (tipos de manzanita), 108

K
Kiliwa
　corazones de agave como alimento, 95
　etnográfica y lingüística, información, 63–66
　frutas de guata como alimento, 154–155
　islaya como joyería, 181
　jojoba, 213
　Meigs sobre los, 30
　palma azul como alimento, 117
　palmilla, 220–221, **239**
　semillas de islaya, 181
　semillas de lechuguilla como joyería, 142
Ko'alh, **11**
　agave desértico, 94
　arcos de sauce, 199–200
　arco de sauce, **198**
　bellota dulce, 191–192
　chamizo blanco, 112
　como ceramistas, 47, **53**
　etnobotánica de, 75
　faldas de álamo, 177
　faldas de sauce, **200**

flores de manzanita, 108–109
guata, 154
lazos culturales and lingüísticos
   con paipai y kumiai, 31–33
lechuguilla, 142
lengua, 77
misiones dominicas en territorio, 23
palmilla, 219–220
palmilla como leña, 220
piñoneros, 164–170
plantas estacionales, 43–44
prohibiciones en la colecta de
   lechuguilla, 142
relación con las lenguas kumiai
   y ko'alh, 219–220
Santa Catarina, hogar, 58–59
siemprevivas, *awi mielh*, 123
sauco, 211
tuna, 154, 160, 229
yerba de la vaca, 119
yuca, 225
Kornylo, Krista, 66–67
Kpijau (Chamizo blanco), 113
Krauss, Michael, 67
Kuak uyulh "el venado juega aquí
   con sus astas," 156
Kujuá (yerba santa), 228
Kumiai
   alias '*Iipay–Tiipay, Ipai–Tipai*, Diegueño,
     Kumeyaay o *Mission Indians*, xix–xx
   arqueología prehistórica, 5–7
   cestería, 45–**47**
   conocimiento de plantas ligado al
     conocimiento cultural, 223–229
   conocimiento y sustentabilidad, 231–239
   cronología cultural prehistórica, 7–13
   economía de caza, pesca y recolección, 41–45
   hablantes, demografía, xxii–xxv
   herramientas de piedra, 47–**48**
   historia revelada por prácticas
     modernas, xxvii–xxviii
   marco ambiental, Baja California, 1–5
   métodos de procesamiento de
     herramientas, 47–**48**
   origines de, 35–40
   paisajes contemporáneos, 53–59
   piñones como alimento, 167–168
   plantas y hierbas curativas, 49–52
   redes, fibras de agave, 47–48

   respuesta a la colonización española, 24–26
   territorio de, xx–**xxii**
Kusiaay (doctor), 49
Kwiatkowski, Heather, 18

L

"La diabetes tipo 2, patrones dietéticos y
   de actividad física en las ocho tribus
   indígenas de Baja California, México" 66
La Huerta, comunidad kumiai
   aliso, 172
   bellotas dulces, 192–201
   chamizo blanco, 113
   chamizo colorado, 91
   cosecha del piñón, 166–170
   ecosistema de la región de origen, 227
   "El viaje de los árboles sagrados," 38–40
   frutas de la guata, 155
   hierba de la vaca, 119
   Jta (cachanilla) nombre de lugar
     y de planta, 40, 58, 236
   la comunidad hoy, 53, **57–58**
   lechuguilla, 141–142
   manzanita, 108
   patrones migratorios de, 42
   prohibiciones de la colecta de
     Lechuguilla, 141–142
   romerillón, 102
   palma azul, 116–117
La Rumorosa, **4**, 38–39, **66**
Langdon, Margaret, 63
"Las prácticas religiosas de los
   indios diegueños," 204
Lavado de ojos
   islaya, 181
   lentisco, 158
Lechuguilla (*Hesperoyucca whipplei*), 4, 43,
   48, **69**, **137–142**, 223, 225–**226**, **233**–234
lengua kumiai
   conexiones de la familia, 63–65
   la lengua hoy, 65–71
   relaciones lingüísticas y mapa, 61–**62**
   investigación lingüística y literatura, 63–64
Lengua ko'alh, xx
Lengua paipai, xx
Lengua y cultura, relación de, xxii–xxv
Lenguas en Peligro de Extinción,
   Grupo Ad Hoc Especial de Expertos
   de la UNESCO sobre, 67

Lentisco (*Malosma laurina*), 4, **157–158**, 195–196, 225
Lentisco de tres hojas (*Rhus trilobata*), 145
Leña
    álamo, 177
    encinillo, 193
    manzanita, 108
    palmilla, 220
    vara prieta, 89, 140
Laylander, Don, 63
Leal Meza, Emmanuel, **240**
León, Gerardo, **240**
Leyva, Ana Daniela, 63
Lightfoot, Kent, 32
Lightner, James, 82, 107
Lirios mariposa (*Calochortus* spp.), 120
Llano del Álamo, 2
Lonicera subspicata var. *denudata*
    (Caprifoliaceae), **156**
López Meza, Josefina, **127**
    como asesor kumiai, 83
    reducción de la discriminación, 244
Luiseño, 30, 73, 154

M

Magueyes (agave costero y agave desértico) 43, 92–101, **98**, 177, **186**, 225, **248**
Malosma laurina (Anacardiaceae), 4, **157–158**
Manzanita (*Arctostaphylos* spp.), 4, 42–43, **46**, 48, 107–**109**, 224
Mangle (*Rhus ovata*), 5, **195–196**, 225
Mariscal Aguiar, Daria, **53**
Martin, Gary, xxvii
Massey, William C., 6
Mat jnak "collar de tierra," 132
Mat yiu "ojos de tierra," 132
Mata, Petra, 160
    bellotas, 185
    como asesor kumiai, 83
Mata, Rosa, 201
Materiales de construcción
    álamo, 177
    aliso, 172
    cachanilla, 173–175
    encinillo, 193
    encino costero, 189
    guata, 155
    lechuguilla, 141
    palmilla, 220
    sauce, 199, 201
    vara prieta, 89
Matorral costero, **5**
Matorral desértico de Sonora, 5
McCarthy, Daniel, **248**
McCarty, Jim, 38, 181
Me' (gusanos), 135
Meigs, Perevil, 17, 30, 95–96, 213, 220
Mejillones, **41**
Melendrez Silva, Virginia
    atole de bellota, 185
    canasta hecha por, **151**
    como asesor kumiai, 83
    golondrina , 132
    islaya, 181
    lentisco, 158
    romerillo, 111
    romerillón, 102
    sobre lavar la harina de bellota, 187
    yerba mansa, 106
Metates (rocas de molienda), 9, 47, 99, **185**, **189**
Meza, Benita, **xxiii**, **40**
Meza, Bernabé, **65**
Meza Calles, Aurora
    chamizo colorado para el reumatismo, 91
    como asesor kumiai, 83
    cuenta el mito de la creación, 35–37
    examina una chía, **xxiii**
    golondrina, 132
    huatamote para lavar el pelo, 115
    la creación en los kumiai, 35–37
    mangle, 195–196
    nopal para las astillas, 160
    romerillo para fiebres, resfrío y vesícula, 111
    romerillón, 102
    té de romerillo para lavar heridas y dolores musculares, 113
Meza Calles, Emilia
    como asesor kumiai, 83
    chamizo blanco, 113
    chamizo colorado para el reumatismo, 91
    golondrina , 132
    huatamote, 115
    jacintos silvestres, 121
    romerillo, 111
    romerillón, 102
    tuna, 160
    yerba mansa, 104

Meza Calles, Norma
   bellotas, 184–185
   bellotas del encinillo, 193
   bellota dulce, 191–192
   como asesor kumiai, 83
   cuece flores de ejotillo, **xxiv**
   foto de, **72**, **74**, **240**, **243**, **247**
   lava harina de bellota, **180**
   prepara agua de chía, **245**
   prepara atole de bellota, **247**
   quema salvia blanca, **205**
   recoge islaya, **xx**
   sobre los nopales, 160
   tamiza harina de bellota, **188**
   yerba del oso, 194
Meza Calles, Yolanda, **72**
Meza Cuero, Jon
   aliso, 172
   cachanilla, 175
   canutillo, 124–125
   ciprés de Tecate, 136
   colecta de manzanita, 108–109
   como asesor kumiai, 83
   en La Rumorosa, **66**
   foto de, **65**, **139**
   guata, 155
   islaya, atole de, 181
   lechuguilla, 140
   mangle para el parto, 196
   romerillo usado para el ganado, 111
   sobre construir con sauce, 201
   sauce, 202
   sauco, 211
   salvia blanca, 204–205
   valeriana para la náusea, 130
   vara prieta endurecida para puntas, 89
   yerba de la vaca como medicina, 118–119
   yerba santa como planta medicinal, 103–104
Michelsen, Ralph, 31, 41, 96, 101, 135, 160, 167, 213
Mii'aaq (canutillo), 124, 227
Miller, Amy, 63
Misión de El Descanso, 23
Misión de San Diego de Alcalá, 21–22
Misión de San Miguel Arcángel, 22
Misión de Santa Catalina, 23
Mito de la creación kumiai, 34–39
Mixco, Mauricio, 63
Moronel (*Lonicera subspicata* var. *denudata*), **156**

Moran, Reed, 143
Moriarty, James Robert, 6
Mortero, 99, **185**, 187, **189**
Morteros de roca madre, 10, **48**, **183**
Mortero y mano, 46, **48**, **188**, **247**
Muka jepilh (yerba santa), 228
Muérdago (*Phoradendron macrophyllum*), 172
Muñoz, Josefina, **69**
Muñoz, Ofelia, 38–39
Museo Comunitario de Tecate y jardines etnobotánicos, xxvii–xxix, 70, **77–78**, 82, 173–175, **240**, **242–243**, **246**
Museo de Historia Natural de Santa Barbara, 75
Museo del hombre de San Diego, 6, 74
Muy casire (Palma de abanico), 117
Muy kuaw (Palma azul), 117

N
Necua, comunidad kumiai, 54, **56**, 57, 65, 192, 201, 213, 227, 236
Nejí, comunidad kumiai (Juntas de Nejí)
   álamo, 177
   bellotas, 184–185
   bellota dulce, 191–192
   chamizo colorado, 91
   cestas granero de sauce, 201
   cachanilla, 173–174
   ecosistema de la región de origen, 227
   foto de, **54**
   Ja'a (Cañón del álamo), **25**, 55, **176**, 177, 236
   lengua, 53–55
   la comunidad hoy, 53–55
   mito de la creación, 35–37
   nombre de planta como nombre de lugar, 236
   romerillón, 102
   salvia India, 113
   tipos de nopales, 160
   trastorno por las misiones, 24–25
   valeriana, 131
   yerba del oso, 194
Nomenclatura de los estados de la región
   Alta California, xxix
   Baja California (México), xxix–1
   Baja California Sur, xxix–1
   las Californias, xxix
   península de Baja California, xxix
Nopales (*Opuntia* spp.), 5, **23**, **159–161**, **225**, **229**
Noble, Rose, 99

O

"Observaciones sobre California 1772–1790", 95
Ochoa Zazueta, Jesús Ángel, 63
Oficina de Etnología Americana del Museo Smithsoniano, 63
Ojeda Melendrez, Aurelia, **249**
Opuntia spp. (Cactaceae), 5, **159–161**
Orcutt, Charles Russell, 117
Ortografía kumiai de Baja California, **71**
Osuna, María, 168–169
Osuna, Rubén, 174
Oviedo García, Fernando, 7
Owen, Roger C., 31, 43, 96, 135, 160, 213

P

Paipai, 217
   arcos de sauce, 199–200
   bellotas, 184
   bellota dulce, 192
   cerámica en sitios arqueológicos, **11**
   etnobotánica, 75
   jojoba, 214
   lechuguilla, 142
   lengua, 64–65
   misiones dominicas en territorio, 23
   palmilla como alimento, 220
   piñoneros, 164–170
   piñones como alimento, 168
   tuna, 160
Palma de abanico (*Washingtonia filifera*), 5, **215–217**
Palma azul (*Brahea armata*), 5, **116–117**, 215
Palmas, 39, 217, 223–224
Palmilla (*Yucca schidigera*) (Kumiai *sha'aa*), 5, 45, 160, 201, **218–221**, 225 **239**
Papas indias, 120–121
Parto, 102, 158, 196, 213–214
Pasto alto (*Muhlenbergia rigins*), 145
Peña Blanca, comunidad kumiai, 18, 53, 83, 127
Peón, 106
Peralta, Benito, 113, 168
Periodo prehistórico tardío, 18
Peritoma arborea (Cleomaceae), **162–163**
Piedra de molienda, 9, **46**
Pinal de piñoneros, **2**
Pinales de la sierra alta, 39
Pinole de piñón, 48, 167
Pinos danzantes en camino a un festival, **39**
Pinos piñoneros (*Pinus monophylla, Pinus quadrifolia*), **xxvi**, **44**, **164–170**, 223
Pinus monophylla, Pinus quadrifolia (Pinaceae), 5, **164–170**
Piñones como alimento, **23**, 42–43, 225
Piñoneros (cosechadores), 167
Pja.a (yerba santa) **126**, 228
"Plantas de cestería usadas por los indios americanos del Oeste", 75
"Plantas vasculares del condado de San Diego", 82
Plantas medicinales
   agallas de avispa, encinillo, 193
   álamo, 177
   canutillo, 124
   encino costero, 189
   guata, 155
   huatamote, 114–115
   islaya, 181
   jojoba, 213–214
   mangle, 196
   manzanita, 109
   moronel, 156
   romerillo, 111
   romerillón, 102
   salvia blanca, 203–205
   sauce, 199, 202
   sauco, 210–211
   toyón, 143
   tuna, 160
   yerba mansa, 109
   yerba de la vaca, 118
   yerba santa, 126
   valeriana, 130
"Plantas Nativas del condado de San Diego", 82
Platanus racemosa (Platanaceae), 4, **171–172**
Pluchea sericea (Asteraceae), **173–175**
Polígonos de las comunidades indígenas, **52**
Populus fremontii (Salicaceae), 4, **176–177**
Porcayo Michelini, Antonio, 7
Portolá, Gaspar de, 17
Prácticas de manejo ambiental, xxvii
Preparación de plantas y hierbas curativas, 50–53, 106, 214
Problemas urinarios
   canutillo, 124
   guata, 155
   manzanita, 109
Procesamiento de semillas, **12**, **109**, 113, 125, 134, 155, 160, 167, 196, 203

Provincia florística de California, 111
Prunus ilicifolia (Rosaceae), **xx**, 4, **38**, 45, 48–**49**, 158, **178–181**, **224**–225, 234
Pueblo cucapá, xix
Pueblo maricopa, xix
Pueblo mohave, xix
Pueblo quechan, xix
Pueblos yumanos, xix, 10–11, 18, 23, 30–31, 63–64, 95, 229
Punta Banda, 9
Puntas Clovis, 8

Q

Quercus agrifolia (Fagaceae), 4, **40**, 43, **183–189**, 224
Quercus peninsularis (Fagaceae), 5, **183–189**, **191–192**
Quercus spp. (Fagaceae), **193**
Quiote (*Hesperoyucca whipplei*), **137–142**

R

Ramada hecha de Cachanilla, **33**
Ramas de guata, **237**
Ramírez, Rose, 75
Rancherías (campamentos estacionales), 23
Real del Castillo, 26
Rebman, Jon, 82
Redes, fibras de agave, **19**, 47, **94**, 99–**101**
Regino, Cristóbal, 201
Región binacional kumiai, 83
Rhamnus crocea (Rhamnaceae), **194**
Rhus ovata (Anacardiaceae), 5, 157, **195–196**
Reservación indígena Rincón, 73
Refriados y fiebres
    islaya, 181
    romerillo, 111
    salvia blanca, 203–204
    sauco, 210–211
    toyón, 143
    yerba de la vaca, 118–119
    yerba santa, 126–127
Rituales de purificación, 50, 204
    chamizo blanco, 113
    salvia blanca, **203**
    yerba del manso, 106
Rivera de Moncada, Fernando, 17
Roberts, Norman, 82
Robles Uribe, Carlos, 63
Rodríguez Cabrillo, Juan, 16, 18
Rogers, Malcolm, 6
Rojo, Clemente, 24
Romerillo (*Artemisia californica*), 4, **110–111**
Romerillón (*Ambrosia monogyra*), **102**
Rosales-López, Alfonso, 98–99
Rosarito, 100
Ruda del monte (*Peritoma arborea*), 162–163
Rumorosa, **4**, 39

S

Saladito (*Rhus integrifolia*), 158
Sales, Padre Luis, 17, 95, 100–101
Salix spp. (sauce), 4, **196–202**
Salix exigua var. *Hindsiana* (sauce cachanilla), 199
Salix lasiolepis (sauce de arroyo), 201
Salvia (*Salvia* spp.), 4, 21, 43, 224. Ver también chía (*Salvia carduacea*)
Salvia apiana (Lamiaceae), **50**, 113, **203–205**, 210, **232**
Salvia blanca (*Salvia apiana*), **50**, 113, **203–205**, 210, 223, **232**
Salvia carduacea (Lamiaceae), **xxiii**, **206**
Salvia columbariae (Lamiaceae), **207–208**, 245
Salvia hispanica, 208
Salvia india, 113
Samalh (plantas herbáceas), 228
Samalh jlhuy (yerba santa), 228
Samalh jpilh (yerba santa), 228
Sa'máll llupnúup (yerba santa), 228
Sambucus nigra (Adoxaceae), 4, **209–211**
San Antonio Necua - Cañón de los Encinos, comunidad Kumiai, 53, 56–57
San Borja (Cochimí), 63
San Dieguito, 8
San José de la Zorra, comunidad kumiai
    cestas granero de sauce, 201
    cestería, 45–46, 147, 153, 236
    ciprés de Tecate, 136
    haciendo atole de bellota, 185
    la comunidad hoy, 53, **55–56**
    la lechuguilla, 142
    manzanita, 108–109
    yerba de la vaca, 119
San José Tecate, comunidad kumiai, 53
San Quintín (Kiliwa), 63
Sánchez García, Leticia C., 98–99
Sandalias
    fibras de agave, 59, **94–95**, 99, 101, **225**
    Palmilla, 220

Santa Catarina, comunidad paipai, xx, **58**–59, 83
  hogar de los ko'alh y los paipai, 63–65
  hogar de los paipai, 53
  venta de piñones, 170
Santa Ysabel, Diegueño (*Ipai*), 74–75
Santiago Guerrero, Bibiana, 26
Saubel, Katherine Siva, 74, 130, 138–139, 175, 217
Sauce (*Salix* spp.), 4, 49, **196-202**
Sauce, cestas granero de, 201-**202**
Sauce ¨cachanilla¨ o jalasí (*Salix exigua* var. hindsiana), 199
Sauco (*Sambucus nigra*), 4, **51**, 201, **209-211**, 225
Sawil (cesta para aventar), 45, **46**, 187, **188**
Scripps, Instituto oceanográfico, 6
Seris, Sonora, 213
Serra, Padre Junípero, 17, 20–22, 94–95
Shaa kwilaw (cenzontle), 194
Sha'unn (palo de palma), 188
Shimulh (personas con linaje compartido), 40
Shipek, Florence C., 32, 74
Shmol (tallar las semillas para remover la cascara), 187
Shkuin (granero de sauce), 45, 201, **202**
Shumwaal (machacar para ablandar), 108–109
Sicomoro o aliso (*Platanus racemosa*), 4, **85**, **171-172**
Siemprevivas (*Dudleya* spp.), 4, **122-123**, 211
Sierra de Juárez, 2–3, 5–6, 23, 90, 116–117, 126, 164, 166–167, 191
Sierra de San Pedro Mártir, 116
Sierra de los Pinos, 56
Sierra del Pinal, 23
Sierras Transversales, 2
Sihumikwi'l (granero de bellotas), 186
Silva Espinoza, Celia
  agallas, encinillo, 193
  atole de bellota, 185
  cestas granero de sauce, 201
  como asesor kumiai, 83
  foto de, **76**
  golondrina, 132
  gusano (oruga) como alimento, 224
  historia sobre el fresno, 135
  islaya, 181
  lechuguilla, 141
  lentisco, 158
  mangle, 195–196
  palma de abanico, 217
  pinos piñoneros, 165

romerillo, 111
romerillón, 102
toyón, 143
valeriana, 130–131
yerba mansa, 106
yerba santa como planta medicinal, 128
Simmondsia chinensis (Simmondsiaceae), 5, **212-214**
Simpson, Michael, 82
Small, Deborah, 75
Sñaw n'uur (bellotas), 182–189
Sñaw seiy (proceso de lavado de la bellota), 187
Sñaw stakk (bellotas lavadas), 186–187
Sñaw Ujkwilh (Cañón de los encinos, Necua), 236
Sobadores, 119
Sotol (*Nolina palmeri* var. *palmeri*), 201
Sparkman, Philip S., 73
Spier, Leslie, 30, 100–101, 181, 186, 201

T
Tamizando harina de bellota, **46**
Té de canutillo (*Ephedra californica*), **124-125**
Té indio (*Ephedra californica*), 5, **124-125**
Teñido, 172, 189
Timbrook, Jan, 75, 82, 106, 138–139, 143, 154
Torres Carrillo, Marisela, **234**
Torres Carrillo, Marisol, **235**
Tottcon (toyón), 143
Toyón (*Heteromeles arbutifolia*), 4, **79**, **143-144**, 223, 234
Tratado de Guadalupe Hidalgo, 26
Treganza, Adan, 6
Troncos de palmilla llevados a los kiliwa, **239**
Trujillo, Héctor Benjamín, 63
Tule (*Schoenoplectus* spp.), 201
Tutuu (golpear en un mortero), 186

U
Ui jp'elh (Piedra del sauco, Peña blanca), 236
"Una etnobotánica de los indígenas kumiai de Baja California", xxix
Universidad de Alberta, Canadá, 7
Universidad de California, Los Ángeles, 31
Universidad de California, San Diego, 63
Universidad de San Diego, 6
Universidad de Utah, 63
Universidad Estatal de San Francisco, 6
Universidad Estatal de California, Bakersfield, 75
Universidad Estatal de California, San Marcos, 75

Usos veterinarios de la etnobotánica
    cachanilla, 175
    hierba del manso, 106
    romerillón, 102
    mangle, 196

V

Valeriana (*Eriogonum fasciculatum*), 4, **129–131**, 158, 165
Valle de las Palmas, 2–3
Valle de Ojos Negros, 2–3
Valle de Santo Tomás, 20
Vizcaíno, Sebastiano, 18–20
Vara prieta (*Adenostoma fasciculatum*), 4, **88**–89, 115, 140,

W

Wa'aat (guata), 154
Washingtonia filifera (Arecaceae), 5, 116, **215–217**
Watahomigie, Lucille J., 70
Waterman, Thomas T., 30, 204
Wilken-Robertson, Michael, (investigación etnográfica) 32–34

X

Xwuiw (piñones), 82
Xapa (nopal), 159

Y

Yerba del borrego (*Artemisia tridentata*), 112–113
Yerba del oso (*Rhamnus crocea*), **194**
Yerba de la vaca (*Brickellia californica*), **118–119**
Yerba Mansa (Yerba del manso) (*Anemopsis californica*), 4, **74**, **103–106**
Yerba santa (*Eriodictyon* spp.), 4, **78**, **126–128**, 204, 228
Yuca palmilla (*Yucca schidigera*), 5, 45, 160, 201, **218–221**, 225, **239**
Yucca schidigera (Agavaceae), 5, **218–221**
Yuma (Quechan), 63

Z

Zenzontle (sinsonte), 194
Zona climática de piedemonte, 4–5, 39–40
Zona climática mediterránea de América del norte, 2–3
Zona costera, 40
Zona de transición al desierto, 5